LES FRANÇAIS AU CANADA.

LA

JEUNESSE DE BOUGAINVILLE

ET

LA GUERRE DE SEPT ANS

Tiré à 150 exemplaires non mis dans le commerce.

EXEMPLAIRE N°

Nogent-le-Rotrou, imprimerie DAUPELEY-GOUVERNEUR.

LES FRANÇAIS AU CANADA.

LA JEUNESSE DE BOUGAINVILLE ET LA GUERRE DE SEPT ANS

PARIS

1896

Cette étude n'est que l'esquisse d'un travail plus étendu que l'on se propose d'offrir un jour au grand public, sous une forme satisfaisante pour sa curiosité. Mais, dans les présentes limites de sa circulation restreinte aux convenances de la famille et aux stricts besoins de la vérité, on espère que l'historien de bon vouloir y trouvera un léger secours pour se guider à travers un conflit de récriminations, où l'esprit de parti, sous couleur de patriotisme, réussit trop à brouiller les faits et à prévenir les conclusions normales.

Comme il apparaîtra dès l'introduction, nous n'avons écrit ce mémoire que pour répondre à une sorte de provocation venue du Canada. Dans notre intention première, il ne s'agissait que de quelques pages destinées à la *Revue historique,* qui avait bien voulu promettre de leur faire accueil. Le souci de la défense et l'entraînement de la plume aidant, l'article projeté a pris d'indiscrètes proportions qui ont rendu son insertion complète impossible. Néanmoins, fidèle courtoisement à sa promesse, la direction du recueil en a retenu les principaux passages pour leur donner une publicité dont nous lui sommes parfaitement reconnaissant.

Si l'allure polémique de notre travail scandalise par moments ou surprend le lecteur, d'avance nous nous inclinons devant sa critique; et, comme seul occupé de la mise en œuvre des documents de famille, nous acceptons personnellement tout le blâme dont on voudra nous charger.

René de Kerallain.

1er Novembre 1895.

LES FRANÇAIS AU CANADA

LA JEUNESSE DE BOUGAINVILLE ET LA GUERRE DE SEPT ANS.

(1729-1763.)

L'histoire de la guerre du Canada ne nous réserve, sans doute, plus de surprises. Il serait difficile, avant les guerres du Premier Empire, d'en trouver une sur laquelle nous soyons mieux documentés. Montcalm, Lévis, Bourlamaque, et plusieurs officiers en seconde ligne, comme Bougainville, Desandrouins, Malartic, Johnstone, Pouchot, — sans compter les nombreux témoins de l'armée anglaise, — ont laissé quantité de mémoires ou de correspondances, dont la publication plus ou moins intégrale promet de s'achever bientôt[1]. Nous savons, jour par jour et presque heure par heure, ce qui se passait de la moindre importance sur cet immense territoire, qui va de l'Atlantique aux Lacs supérieurs. La guerre du Canada en est à la période critique où l'histoire sombre définitivement dans la philosophie; où l'annaliste cède la place au psychologue; où, dans un décor d'une immuable précision, revivent des personnages à la silhouette familière, dont il s'agit moins d'étudier les actes que d'expliquer les mobiles. Les documents nouveaux que l'on découvre par la suite changent tout au plus l'éclairage de la scène, ajoutent peut-être au relief d'un geste ou d'une figure, accentuent l'ombre ou la lumière sur quelques points, mais ne corrigent rien d'essentiel au cadre

1. D'autres papiers existent probablement qu'il serait intéressant de recueillir et d'imprimer, au moins en partie. La *Bibliotheca Americana,* de Leclerc (Paris, Maisonneuve, 1878), cite, par exemple, sous le n° 770, un mémoire manuscrit de Montbeillard, commandant de l'artillerie, l'un des meilleurs officiers de l'armée; ce mémoire, favorable à Montcalm, serait très utile à connaître, pour renforcer, contre les dénégations canadiennes, le témoignage des officiers français. Quelques publications d'archives ont encore une valeur toute documentaire, entre autres, l'excellent *Dictionnaire généalogique des familles canadiennes*, de Mgr Cyprien Tanguay (Montréal, Sénécal, 1871-1890). Les huit volumes parus s'arrêtent à 1763; mais ils donnent le classement de tous les actes d'état civil de la colonie depuis la fondation.

non plus qu'à l'enchaînement des faits. Le lecteur, qui désormais possède tous les éléments d'appréciation, n'a plus qu'à se prononcer suivant la pente de son esprit. Malheureusement, le lecteur est surtout ce qui manque en France à la guerre du Canada[1] ; et si, de toute cette histoire, qui rivalise d'aventureux et de pittoresque avec les récits de Cooper, le public, même lettré, ne retient guère que deux ou trois noms, la faute n'en est point aux écrivains anciens et récents dont les travaux, par leur minutie, leur abondance, atteignent presque à la satiété.

Parmi les historiens qui auront contribué solidement à ce résultat, on ne pourrait sans injustice oublier Dussieux, mort il y a peu de mois[2], et que l'on a peut-être un peu dédaigneusement traité de vulgarisateur, en négligeant son meilleur titre à notre reconnaissance[3]. Dussieux, le premier, a fait œuvre d'érudition sérieuse dans son *Canada français*, où il utilise avec intelligence les documents du ministère de la guerre[4]. Son livre est une esquisse très juste des hommes et des choses, malgré le peu de ressources que l'auteur avait alors à sa disposition, si on le compare aux écrivains qui l'ont suivi. Le meilleur éloge qu'on en puisse faire est que les publications ultérieures ne donnent lieu d'y presque rien changer.

Mais l'historien principal de la guerre est assurément Francis Parkman, mort à Boston quelques semaines avant Dussieux[5], au moment où il venait d'achever le dernier volume de son œuvre. Parkman était né d'une vieille famille protestante[6], mêlée depuis

1. Ainsi, le court paragraphe que le duc de Broglie vient de consacrer aux origines de cette guerre (*L'Alliance autrichienne*. Paris, Lévy, 1895, p. 88-89) est rempli d'inexactitudes. Jumonville n'était point d'un grade élevé; il n'est point tombé dans une embuscade; enfin le siège du fort Nécessité n'a pas duré plusieurs jours, mais seulement une dizaine d'heures. Or, ce sont là des faits connus depuis longtemps. Rappelons seulement, à ce propos, que le *Scribner's Magazine* de mai 1893 a publié quelques notes inédites de Washington sur ce début de la campagne.

2. Le 12 février 1894.

3. *Rev. hist.*, mars 1894, p. 150.

4. Paris, Lecoffre, nouv. éd., 1883. Ce travail avait paru d'abord dans la *Revue de Paris* en 1855. — Le premier ouvrage où l'on ait mis à profit la correspondance familiale de Montcalm est l'étude du P. Sommervogel, *Comme on servait autrefois* (Paris, Albanel, 1872). Le R. P. Sommervogel a bien voulu nous communiquer ses notes inédites, auxquelles nous avons fait deux ou trois emprunts, et dont nous lui offrons ici tous nos remerciements.

5. Le 9 novembre 1893.

6. Le 16 septembre 1823. — Son arrière-grand-père, Ebenezer Parkman, avait exercé les fonctions de pasteur pendant soixante-cinq ans. Son père, Francis Parkman, également pasteur d'une église unitaire de Boston pendant trente-six

deux cents ans au mouvement religieux et intellectuel de la Nouvelle-Angleterre, et dont plusieurs membres avaient pris part aux événements ou aux inquiétudes de la lutte qui, dans la seconde moitié du dernier siècle, détermina l'assiette politique actuelle du monde américain. Il s'était proposé, dès l'âge de dix-huit ans, de raconter les batailles livrées par Montcalm et Wolfe autour des murs de Québec[1]; mais, avant de procéder au dépouillement des archives, il voulut visiter en « pèlerin passionné » les lieux témoins des préliminaires de la rencontre et qui gardaient encore beaucoup de la virginité sauvage que nos pères avaient eue sous les yeux. Il vécut même parmi les Indiens pour surprendre leurs mœurs et leur caractère, allant chercher leurs wigwams jusque dans les solitudes des Montagnes Rocheuses[2]. Muni de documents écrits ou vivants, il se mit à l'œuvre, malgré la nervosité bizarre, la faiblesse naturelle d'une santé que ses voyages avaient plus douloureusement ébranlée que raffermie[3]. Comme à Prescott, son compatriote, et comme à notre Augustin

ans, avait fondé la chaire d'éloquence religieuse au collège de Harvard. Enfin son oncle, George Parkman, membre de la grande Université du Massachusetts, dont il avait contribué généreusement à fonder l'École de médecine, fut assassiné par un collègue, professeur de chimie, dans des conditions mystérieuses; et la découverte du crime, par Oliver Wendell Holmes, en a fait une des causes célèbres d'outre-Atlantique.

1. C'est un amour fervent de la nature et de la vie des bois qui l'avait porté à s'éprendre des souvenirs de l'ancienne guerre contre les Français (*Old french War*). « Dans la forêt, » écrivait-il en 1886 à son ami l'Hon. Martin Brimmer, « le drame, ce me semble, devenait plus émouvant, les acteurs paraissaient mieux en scène que nulle part ailleurs au cours de notre histoire... La lutte de la France et de l'Angleterre en Amérique est tout simplement l'histoire de la forêt américaine, et c'est ainsi que je l'ai toujours envisagée. » Nous empruntons ce passage au compte-rendu de la séance exceptionnelle tenue par la Société historique du Massachusetts, le 21 novembre 1893, pour rendre hommage à sa mémoire (*Tributes to Francis Parkman*, p. 6). Nous en devons la communication à miss Eliza Parkman, sœur de l'écrivain.

2. Il a résumé ses impressions dans un volume intitulé : *Oregon Trail*.

3. « Physiologiquement parlant, le cas est assez curieux. La genre de vie que je m'étais imposé dès le début était de nature à développer, dix-neuf fois sur vingt, la vigueur et l'endurance physiques. Le malheur est que l'irritabilité native de mon tempérament exigeait un train plus modéré » (*Au Dr George E. Ellis*, président de la Société historique du Massachusetts, 28 nov. 1868). — « Mon cas est assurément exceptionnel, » ajoute-t-il ailleurs; « mais on lui trouve maintenant bien des analogues; et l'énervement que produit l'état social ou mondain, la fébrilité de la vie courante, en diminuent la rareté. » Aussi Parkman a-t-il étudié son mal avec une simplicité caractéristique, pour aider à le prévenir chez autrui, tout en protestant qu'il serait désolé qu'on en prît texte pour remplacer la vie saine du dehors par une existence de *bookworm* (*Tributes*, p. 4-5, 7).

Thierry, la vue lui manquait à l'instant décisif; et lui-même avouait avec mélancolie que, pendant des années, une heure de lecture eût été presque « une tentative de suicide[1]. » Il n'en poursuivit pas moins sa tâche, mûrissant son style, creusant son sujet et se préparant à raconter la crise finale par une étude de longue haleine sur l'histoire de la colonisation française en Amérique depuis ses origines. Pourtant, son premier livre fut celui qui devait clore la série dans l'ordre chronologique, *la Conspiration de Pontiac*[2], l'un des épisodes les moins connus de la chute de notre ancien régime au Canada, dont il offre l'épilogue naturel. Au cours de ses voyages, Parkman avait entendu les souvenirs des vieillards qui avaient assisté à ce terrible drame, où les sauvages, sous la direction d'un chef que ses rares qualités auraient mis partout en évidence, avaient essayé, par un dernier effort et par une action d'ensemble peu fréquente chez les Indiens, de relever le pavillon de la France sur les bords du Saint-Laurent. L'historien recueillait avec émotion le récit de ces témoins, qui, tout enfants, se rappelaient avoir écouté la nuit, dans le petit village de Détroit, le pas des soldats anglais marchant à la mort, et vu luire au passage l'étincelle des baïonnettes[3]. D'autres, à Philadelphie, avaient eu le comique spectacle des Quakers transformés en foudres de guerre et ne jurant que vengeance avec la proverbiale ardeur des « moutons enragés. » L'auteur avait en mains tous les éléments d'un livre à succès; il en sut tirer un excellent parti. Néanmoins, ce premier ouvrage manque un peu de cohérence et de proportion. Il garde l'allure d'une chronique et semble donner à l'événement une importance qui dépasse la réalité. Parkman, d'ailleurs,

1. *Pioneers of France*, Introd., p. XIII. Extérieurement, Parkman semblait avoir des muscles de fer et des nerfs d'acier; mais il lui a longtemps été impossible de lire cinq minutes, d'entendre lire une demi-heure, de supporter la lumière, de suivre une conversation. Même par la suite, alors que sa santé eut recouvré le plus de forces, il lui fallait encore interrompre son travail pendant des mois et s'absorber dans la culture des fleurs. Son premier livre a été écrit en partie les yeux fermés, la main se servant d'un appareil qu'il s'était fait construire. Et, pendant un temps, il n'eut pour lui lire les ouvrages et documents français qu'une petite écolière ignorant notre langue, « spectacle amusant pour le visiteur, mais moins agréable pour l'auteur. » Cependant, en homme du monde, Parkman avait su se créer des collaborations affectueuses dont il parle discrètement : « Je n'ai pas besoin de dire à quel sexe elles appartenaient. » Au total, sa vie est un exemple de ce que peut la volonté. Néanmoins, durant un laps de quarante ans, sa production littéraire n'a pas atteint, remarque-t-il, le quart de ce qu'il eût produit dans des conditions normales.

2. *The Conspiracy of Pontiac*, 10e éd. Londres, Macmillan, 1893, 2 vol.

3. *The Conspiracy of Pontiac*, I, p. 309.

allait bientôt offrir un meilleur gage de son talent en reprenant dans l'ordre historique les incidents de la colonisation française. L'essai d'implantation des Français en Floride et l'arrivée de Champlain sur le Saint-Laurent formèrent le volume de tête qu'il intitula *les Pionniers français dans le Nouveau-Monde* (1865)[1]. Vinrent ensuite : *les Jésuites dans l'Amérique du Nord* (1867)[2]; *la Découverte du Grand-Ouest* et les aventures héroïques de Cavelier de la Salle (1869)[3]; l'établissement de *l'Ancien Régime au Canada* (1874)[4], et son organisation vigoureuse sous la main du *Comte de Frontenac* (1877)[5]. Mais l'auteur s'aperçut alors que sa santé déclinante lui laisserait à peine le temps d'arriver au but et de retracer, comme il se l'était promis tout d'abord, le duel grandiose de Wolfe et de Montcalm. Il sauta brusquement de la fin du XVIIe siècle au milieu du XVIIIe et publia, sur la guerre de Sept ans au Canada, deux volumes qui sont une œuvre de verve et, toute réserve faite pour les erreurs involontaires ou les préjugés inévitables, la marque d'une conscience droite et généreuse (1884)[6]. Ce ne fut qu'après avoir exécuté cette partie de son plan, qui avait fait le rêve de sa vie, que Parkman, revenant sur ses pas, combla la lacune intermédiaire du *Demi-siècle de lutte* compris entre 1700 et 1750[7]. Les deux volumes consacrés à cette époque parurent juste six mois avant sa mort. Sa tâche était achevée, du moins telle qu'il l'avait toujours envisagée. Mais peut-être pouvons-nous ajouter que, pour répondre au titre d'ensemble qu'il lui donne et pour retracer jusqu'au bout « la rivalité de la France et de l'Angleterre dans l'Amérique du Nord, » il lui manque de nous avoir raconté, dans les mêmes proportions, avec le même luxe et, si l'on ose dire, avec la même intimité de détails, en tout cas, avec la même opposition savante d'ombre et de lumière, la guerre d'Indépendance américaine, dont nous n'avons point de récit pittoresque mis en bonne perspective, quoique nous en connaissions parfaitement aujourd'hui les nombreux incidents militaires et diplomatiques[8].

1. *Pioneers of France in the New World.* Boston, Little, Brown and C°. Un récent travail de M. Eugenio Ruidiaz, en deux volumes, sur la Conquête de la Floride (Madrid, Garcia, 1894), apporte, nous dit-on, un certain nombre de corrections au récit de Parkman, d'après les Archives d'Espagne (*Rev. des Quest. hist.*, oct. 1894, p. 649).
2. *The Jesuits in North America, in the seventeenth century.* Ibid.
3. *The Discovery of the Great West.* Ibid.
4. *The Old Regime in Canada.* Ibid.
5. *Count Frontenac and New France under Louis XIV.* Ibid.
6. *Montcalm and Wolfe.* Ibid., 2 vol.
7. *A Half-Century of Conflict.* Ibid., 2 vol. L'éditeur anglais de cette œuvre complète est aujourd'hui Macmillan.
8. Les deux premiers volumes de la série, *les Pionniers* et *les Jésuites*, ont

Comme écrivain, Parkman est de l'école de Macaulay, avec moins de profondeur, moins d'éclair philosophique et peut-être un peu d'excès dans le brillant de la surface. Ses personnages ont une grande intensité de vie; ses paysages sont, paraît-il, d'une justesse charmante. On y sent toute l'ardeur du poète dans l'enchantement de son rêve; et le lecteur ne saurait oublier, après l'avoir vue par les yeux de l'historien, cette nappe de verdure sauvage, ce flot de végétation triomphante, qui recouvre de son ombre humide toute la région des Alleganies, dont elle suit et dessine les anfractuosités, ne s'ouvrant que par instants pour laisser étinceler au soleil le miroir des lacs. Mais l'enchantement de la forêt et l'amoncellement de ses dossiers bornent l'horizon de l'écrivain, l'empêchent de porter au delà ses regards et de juger la politique métropolitaine avec la même sagacité que les dissensions internes des colonies. Il a, sur le gouvernement français, les vues un peu restreintes que donne une lecture superficielle du ***Précis*** de Voltaire ***sur le règne de Louis XV***. Il garde contre l'Ancien Régime les rancunes libérales, passablement démodées, que l'on trouve chez nos historiens à la mode de 1830, et qui se doublent chez lui des convictions austères d'un puritain. Ce n'était pas qu'il eût une sympathie bien profonde pour le mouvement démocratique, dont il ne se cachait pas, dans sa correspondance, d'appréhender le caprice[1]. Mais le risque des maux à venir ne lui a jamais inspiré cet indulgent scepticisme que nous professons aujourd'hui volontiers et qui nous semble une condition indispensable de la vérité dans les appréciations politiques. D'ailleurs, les travaux récents sur le règne de Louis XV lui étaient peu connus[2]. Le chan-

seuls été traduits en français (Paris, Didier), l'auteur ayant refusé l'autorisation de continuer ce travail parce que le traducteur s'était permis des modifications et retranchements contraires à l'esprit de l'ouvrage. Parkman, comme il en avait le droit, voulait être traduit intégralement, sauf à laisser introduire en note les observations et rectifications que le traducteur jugerait utiles. Un nouvel interprète s'était offert dans ces dernières années, et l'historien avait accepté son concours. Mais, nous ne savons pour quel motif, la proposition n'a pas eu de suite. Toutefois, si l'on doit un jour publier ses œuvres en notre langue, il sera prudent de vérifier les textes originaux qu'il cite, parce que, fréquemment, sans prévenir le lecteur et sans changer le sens d'un document, il le résume ou lui fait subir de nombreuses coupures.

1. Il a, du reste, écrit sur la « Faillite du suffrage universel » un article mordant publié dans la *North American Review* de juillet-août 1878 et longuement analysé dans la *Revue britannique* de mai 1879.

2. Le mouvement d'échange scientifique est encore fort insuffisant. Notre Bibliothèque nationale ne possède même pas les publications de la Société historique de Québec. Et, lorsqu'on eut avisé Parkman des premiers travaux du duc de Broglie sur l'alliance autrichienne, il fallut directement lui envoyer

gement de front diplomatique qui mit la France aux côtés de l'Autriche, pendant la guerre de Sept ans, est toujours resté pour lui l'un des faits les plus condamnables de l'ancienne monarchie, malgré les explications très naturelles qu'on en peut offrir[1]. Néanmoins, l'œuvre de Parkman traduit un effort précieux d'impartialité. La preuve est qu'elle a rencontré des adversaires dans les deux camps. Canadiens et Néo-Anglais l'ont également et chaleureusement critiquée en des sens très divergents, mais avec un égal froissement d'amour-propre. Quoi que l'on publie à l'avenir, il ne sera pas difficile de la tenir au courant et de la mettre au point, moyennant quelques retouches légères.

Le plus bruyant de ses contradicteurs a été jusqu'à ce jour l'abbé Casgrain, professeur à l'Université Laval de Québec, l'un des écrivains les plus féconds du Canada français. L'abbé Casgrain appartient à la catégorie des écrivains patriotes; et, quand le patriote se double d'un Canadien, son patriotisme est deux fois plus nerveux[2].

l'étude sur les Mémoires de Bernis, *le Correspondant*, où elle avait paru, ne se trouvant dans aucune bibliothèque à sa portée.

1. Nos officiers de l'armée canadienne, toujours aux prises avec l'Anglais, ne s'inquiétant que de le détruire et ne se souciant ni de l'Autriche ni de la Prusse, ne comprenaient rien à ce changement. « Tout cet argent consommé à relever la maison d'Autriche, à détruire tout équilibre dans l'Allemagne et le Nord, n'eût-il pas mieux été employé à écraser par une forte marine la marine anglaise, ses comptoirs et ses colonies? » (Bougainville, *Journal*, 15 oct. 1757). M. Maurice Fallex, dans son Introduction au *Précis du règne de Louis XV* (Paris, Colin, 1893, p. XVII-XVIII), reproche à Voltaire d'avoir trop vite répondu en appliquant à la France le vers de Virgile :

Non illi imperium pelagi.

Mais Voltaire avait raison contre Bougainville et les autres critiques. La moindre réflexion montre que l'Angleterre, pouvant se consacrer entièrement à sa défense maritime, saura toujours remplir son programme d'avoir une flotte égale à deux autres flottes quelconques de puissances européennes et nous créera facilement, par ses subsides, des diversions sur nos frontières orientales, pour nous contraindre à détourner une partie de nos forces, ainsi qu'elle le faisait sous Louis XV (Fallex, p. 66-67; cf. capitaine Mahan, *Influence of sea power upon history*, Londres, Sampson Low, 1889; *Influence of sea power upon the French Revolution and Empire*, ibid., 1893. Les ouvrages du capitaine Mahan, ancien directeur de l'École navale des États-Unis, sont de premier ordre à consulter. La *Revue maritime et coloniale* vient d'en commencer la traduction, mai 1894 et numéros suivants).

2. Le P. Sommervogel avait observé déjà que « les historiens canadiens, par exemple M. Garneau, font honneur au marquis de Vaudreuil de toutes les entreprises glorieuses qui ont signalé les armes françaises » (p. 77, note 1). Ils vont même plus loin. Mais, ajoute un autre écrivain de la même compagnie : « pour faire peser sur un homme honorable [comme Montcalm] des soupçons d'*intentions basses*, d'*intrigues*, d'*ambition* ou de *patriotisme équivoque*, en

Les historiens patriotes ont leur intérêt. Ils écrivent en avocats; et, remarquait naguère la *Yale Review*, ils mettent en ligne tous les arguments de leur cause avec une ardeur que ne déploiera jamais l'historien de sang-froid[1]. Encore ne faut-il point qu'ils oublient la mesure propre de leur rôle; et certainement ils la dépassent quand ils se targuent trop d'impartialité, lors même qu'ils se feraient, suivant l'ordinaire, illusion sur leur justice. Soumis d'ailleurs au traitement d'une critique défiante, les droits de l'abbé Casgrain à figurer comme l'historien national de la Nouvelle-France se réduisent souvent à de simples prétentions, en dépit de sa popularité d'écrivain. Ce sont, en définitive, les œuvres de Parkman qui ont inspiré les meilleures des siennes, et nous doutons qu'il garde le dernier mot. Pourtant, à cause de sa réputation locale, et aussi pour des motifs personnels sur lesquels nous nous expliquerons plus loin, nous sommes obligé de lui accorder une attention dont nous nous excusons aussitôt en réclamant l'indulgence du lecteur.

L'abbé Casgrain a rencontré, dans ses objections et protestations contre Parkman, une fortune assez rare. L'historien de Boston avait eu le tort ou le malheur de se fier à une publication de la Nouvelle-Écosse, qui promettait d'offrir les documents essentiels sur la triste affaire des Acadiens. En réalité, les documents étaient tronqués pour une bonne part, et l'on avait essayé de dissimuler, par un nouvel acte de foi mauvaise, les traits de mauvaise foi positive commis un siècle auparavant[2]. Les recherches de l'abbé Casgrain lui firent découvrir à Londres les originaux ou les copies intégrales des docu-

présence d'une vie publique où se révèle à chaque pas une âme noble, élevée, un esprit droit, judicieux, et un cœur animé d'un héroïque dévouement, il faut plus que des conjectures, et surtout il faut d'autres preuves que les accusations intéressées de quelques esprits prévenus ou pervers » (R. P. F. Martin, *le Marquis de Montcalm et les dernières années de la colonie française au Canada*, 3e éd. Paris, Téqui, 1879, p. 8). La publication des papiers de Montcalm confirme absolument cette impression favorable.

1. Novembre 1892, p. 246. Du reste, parmi les historiens patriotes du Canada, ni Garneau ni l'abbé Ferland, les plus connus, ne dépassent l'honnête moyenne du parti pris, et rien n'autorise à mettre en doute leur sincérité. La dernière édition de Garneau est, croyons-nous, la quatrième (Montréal, Beauchemin et Valois, 1882, 4 vol.). Les trois premiers volumes renferment l'*Histoire du Canada*, et le tome IV contient une biographie de l'auteur par M. Chauveau, qui rectifie déjà certaines exagérations de l'historien. La deuxième édition de l'abbé Ferland (*Cours d'histoire du Canada*, 2 vol. Québec, N. S. Hardy) a paru également en 1882.

2. *Selections from the public documents of the province of Nova Scotia*. Halifax, 1869. Cf. Parkman, *Montcalm and Wolfe*, t. I, ch. IV et VIII.

ments signalés. Il s'en servit pour écrire son *Pèlerinage au pays d'Évangéline*[1], qui rétablit en son entier le dossier à charge des agents de l'Angleterre. Mais il faut se garder de prendre déjà ce livre pour l'expression de la vérité. Comme l'exprimait fort bien *la Nation*, de New-York, à propos de l'ouvrage : « L'auteur excelle à ne trouver dans les documents que ce qu'il y veut lire[2]. » Et, si l'abbé Casgrain a démontré péremptoirement que l'on avait employé des procédés injustifiables pour retenir d'abord les Acadiens en Acadie, pour les expulser ensuite, il n'a pas détruit l'argumentation de Parkman, que, souvent aussi, l'on avait employé du côté de la France des procédés discutables pour les tenir en état d'hostilité permanente contre l'Angleterre, quand ils ne demandaient qu'à vivre paisibles autour de leur clocher. Bien mieux, il a publié lui-même ailleurs des documents qui montrent que les officiers français de l'entourage de Montcalm ne se faisaient pas grande illusion sur la neutralité politique et professionnelle des missionnaires en Acadie[3]. L'abbé Casgrain passe légèrement sur les faits et gestes de l'abbé Le Loutre[4]. Puis il se redresse en demandant si les missionnaires manquaient à leur devoir quand ils essayaient d'entretenir leur troupeau dans l'amour de la France et le respect de son roi[5]. Nous nous garderons de traiter ici

1. 3e éd. Paris, Cerf, 1889.

2. « Abbé Casgrain possesses in a supreme degree the confortable gift of finding in his inquiries nothing but what he wants to find » (14 mars 1889). Mais, à son tour, *la Nation* avait le tort d'ajouter que, sans le poème de Longfellow, personne aujourd'hui ne s'intéresserait aux Acadiens. On pourrait aussi bien dire que, sans Homère, personne ne s'intéresserait aux ruines de Troie. Il n'importe que le sujet possède un intérêt captivant par lui-même ou soit magnifié seulement par une évocation géniale, si les recherches poursuivies à l'entour nous font aussi bien pénétrer les lois de l'histoire et les œuvres de la civilisation.

3. « Les missionnaires des sauvages, qui avoient bien plus d'autorité en temps de guerre qu'en temps de paix, se trouvant intéressés à troubler l'harmonie en cherchant à se rendre nécessaires,... parvinrent à persuader au gouvernement que l'on pourroit sans se compromettre faire déguerpir les Anglois de toute l'Acadie en faisant intervenir les sauvages comme vrais propriétaires, etc. » (*Journal* de Lévis; *Collect. des mss. du maréchal de Lévis*. Montréal, Beauchemin, 1889, I, 35-36). Comme nous le verrons, l'abbé C. fait un cas exceptionnel de l'opinion de Lévis. « Les Acadiens, » écrit Bougainville dans son journal, à la date du 1er novembre 1756, « n'ont ni farine ni biscuit : on leur en va envoyer; mais, s'ils en manquent, je doute que l'enthousiasme du P. Germain, missionnaire, qui est à leur tête, puisse en empêcher le plus grand nombre d'aller se jetter entre les bras des Anglois, quelques conditions qu'ils leur imposent. »

4. « L'abbé Le Loutre, dont la conduite fut inexcusable à certains égards, et qui s'attira les justes reproches de son évêque... » (*Évangéline*, p. 100).

5. *Ibid.*, p. 57-101. « Les Prussiens de nos jours tiennent une main de fer sur

la question, d'une extrême délicatesse, qui va probablement être reprise par un nouvel historien dans des conditions d'indépendance que ni Parkman ni l'abbé Casgrain ne pouvaient offrir. Nous nous bornerons à faire observer qu'un Anglais, d'autre part, demandera peut-être si l'objection de Lord Cornwallis, — que la plupart des Acadiens, en 1755, étaient nés sous le drapeau de l'Angleterre et n'en avaient jamais connu d'autre, — s'écarte beaucoup des vues prudentes que le Saint-Siège cherche à faire prévaloir dans les rapports des citoyens de notre temps avec les gouvernements établis[1]. De toute façon, ce serait le cas de faire intervenir un peu de cette psychologie qui doit un jour, nous l'avons dit, envahir le domaine de l'histoire. Nous, qui avons été malheureusement témoins d'une cession de territoire, nous savons comment les choses se passent. Le vaincu stipule du vainqueur le droit pour les habitants de la province conquise de se retirer où bon leur semble et de n'être point cédés comme des serfs attachés à la glèbe. Le vainqueur, dans la joie première de son acquisition, accepte sans méfiance et d'ailleurs se persuade que peu de gens useront de l'autorisation pour fuir leur foyer par sacrifice patriotique. Pourtant, au premier moment, dans l'amertume de sa défaite, la population fiévreuse semble vouloir émigrer

le clergé de l'Alsace-Lorraine; mais qui songe à faire un crime à celui-ci de rester fidèle à la France et d'entretenir le peuple dans ce sentiment? » Le rapprochement n'est pas heureux; car les Allemands ont débuté par expulser les Jésuites au grand scandale de tous les patriotes (Edmond About, *L'Alsace*. Paris, Hachette, 1872, p. 341-342); après quoi, progressivement, ils ont éliminé l'influence du clergé local en le remplaçant par des prêtres immigrants ou ralliés, ce que les Anglais justement s'étaient proposé de faire en Acadie, dès 1720. (Parkman, *Half-Century of Conflict*, I, 195; *Montcalm and Wolfe*, I, 107-108.) Enfin, le traité de Francfort était trop précis pour laisser au clergé d'autre mission patriotique que d'entretenir les fidèles dans le souvenir de la France et l'espoir d'un retour heureux; tandis que le traité d'Utrecht offrait matière à débat. Et, si le clergé sur certains points pouvait se croire en état de légitime propagande contre l'Anglais, celui-ci, par contre, pouvait se croire en état de défense non moins légitime contre les missionnaires.

1. Cf. Parkman, I, 97. M. Rameau de Saint-Père critique amèrement la théorie « que ce n'est pas le serment qui crée les devoirs du sujet, mais le fait même de la sujétion qui les impose, » suivant la remarque de Cornwallis aux délégués des Mines, le 17 septembre 1749 (*Une Colonie féodale en Amérique, l'Acadie*. Paris, Plon, 1889, t. II, p. 140). Nous n'entendons pas discuter ce cas de conscience, même à la lumière des dernières encycliques papales. Mais, pour bien saisir le nœud du litige, il faudrait, croyons-nous, se reporter plutôt à l'annexion du Schleswig-Holstein qu'à celle de l'Alsace-Lorraine et se demander si l'Allemagne tolérerait, vers 1905, que des missionnaires danois vinssent soulever la population des duchés en réclamant l'exécution du traité de Prague.

en masse. Le vainqueur s'efforce alors de la retenir par tous les moyens; et la lutte commence pour la nationalisation nouvelle de la province. Les années s'écoulent; les habitants, restés fidèles au souvenir de leur ancienne patrie, opposent, à défaut d'une résistance utile, une inertie morose, et finissent par devenir une gêne dans l'œuvre d'assimilation ou une entrave à l'immigration de nouveaux sujets. Le gouvernement, dès lors, change de tactique, attend avec impatience l'heure de les voir disparaitre et ne se cache pas de souhaiter leur exil avec autant d'empressement qu'il en montrait autrefois à les retenir. Il n'en fut pas autrement en Acadie, et le scandale de la déportation qui suivit n'est malheureusement pas exceptionnel. Toutefois, les agents provinciaux de l'Angleterre, exerçant à distance, loin d'un gouvernement indolent, y mirent des formes tantôt captieuses, tantôt brutales, qui sont une honte pour le pays dont ils soutenaient les intérêts. Parkman, dans ses deux derniers volumes, à propos du traité d'Utrecht, revient sur la question et signale sans hésitation les documents retrouvés par l'abbé Casgrain[1]. Cependant, il continue d'affirmer, avec beaucoup de vraisemblance, que les Acadiens, quoi que l'on prétende, n'étaient point unanimes dans leur désir de se soustraire au régime anglais et que l'émigration ne leur eût point été difficile pour peu qu'ils l'eussent désirée sincèrement[2]. Mais, au total, il se récuse et laisse au lecteur le soin de prononcer entre l'abbé Casgrain et le champion des Anglais de la Nouvelle-Écosse, M. Akins.

Encouragé par ce premier succès, l'abbé Casgrain a voulu récrire

1. *A Half-Century of Conflict*, I, p. 203. Il reconnaît d'ailleurs qu'il s'est trop avancé en attribuant à l'abbé Le Loutre l'assassinat du capitaine Howe (*Ibid.*, II, 197) et convient que l'Angleterre, par son apathie, a été la cause première du désarroi.

2. « S'ils avaient eu l'envie d'émigrer, le gouverneur anglais n'avait pas le moyen de les en empêcher. Par la Baye-Verte, sur l'isthme, ils communiquaient fréquemment et facilement avec les Français de Louisbourg, sans que les Anglais pussent s'y opposer. Ils avaient des armes et dépassaient de beaucoup la garnison anglaise » (*Half-Century of Conflict*, I, 189). « Beaubassin était si parfaitement hors de la portée du gouvernement anglais qu'il se maintint des relations et des transactions fréquentes entre les deux colonies... Les Anglais ne tiraient de l'Acadie aucune espèce de ressources;... on n'y levait aucun impôt... Il eût été impossible de les percevoir [les contributions], etc. » (Rameau de Saint-Père, *Ibid.*, II, p. 8-12; Casgrain, *Évangéline*, p. 61). Ce dernier reconnaît aussi que les Acadiens eussent pu s'éloigner sans peine et qu'ils eurent tort de céder à la défense du gouverneur anglais. Le reproche d'indolence que leur adresse Malartic (2 févr. 1759) et qui scandalise son éditeur, M. Gaffarel, ne doit donc pas être sans fondement (*Journal des campagnes du comte de Malartic*. Dijon, Damidot, 1890).

dans le sens canadien l'histoire de Montcalm et de Wolfe[1], que Parkman venait de raconter. Il espérait qu'une seconde excursion dans les archives d'Europe lui fournirait une nouvelle moisson d'inédit et d'imprévu. Son espoir ne s'est qu'à demi réalisé. L'inédit s'est rencontré, grâce aux papiers de quelques familles, surtout celles de Montcalm, de Lévis et de Bougainville, que l'on a mis obligeamment à sa disposition ; mais il n'a rien recueilli d'imprévu qui lui permît de donner à son livre l'attrait d'une révélation. De ces documents, l'essentiel d'avance se trouvait extrait par d'autres voies; et, si les papiers de Lévis nous font mieux connaître le caractère des chefs ou le travail quotidien de l'armée, le récit des opérations n'en subit aucun renouvellement. Parmi les papiers aussi de Bougainville, le *Journal* du jeune aide de camp, déjà signalé par Henri Martin, avait été l'un des documents les mieux utilisés dans l'histoire de Parkman[2], qui en avait trouvé une copie, aujourd'hui perdue, au ministère des colonies[3]. Par ailleurs, les recherches de l'abbé Casgrain ne semblent guère avoir dépassé le cercle de ces découvertes appuyées de la bienveillance familiale ; aussi, malgré les vastes prétentions qu'il énumère dans sa Préface, peut-on dire qu'il a récrit la guerre du Canada au moins de frais possible[4]. Pour compenser l'insuffisance

1. *Montcalm et Lévis*. Québec, J. Demers, 1891, 2 vol., in-8° de 572 et 484 p. En même temps que ce livre, paraissaient à Toronto (Rowsell et Hutchison; Londres, Kegan Paul) les volumes de l'*History of Canada* de M. William Kingsford, relatifs aux derniers temps de la domination française. Le travail de Kingsford, qui doit conduire le lecteur des origines de la colonie à la réunion du Haut et du Bas Canada (1841), en est à son septième volume ; mais nous n'avons à parler ici que des tomes III (1726-1756) et IV (1756-1763), publiés en 1889-90. Écrits avec simplicité, ces volumes ont une saveur originale et sont d'une impartialité suffisante, quoique naturellement imprégnés de sentiment anglais.

2. Si l'on en juge par les extraits déjà publiés, le journal de Montcalm reproduit souvent mot à mot celui de Bougainville. C'est un détail que l'abbé Casgrain néglige d'observer, mais sur lequel nous reviendrons.

3. Les documents de nos dépôts d'archives sur Bougainville semblent le jouet d'une méchante fatalité. C'est ainsi que la bibliothèque du Muséum a égaré le Journal inédit d'un volontaire de son expédition autour du monde, cité par M. Assézat dans la grande édition de Diderot (Paris, Garnier, t. II, 1875, p. 197).

4. « D'autres recherches ont été faites en Angleterre, principalement au British Museum et au Public Record Office... A cette masse de pièces manuscrites, il faut ajouter les nombreux imprimés... Je crois pouvoir dire qu'il n'y en a aucun, tant soit peu important, qui ait échappé à ma connaissance » (p. 7-9). — Nous avons eu la curiosité de relever page à page le nombre des pièces nouvelles que l'auteur se flatte superbement ainsi d'introduire dans l'histoire. Pas une pièce du British Museum ou du Public Record Office ! Pour la France, en dehors des deux collections Montcalm-Lévis et Bougainville, le chiffre des documents nouveaux serait de 15, sauf erreur légère ; et le nombre

des quelques rectifications qu'il apporte au texte de Parkman[1], il nous a naturellement donné de longs extraits, fort agréables, des pièces nouvelles qu'on lui a bien voulu confier, ainsi que des autres sources faciles qu'il avait sous la main; seulement ces extraits sont ajustés à la hâte, pour les besoins de la cause, sans grand travail personnel, sans ombre de critique, car nous ne saurions accepter comme telle un évident parti pris de réflexions et de protestations *jingoïstes*, qui n'échappent d'ordinaire à la banalité que pour tomber dans le faux. Quand même, au point de vue littéraire, ces deux volumes se lisent avec intérêt; et l'on n'y trouverait guère à reprendre dans la forme, si l'auteur, qui se propose évidemment de faire oublier son devancier, ne lui empruntait ses procédés et jusqu'à ses phrases avec une candeur toute primitive qui nous ramène au temps de Froissart. On a, certes, le droit de prendre son bien où on le trouve; encore faut-il être sûr que ce bien soit à nous. Si Parkman, dans sa préface, dit : « In short, the subject has been studied as much from life and in the open air as at the library table, » l'abbé Casgrain s'écrie aussitôt imperturbablement : « Ce livre est le fruit d'études faites en plein air autant que dans l'intérieur des bibliothèques et du cabinet » (p. 9). Puis il emboîte le pas

des ouvrages nouveaux consultés ne s'élèverait pas à 20, en y comprenant l'*Histoire de France* d'Henri Martin, celle d'*Angleterre* de Hume, celle des *États-Unis*, de Bancroft, et les *Lettres* de X. Marmier *sur l'Amérique*. Visiblement, l'auteur a fabriqué son livre avec celui de Parkman, comme on accusait autrefois Michelet d'avoir écrit les premiers volumes de son *Histoire de France*, tenant la plume d'une main et feuilletant de l'autre l'Histoire de Sismondi.

1. Ce sont surtout des rectifications de chiffres, effectifs de troupes ou pertes de combat. Mais l'abbé C. ne commence son récit de la campagne qu'à l'arrivée de Montcalm; et, pour les années précédentes, il y aurait quelques menus détails à corriger dans l'ouvrage américain. Parkman, notamment, veut rétablir la date de la mort de La Jonquière : « Il mourut le 6 mars 1752 (*Bigot au ministre,* 6 mai), et non le 17 mai, comme le prétendent les *Mémoires sur le Canada*, 1749-1760. » La vérité est qu'il mourut le 17 mars, suivant le texte formel de Bigot; et Longueil, le 1er mai, écrit qu'il exerce le commandement depuis le 25 mars (Archives des colonies, Canada, 1752, fol. 86 et 345). De même, l'affaire du P. Tournois (Parkman, I, 65) n'est pas aussi simple qu'on la raconte; ce jésuite n'était pas français, mais natif, croit-on, de la Flandre hollandaise, ce qui expliquerait ses relations avec les Hollandais d'Orange (Albany). D'ailleurs, Duquesne en fait grand cas (cf. *La Jonquière au ministre*, 25 juillet 1750, et non 27 février; et 19 octobre, au lieu de 29 octobre; *Duquesne au ministre,* 12 et 31 octobre 1754). A ce propos, on notera que les sœurs Desaulniers sont au nombre de trois et non de deux (1751, fol. 173 et suiv.; 378-388). Il n'est pas vraiment exact de dire qu'à l'attaque du fort Nécessité « les Français perdirent 72 tués et blessés » (I, 159); il faut lire 2 tués et 70 blessés, « la plupart très légèrement. »

avec une amusante désinvolture, plaquant une description où l'auteur américain en plaque une et s'efforçant de peindre la scène et les personnages avec la fidélité d'un disciple de bonne école[1]. Cette pillerie naïve ne l'empêche pas de déclarer avec une nuance de dédain que l'ouvrage de Parkman manque de sérieux. « C'est le tort, dit-il gravement, de vouloir faire de la fantaisie historique... Cela est joli à voir, intéressant comme un roman ; mais que devient l'impartiale histoire ? » (p. 192). Ce que l'impartiale histoire gagne à son propre travail, nous essaierons de le dire, mais le roman n'y perd rien. Du reste, le style fleuri a ses dangers. Outre l'abus de tableaux, de descriptions, d'énumérations que l'on peut allonger sans cause[2], il induit en tentation de faire appel à la fantaisie et de suppléer par des inventions au silence des textes. L'abbé Casgrain, qui écrit volontiers à la légère, insoucieux des minuties et des scrupules de l'érudition, tombe aisément dans le piège. Nous en donnerons ailleurs un curieux exemple.

Les papiers de famille ouverts à l'abbé Casgrain se composent surtout, avons-nous dit, des journaux et correspondance de Montcalm, de Lévis et de Bougainville. Les journaux et correspondance du Mis de Montcalm et du Ch^er de Lévis sont descendus par héritage au Cte Raymond de Nicolay, qui eut, en les communiquant, la sage précaution d'en exiger la publication complète. La province de Québec a pris cette publication sous son patronage ; et l'on ne saurait trop la remercier de la façon généreuse dont elle accepte la tâche. L'abbé Casgrain, chargé de la direction, a voulu y joindre la publication de tous les documents qui, dans nos Dépôts

1. Ainsi, Parkman ouvrant son chap. XIV (siège de Louisbourg) par une description des ruines de la place et de la côte désolée du cap Breton, l'abbé Casgrain commence exactement de même son chap. XVIII sur cet événement. On relèverait déjà quelques emprunts innocents du même ordre dans son *Pèlerinage au pays d'Évangéline*, quoiqu'il y couvre d'anathèmes l'historien américain (comparez Parkman, I, 268-269, et Casgrain, p. 110-111, 114). Si l'abbé Casgrain ignore l'art d'être original, nous pouvons lui recommander l'exemple des nombreux Anglais qui ont écrit l'histoire de Clive ou de Warren Hastings en sachant ne pas reproduire le récit de Macaulay, ou mieux l'exemple de son compatriote Kingsford, dont l'œuvre semble tout indépendante de celle de Parkman.

2. La *Quarterly Review*, d'avril 1868, a spirituellement parodié ce style (p. 289-292). Macaulay lui-même n'encourageait pas les imitateurs; quant aux emprunteurs d'idées tout écloses ou de phrases toutes faites, il leur décochait cette boutade résignée : « That is rather audacious. However I shall not complain. A man should have enough to spare something for thieves. » George Trevelyan, *Life and Letters of Macaulay*. Leipzig, Tauchnitz, 1876, IV, p. 248-249.

de la guerre et de la marine, se rapportent à cette époque. Déjà plusieurs provinces de la Nouvelle-Angleterre avaient donné l'exemple[1] et fait copier dans nos archives une importante quantité de pièces. L'ensemble de la collection canadienne, qui doit représenter environ vingt-cinq volumes in-4°, sera d'un indispensable secours pour les travailleurs[2]. Mais, cette fois encore, nous sommes obligé d'accompagner de fortes réserves les remerciements auxquels l'abbé Casgrain se flatte sans doute d'avoir droit.

« Ce qui mérite d'être imprimé mérite d'être édité, » observait récemment l'*English historical Review*. Il parait bien ici que n'est pas éditeur qui veut. Le rôle comporte de certains devoirs dont l'abbé Casgrain n'a pas, ce semble, l'idée précise. Avant tout, il faut livrer au public un texte irréprochable. Or, sans parler des nombreuses fautes d'impression que l'on peut relever dans ces volumes et qu'il nous paraît difficile de mettre toutes, soit au compte de l'imprimeur, soit à la charge des militaires écrivains ou de leurs copistes[3], en

1. On en trouve l'indication dans le livre de Parkman, avec la plupart des autres renseignements bibliographiques nécessaires. La province de Québec même avait aussi fait publier, de 1883 à 1885, par les soins de l'Hon. J. Blanchet, secrétaire de la province, et sous la surveillance, comme éditeur, de M. Faucher de Saint-Maurice, quatre volumes de *Documents relatifs à l'histoire de la Nouvelle-France* (Québec, Aug. Côté).

2. Les volumes parus sont au nombre de sept : *Extraits des archives des ministères de la guerre et de la marine à Paris*, t. I. Québec, Demers, 1890; *Journal des campagnes du chevalier de Lévis*. Montréal, Beauchemin, 1889 ; *Lettres du chevalier de Lévis*. Ibid., 1889; *Lettres de la cour de Versailles*. Québec, Demers, 1890; *Lettres et pièces militaires*. Ibid., 1891; *Lettres de Bourlamaque au chevalier de Lévis et de Montcalm à Bourlamaque*. Ibid., 1891; *Lettres de Montcalm à Lévis*. Ibid., 1894. Les six derniers rentrent dans la « Collection des manuscrits du maréchal de Lévis, » qui formera onze volumes. La collection des *Extraits*, qui s'ouvre en juin 1755, remplira douze volumes. — Nous devons à la gracieuse obligeance de l'Hon. Louis Pelletier, ministre secrétaire de la province de Québec, un exemplaire de ces ouvrages qui ne se rencontrent pas facilement dans nos bibliothèques. Nous sommes heureux de lui offrir l'expression de notre reconnaissance.

3. A cause de la guerre et de la saisie possible des navires par la flotte anglaise, on expédiait les lettres en duplicata et triplicata, souvent de la main d'un sous-officier copiste, ce qui interdisait dans une certaine mesure les communications et réflexions intimes. C'est ainsi que Bougainville n'écrit pas à moins de trente personnes par triplicata pour un même courrier, notamment à MM. de Marville (ex-lieutenant de police), de Chastellux, de Séchelles (ancien contrôleur général des finances), de Moras (ministre de la marine), l'abbé Foucher, Bouguer, d'Alembert, Clairault, de Chamousset (l'économiste philanthrope), de Chevert, duc de Mirepoix, de Raigemortes, Turgot, de Gournai (intendant de commerce), Mmes Hérault, de Moras, de Ménilglaise et de Cramayel (*Lettre à son frère*, 3 juillet 1757).

général fort étrangers à l'orthographe[1], l'abbé Casgrain publie les lettres de Montcalm à Bourlamaque d'après une copie médiocre. Ces lettres très attachantes, où Montcalm épanche le fond de son cœur en prenant la précaution inutile de demander à son correspondant de les jeter au feu, appartiennent à la collection de Sir Thomas Phillips en Angleterre. Parkman avait obtenu l'autorisation de les faire copier par un scribe anglais. Cette copie, il a bien voulu la communiquer à son tour à l'abbé Casgrain, ce qui, peut-être, aux yeux du lecteur sceptique, expliquera pourquoi l'abbé, si virulent contre le savant américain dans son *Pèlerinage au pays d'Évangéline,* en parle avec une modération plus acceptable dans son dernier ouvrage. Mais il tombe sous le sens, et l'éditeur en convient (p. 299), quand on connaît le style primesautier, heurté, original, elliptique de Montcalm et sa fameuse écriture presque indéchiffrable, qu'un scribe anglais ne pouvait que se trouver fort embarrassé de reproduire intégralement cette correspondance. Et si, quoique imparfaite, cette copie suffisait à Parkman pour les grandes lignes de son histoire, elle était manifestement au-dessous du nécessaire pour une édition complète et

1. La collation des papiers de Lévis a été faite par M. Léon Lecestre. Mais ce premier travail n'obligeait pas à conserver pieusement toutes les fautes du texte dans l'édition définitive. Il est assez amusant de voir l'abbé Casgrain rétablir avec scrupule « dans la nuit » au lieu de « dans nuit » (Lévis, *Journal*, p. 149) et « M. le marquis » au lieu de « M. les marquis » (Lévis, *Lettres*, p. 268), quitte à laisser subsister « l'abbaye de Mississicoux » pour « la baie de Missiscouy » (Lévis, *Journal*, p. 224), ou les « bas valus » pour les « bas valets » (Bourlamaque, *Lettres*, p. 256). Mais, chose plus sérieuse et qui nous met en méfiance, on ne peut s'en rapporter visiblement aux extraits que l'auteur imprime dans son livre de *Montcalm et Lévis.* La comparaison de certains passages de pièces encore inédites avec les originaux que nous possédons ou les extraits analogues que donnent le P. Sommervogel et M. de Bonnechose (*Montcalm et le Canada français*, 8e éd. Paris, Hachette, 1891) n'est guère favorable à l'ouvrage canadien. Exemple, texte du P. Sommervogel : « Le vendredi 16 et du 27 au 4, au soir, nous avons navigué avec des brumes... » (*Montcalm à sa mère,* 11 mai 1756); texte de l'abbé Casgrain : « Le vendredi 16 et jusqu'au 27, nous avons navigué... » Comparer de même les extraits de la lettre de Montcalm à sa femme, du 16 avril 1757, dans Parkman (I, 455), Casgrain (I, 212-213) et Bonnechose (153). La concordance n'est qu'approximative. Soit dit en passant, nous ne saurions trop réclamer le texte complet de ces lettres vivantes et spirituelles. Mais, en attendant, pour les pièces qu'il publie, l'abbé Casgrain se fait trop beau jeu en déclarant que, s'il « rencontre un bon nombre de phrases défectueuses, » il préfère les laisser « telles que dans le manuscrit » (*Lettres et pièces militaires*, p. 357). La critique, ne sachant plus à qui s'en prendre, devient inutile. Comment savoir, entre autres, si les nombreux points de suspension dans certains documents, comme les lettres de l'abbé de l'Isle-Dieu (*Extrait des archives*, I, p. 188 et suiv.), sont une ponctuation de l'auteur ou une coupure de l'éditeur?

définitive. L'abbé Casgrain, à défaut d'un texte irréprochable, nous devait au moins les raisons qui l'empêchaient de nous le donner[1]. Inutile d'arguer la difficulté du travail. Notre siècle en a vu bien d'autres, ne fût-ce en Angleterre que le déchiffrement des *Mémoires* de l'inoubliable Samuel Pepys, dont Bougainville devait un jour, sur l'Océan, chercher vainement à l'horizon l'île baptisée de son nom célèbre.

En second lieu, l'éditeur devait s'inquiéter de classer les textes dans le meilleur ordre possible. Sur ce nouveau terrain, l'abbé, courant au plus facile, nous donne les pièces dans l'ordre du recueil original[2]. Il est cependant manifeste que cet ordre, établi par le Ch^er^ de Lévis, à qui la mémoire aura fait quelquefois défaut, n'est pas d'une exactitude rigoureuse. Si l'on tient à en conserver le souvenir, rien n'interdit de le rappeler au bas des pages, en classant du reste les pièces par ordre de date réelle. Dans tous les cas, il fallait au moins nous indiquer cette date. L'abbé Casgrain n'en a cure. Il consent à nous prévenir, lorsque l'erreur est trop grossière, que des lettres datées fautivement in-extenso de 1758 ne sont point à leur place parmi les pièces de cette année courante[3]. Mais, quand des pièces sans millésime sont égarées parmi des pièces d'autres années, il nous laisse le soin de le découvrir[4]. Nous citerons comme exemple

1. On sait, en effet, que la bibliothèque de Cheltenham, où se conserve la collection de Sir Thomas Phillips, accueille libéralement toutes les recherches, et que les gouvernements ou les grandes institutions publiques peuvent même y racheter les documents qui les intéressent, comme l'a déjà fait le gouvernement prussien et comme vient de le faire notre département de la Gironde (*Rev. hist.*, sept. 1894, p. 215). Or, le catalogue dressé par M. Omont (*Bibl. de l'École des chartes*, 1890, p. 85) relève six volumes de pièces sur la guerre du Canada, dont un seul est reproduit ici. Pourquoi négliger les autres? Et, surtout, pourquoi ne pas copier directement les originaux?

2. Il semble pourtant se décider à changer de système dans le dernier volume (*Lettres de Montcalm à Lévis*, 1894 : cf. p. 59, 65, 164, 204), quoiqu'il revienne par endroits au système ancien (p. 138 et 144). Comme nous ne voyons aucune importance à l'ordre actuel du manuscrit, nous ne reprocherons pas à l'éditeur d'avoir violé son programme et composé par exemple le volume des *Lettres et pièces militaires*, qui devait répondre au tome XI de la collection manuscrite, avec des pièces tirées en partie d'ailleurs (*Ibid.*, note, p. 162). Nous lui reprocherons plutôt de n'avoir pas montré partout la même indépendance.

3. Par exemple les deux lettres chiffrées de Bougainville datées de Blaye, 18 mars 1758 (*Lettres de la cour de Versailles*, p. 103-114). Tout le monde sait, en effet, que Bougainville n'est venu en France que durant l'hiver 1758-59. L'éditeur canadien de la collection, dont nous avons déjà parlé, de *Documents relatifs à l'histoire de la Nouvelle-France* n'a cependant pas rectifié la date et le classement fautifs de la lettre du tome IV, page 143 : « Paris, 7 janvier 1758. » Cette publication, d'ailleurs, laisse aussi beaucoup à désirer.

4. Au moins dans les cinq premiers volumes publiés de la collection Lévis.

une lettre du 18 mars 1758, qu'il emploie à sa vraie date dans son histoire de la guerre, mais qu'il imprime, sans en rien dire, parmi les pièces de l'année suivante dans l'édition officielle[1].

Enfin, le troisième et dernier devoir de l'éditeur serait, croyons-nous, d'éclairer toutes les difficultés, de renseigner sur toutes les allusions que le lecteur ordinaire peut rencontrer dans son livre. Ici encore, l'abbé Casgrain s'efface avec trop de scrupule. Ses notes sont aussi rares qu'insignifiantes et, d'ordinaire, aussi souvent fausses que justes. Il nous apprend, à la page 8 du tome II, que le Mis de Paulmy était fils du Mis d'Argenson, pour s'apercevoir à la page 112 qu'il n'en était que le neveu. Il rectifie les noms propres écorchés, tantôt dans le texte[2], tantôt en appendice[3]. Mais le plus curieux est qu'il semble chercher à obscurcir ce qui n'embarrasse personne[4]. Il sème des points d'interrogation pour marquer ses doutes ou son ignorance dans les occasions les plus singulières. Croira-t-on qu'un historien de la guerre du Canada, rencontrant sous la plume du Ch^er^ de Lévis, à propos de la marche du général *Forbets* (Forbes) contre le fort Duquesne, le nom du fort de *Royal Hernont*, ne sache pas y reconnaître le fort de Loyalhannon[5] ? Ou que, retrouvant fréquemment le nom de Mme *de Baraute*, femme en

1. *Montcalm et Lévis*, I, p. 368, et *Lettres de Bourlamaque*, p. 296-299. — De même, la lettre du 20 juin 1756 (*Lettres de Bourlamaque*, p. 350) est du 29. La lettre du 27 juin [1758] est du 27 juin 1757 (*Ibid.*, p. 263); Montcalm y parle de la réunion du Conseil de guerre qui aura lieu en automne. La lettre du 19 [octobre 1758] (*Ibid.*, p. 266) est du 19 mars précédent : elle se rapporte à l'affaire de Rogers du 13 mars. Le mémoire de Vaudreuil et la réponse de Montcalm du 23 janvier 1758 sont du 23 juin suivant (*Pièces militaires*, p. 25-32) : ce changement de date a son importance. La lettre de Monckton à Lévis (*Ibid.*, p. 259) est adressée à Vaudreuil ; celle destinée à Lévis vient après. Enfin, les lettres du 25 novembre 1760 (*Lettres* de Lévis, p. 382-394) sont du 27 novembre, puisque Lévis ne débarqua que le 26 à la Rochelle (*Journal* de Lévis, p. 314). Parkman et M. Gaffarel, dans ses notes sur Malartic, donnent la date exacte. Dussieux a publié celle au ministre de la guerre (App., n° XXXIX), avec quelques variantes et compléments légers, que l'abbé Casgrain, suivant son principe commode d'ignorer les publications antérieures (*Extraits des archives*, I, 9, note), ne s'est pas donné la peine de relever.

2. Exemple : *Lydius* au lieu de *Lidieux* (Lévis, *Journal*, p. 41).

3. *Malartic* pour *Malartie* (*Ibid.*, p. 115), *Townshend* pour *Towsend* (*Ibid.*, p. 217). Souvent aussi, l'éditeur ne rectifie rien.

4. Il se dispense d'expliquer les phrases qu'il ne comprend point en déclarant qu'« il en est peu dont on ne saisisse le sens » (*Pièces militaires*, p. 357, et *Lettres de Bourlamaque*, p. 299). Mais, pour témoigner de sa conscience, il nous fait remarquer qu'une phrase très intelligible lui paraît incompréhensible (*Pièces militaires*, p. 11). Il suffisait d'y rétablir le mot « dans » après le mot « retranchement. »

5. Lévis, *Lettres*, p. 218. — Washington écrivait aussi *Loyalhanning.*

premières noces du malheureux Coulon de Jumonville, l'abbé se demande s'il ne faudrait pas lire *Barante*[1], quand il lui suffit d'ouvrir le *Dictionnaire généalogique des familles canadiennes* pour s'assurer que Mme de Jumonville épousa le capitaine, dans Béarn, Bachoie de Barrante? Ou encore que, publiant la lettre par laquelle le Ch^er^ de Lévis prie le général Ligonier d'intervenir en sa faveur près du roi d'Angleterre pour qu'on lui accorde l'autorisation de servir en Allemagne après la capitulation du Canada, l'éditeur fasse suivre gravement d'un point d'interrogation le nom du général anglais[2]? De quoi se met-il en peine? De savoir qui est Ligonier? La première histoire d'Angleterre le lui apprendra. De savoir s'il est bien le destinataire de la lettre? Mais il publie sa réponse autographe dans un autre volume et raconte tout du long cette petite négociation dans son histoire[3]!

1. Lévis, *Lettres*, p. 359 et 466. — Le nom de Barante étant, nous ne savons pourquoi, écrit constamment Baraute ou Barote dans les documents, — sauf dans le *Journal* de Malartic (6 octobre 1757), — on voit où conduit le système de l'éditeur (si tant est qu'il ait un système) d'adopter pour les noms d'officiers français l'orthographe la plus généralement suivie (*Lettres de la cour*, p. 160). Plusieurs noms aussi commençant par un K sont d'origine bretonne et devraient être vérifiés et rétablis ; — exemple : « de Kerimel » au lieu « de Kimel » (*Ibid.*), — en tenant compte d'une particularité locale. Le préfixe *Ker* (« ville » ou « maison, » comme dans *Villeblanche*, *Maisonneuve*) s'écrivait en abrégé par un K barré légèrement d'une certaine façon sur le dernier jambage. On ne s'étonnera pas de retrouver cette abréviation bretonne au Canada, alors que la diphtongue *ou*, fréquente dans les noms sauvages, est constamment remplacée par l'abréviatif grec 8. Quant aux noms français, il les faudrait rectifier par douzaines, entre autres ceux de Galiffet, d'Hannoncelles, de Calan, de Solminihac, etc.

2. Nous devons avouer que l'éditeur anglais de la correspondance de Wolfe, dans la collection Sackville, n'a pas été moins prodigue de points d'interrogation sans cause. Exemple : « Carlin was lieutenant of Shirley's or Peppencle's(?). » Lisez « Pepperell's. » — Il ne s'aperçoit pas non plus que Wolfe parle indifféremment de la baie de Gabarus sous le nom de « Gabarus bay » ou de « bay of Gaberouse (?). » On trouve encore mal à propos « mylord Loundoun (?) » pour « Loudon, » « Gaspie (?) » pour Gaspé, « the Mickmacks (?), Abenaquis (?), » etc. (*Report of the royal Comm. on Hist. Mss.*, 9th, 1884, p. 74 et suiv.). L'abbé Casgrain, qui a tout lu, ne paraît pas avoir eu connaissance de cette correspondance. M. Kingsford, au surplus, dénature également les noms avec un parfait sans-gêne ; mais son histoire n'a pas la portée d'une édition de textes officielle.

3. Lévis, *Lettres*, p. 395 ; *Lettres et pièces militaires*, p. 270 ; *Montcalm et Lévis*, II, p. 414. L'annotation de ces textes est absolument insignifiante. Dans les trois premiers volumes, par exemple, sur un total de plus de 1,000 pages, il n'y a que quatre notes offrant une ombre d'explication biographique ou autre, et une dizaine pour les 1,000 pages suivantes. Pourtant, un érudit canadien devait trouver matière à des éclaircissements du plus piquant

Si les papiers de Lévis et de Montcalm ont à souffrir quelquefois de la négligence de l'éditeur, du moins leur personne n'en souffrira point, car toutes les pièces seront mises en définitive sous les yeux du public. Pour la personne de Bougainville, il en est autrement. L'abbé Casgrain, qui avait sollicité la communication de ses papiers, glisse légèrement sur leur provenance et laisserait, ce semble, entendre volontiers qu'il les tient d'une source indifférente dont la neutralité met sa conscience et sa reconnaissance à l'abri [1]. Le motif de cette réserve n'a rien de mystérieux. La vérité est que Bougainville, comme presque tous les officiers de l'armée française, ne cachait pas son éloignement des Canadiens, non plus que les officiers de l'armée anglaise leur dédain des provinciaux de la Nouvelle-Angleterre [2]. Il n'avait pas d'eux plus mauvaise opinion que ses camarades;

intérêt dans les allusions mondaines qui remplissent les amusantes lettres de Montcalm et dont l'abbé Casgrain n'a certes pas donné toute la clef dans sa grande histoire. En particulier, le précieux recueil des *Lettres de Montcalm à Bourlamaque* n'a que quatre notes sans importance. Ailleurs, par compensation, l'éditeur publie une vingtaine de notes tirées des manuscrits sans les distinguer des siennes. Exemple : *Lettres et pièces militaires*, pp. 82, 83, 110, 118, 119, etc.

1. « J'ai également dépouillé les Archives nationales et les principales bibliothèques de Paris, outre certaines bibliothèques de province et plusieurs archives de famille. J'ai déjà mentionné celle (?) de Montcalm, je puis y ajouter celle (??) de Bougainville. [Est-ce la famille qui est dépouillée, ou la correspondance sous-entendue, ou la bibliothèque située quelque part *in nubibus?*] La copie des manuscrits du célèbre navigateur qui ont trait au Canada se compose de son journal et de sa correspondance. Elle forme deux volumes grand in-folio de 1,184 pages d'écriture très serrée » (*Montcalm et Lévis*, I, 7). N'attachant pas grand prix aux effusions de politesse anodine qui sont d'usage en pareil cas, nous eussions admis parfaitement que l'auteur négligeât de rappeler ici l'intervention de la famille, si la différence de mesure courtoise, obséquieuse même, qu'il témoigne vis-à-vis de ses autres correspondants ne marquait une préméditation, une conscience de ses actes qui justifiera quelque peu, nous l'espérons, l'irrésistible sincérité de nos appréciations.

2. Par humeur de confraternité coloniale, l'auteur prend parti pour les habitants de la Nouvelle-Angleterre contre les officiers anglais, « la plupart... fils de famille, chez qui la morgue britannique était traditionnelle, » etc. (I, 433). Le malheur est que Wolfe, dans ses lettres à Lord George Sackville, ne s'exprimait pas moins vertement qu'un fils de famille sur le compte des Anglo-Américains, « the dirtiest most contemptible cowardly dogs that you can conceive » (*Report of the royal Comm. on Hist. Mss.*, 1884, p. 77. — Voir aussi *Ibid.*, 11 février 1758, p. 74*a*, et 12 mai 1758, p. 74*b*). Pourtant Wolfe, par son élévation d'esprit, sa simplicité d'éducation, ne ressemblait en rien au type d'officier de cour que nous présente l'abbé Casgrain (voir, notamment, les souvenirs de Lord Shelburne, dans sa biographie publiée par Lord Edmond Fitzmaurice. Londres, Macmillan, 1875, I, p. 93-95, un ouvrage encore que l'abbé ne connaît pas). Même antipathie chez le successeur de Wolfe, Sir Jeffrey Amherst;

mais il a mieux résumé, dans son journal et sa correspondance, les causes de cette médiocre sympathie. L'abbé Casgrain, d'avance, ne pouvait manquer de savoir à quoi s'en tenir[1]. Du reste, on n'oublia pas de le prévenir qu'il y trouverait des réflexions impitoyables pour son patriotisme. Il crut devoir passer outre et prendre copie de tous les papiers. Seulement, une fois en possession de ce dossier, il a entrepris de venger d'un coup toute la rancune canadienne sur le dos du pauvre Bougainville. Montcalm partageait sans conteste un sentiment dont son aide de camp n'est, pour ainsi dire, que l'interprète; mais il occupait une situation trop haute par sa valeur et son caractère pour qu'on osât l'attaquer de front[2]. Lévis avait prudemment, — il s'en félicitait lui-même, — gardé son opinion pour ne se point créer de difficultés[3]. Les autres officiers étaient de moindre importance ou leur témoignage semblait moins circonstancié. Bougainville se trouvait donc naturellement désigné pour devenir le bouc émissaire auquel on pouvait s'en prendre de toutes les médisances. Rappelons, sans vouloir incriminer les arrière-pensées de l'austère critique, que, par un hasard heureux pour sa cause, les papiers de sa victime n'étant point publiés, le lecteur n'était pas en mesure d'établir une comparaison ni de juger par lui-même de la noirceur du coupable. Bref, ne pouvant supprimer le témoignage, on s'est efforcé de déshonorer le témoin. Le procédé n'est, en somme, qu'une variante de celui que l'abbé Casgrain reprochait à Parkman envers les Acadiens au

et, bien entendu, même hostilité sournoise de la part de la population contre les réguliers, qui désolait jusqu'aux officiers les mieux disposés pour elle (*Bouquet à Amherst, Conspiracy of Pontiac*, II, 49).

1. Il le savait si bien que l'aveu lui échappe. Dans son *Pèlerinage au pays d'Évangéline* (p. 199), parlant du mauvais accueil que le Massachusetts fit aux Acadiens, il écrit en italique : « *Quel pays! quelles mœurs!* se dit-on involontairement à la vue de tels faits. » Et, de la sorte, il trahit l'obsession que lui cause cette même exclamation désobligeante de Bougainville devant le mauvais accueil semblable que le Canada fit aux Acadiens, exclamation reproduite également en italiques et en français dans Parkman (I, 283; Bougainville, *Journal*, 7 février 1758).

2. Pourtant, dit Kingsford, « c'est un fait curieux, mais indéniable, que le nom de Montcalm n'est pas l'objet d'un égal respect de la part de tous les Canadiens français. La majorité donne à Lévis le premier rang dans l'estime du peuple... Le sentiment qui divisait autrefois la colonie n'a point disparu, malgré les événements survenus depuis cent trente ans et qui devraient l'avoir complètement transformé » (III, 552).

3. « Cela ferait des tracasseries, chose que j'éviterai toute ma vie avec le plus grand soin, » écrit-il à la maréchale de Mirepoix, déclarant qu'il veut se tenir à l'écart dans les démêlés de Montcalm et de Vaudreuil (Casgrain, I, p. 342-343; cf. *Ibid.*, p. 35-36). Mais, à lire entre les lignes, on voit qu'il est presque toujours de l'opinion de Montcalm et des officiers français.

temps de sa mésintelligence avec l'historien de Boston[1]; et, désormais fixé dans la direction de sa vengeance, l'auteur remplit sa tâche avec une suite et une décision dignes d'un plus consciencieux emploi. L'honnête garçon dont la tête, à l'évent quelquefois, émerveillait Diderot pour sa facilité précieuse à mener du même pas le plaisir et le travail[2]; cet esprit charmant qui a traversé la vie en sachant se faire bienvenir de chacun et qui voyait si souvent les rencontres de hasard se changer en amitiés ferventes, tant il savait, à force de bonne grâce, d'égalité d'humeur, désarmer les caractères ombrageux, les préventions caustiques; l'ami fidèle et patient du prince de Nassau, de la comédienne Sophie Arnould, devient dans ce livre exotique un fourbe odieux, janséniste, maussade, acariâtre, donnant hypocritement dans les pires travers et partageant presque avec la bande de forbans qui escroquaient en règle la colonie la triste responsabilité de sa perte[3]. Ainsi charbonné d'une main brutale, le portrait ressemble au modèle comme le Falstaff de Verdi à celui des ***Paston Letters***. Assurément, l'histoire garde ses droits, qui priment toutes les autres considérations. Et, s'il était prouvé que Bougainville eût la moitié des torts qu'on lui prête, ou d'autres torts que ceux de la jeunesse, nous n'aurions qu'à nous incliner. Encore est-il possible, lorsque les convenances l'exigent, de présenter la vérité sous une forme atténuée, qui par sa discrétion ne froisse aucune susceptibilité patronymique ou autre. L'abbé Casgrain a largement usé de ce droit quand il se trouve en face de gens dont les sentiments lui agréent. Il ne se lasse jamais d'invoquer alors les circonstances atténuantes. D'abord pour tous les Canadiens. Cadet était un voleur; mais il était si généreux[4]! Marin était un pillard; mais il était si courageux[5]!

1. « Ne pouvant cacher le crime, on a tâché de flétrir les victimes » (*Évangéline*, p. 398, note).

2. Analyse du *Voyage autour du monde* : « Une autre contradiction apparente,... c'est son goût pour les amusements de la société. Il aime les femmes, les spectacles, les repas délicats... C'est un véritable Français. »

3. « B., dont les douleurs d'un asthme chronique avaient aigri le caractère, commença dès lors à prendre le Canada en grippe et à mettre plus d'humeur que de raison dans ses jugements sur ce pays » (I, p. 81-82 et encore p. 166). « B. s'y faisait remarquer [dans le monde] par son esprit janséniste, ses critiques mordantes, quelquefois par son humeur maussade » (I, p. 339). Nous discuterons, au moment convenable, la duplicité prétendue de Bougainville et nous réduirons à la juste mesure le reproche d'avoir participé « à toutes ces parties de plaisir, ces jeux et ces folles dépenses qui étaient autant d'insultes à la misère publique » (I, p. 336, 348; II, 14).

4. I, p. 317 : « Il se fit pardonner une partie de ses malversations par les bons côtés de son caractère : il était bienfaisant et généreux. »

5. I, p. 441 : « Il rachetait ses pilleries par les services éminents qu'il rendait à la guerre. On ne comptait plus les actions où il s'était distingué. »

Ensuite pour qui aime ou ménage les Canadiens; et c'est plaisir de voir avec quelle délicatesse il évite de se prononcer sur la trop certaine liaison du Cher de Lévis avec Mme Pénisseault[1]. Mais que Bougainville s'avise de tenir sur les fonts du baptême un enfant, de concert avec Mme Péan, la maîtresse de Bigot[2], ou qu'il se risque, à la fleur de son bel âge, au retour de la guerre, à courtiser les nymphes d'opéra[3], l'abbé retrouve toute sa sévérité. Voilà bien l'indigne conduite d'un janséniste! Sans doute. Mais Bougainville était-il janséniste? L'abbé ne s'inquiète pas de le vérifier. La recherche pourtant a son intérêt; car il nous semble que les eaux de Port-Royal ne devaient point baigner la nouvelle Cythère et qu'un vrai janséniste, s'il eût découvert Tahiti, n'eût point découvert la Tahitienne.

1. « Mme Pénissault attira trop l'attention du chevalier de Lévis, qui se laissa captiver par ses charmes. Son assiduité au salon de cette femme, déjà regardée comme légère, acheva de la compromettre et attira sur M. de Lévis les sévérités de l'opinion » (I, 321); voir le surplus dans Parkman, II, 29. Les prédécesseurs de l'abbé Casgrain se montraient autrement scandalisés de cette liaison, dont ils n'avaient pas encore imaginé la grande circonstance atténuante, et critiquaient le chevalier avec le rigorisme que l'on tourne maintenant contre Bougainville (cf. Le Moine [J. Mac-Pherson], « Bigot et son groupe, » réimprimé dans l'*Album du touriste*, 2e éd. Québec, Aug. Côté, 1872, p. 67). M. Mac-Pherson a été président de la Société historique de Québec.

2. Bougainville, *Journal*, 25 novembre 1756 : « J'ai été promener en carriole à Sainte-Foix, à deux lieues et demie de la ville. Tel est le plaisir des femmes de ce pays d'aller en carriole l'hyver, sur la neige ou sur la glace, dans un tems où il semble qu'on ne devroit pas même sortir par nécessité. » — « 27 novembre. J'ai tenu aujourd'hui un enfant de M. de Vienne avec Mme Péan. » — Voici comment l'abbé Casgrain traduit ces deux passages : « On est étonné de voir l'austère et misanthrope Bougainville courir à toutes ces parties de plaisir... Le 27 novembre, on le surprend aux pieds de « la sultane, » [surnom habituel de] Mme Péan, la priant d'être marraine avec lui au baptême d'un des enfants de son cousin de Vienne. » — Notez que Montcalm aussi l'appelle « ma commère » (*Lettres à Lévis*, 24 septembre et 16 décembre 1757). — « Un autre jour, on le trouve en promenade à Sainte-Foye, en compagnie fort mondaine » (I, 182). — Nous ne démêlons pas bien si, dans l'esprit de l'auteur, les principes du jansénisme s'accommodent mal des promenades en voiture, ou si c'est que l'on se trouve en compagnie suspecte dès que l'on se trouve en compagnie de Canadiennes.

3. *Journal des inspecteurs de M. de Sartines*. Paris, Dentu, 1863. Ce n'est pas le lieu de discuter ces rapports de police, qui renferment, comme toutes les pièces du genre, autant d'erreurs que de vérités. On observera seulement que, de tout notre XVIIIe siècle, c'est le seul livre dont l'auteur canadien paraisse avoir connaissance, pour faire pièce à la mémoire de son ennemi. Non seulement il ne cite aucun autre auteur de l'époque, mais il ne sait même pas nous dresser correctement la liste des ministres de la cour pendant la guerre de Sept ans (comparez son tableau des ministres, *Extraits des archives*, I, p. 7-8, avec celui de M. Maurice Fallex, en tête de son *Précis du siècle de Louis XV*, p. XXIX et suiv.).

Il ne pouvait convenir aux descendants de Bougainville de laisser se répandre autour de son nom une légende malveillante. Et, si nous avons tardé jusqu'ici à prendre sa défense, la cause toute simple, mais un peu curieuse, est que l'abbé Casgrain, avec une modestie méritoire, n'avait fait aucun bruit autour de son livre. Aucune revue française, à notre connaissance, n'en avait parlé. Nous ne l'avions point vu signaler dans les revues anglaises qui nous passent sous les yeux. Il ne se rencontrait point dans nos principales bibliothèques. Enfin, aucun de ceux qui pouvaient s'intéresser à sa publication n'avait été, que nous sachions, avisé de sa mise au jour. Nous n'en avons eu connaissance qu'au bout de deux ans, par un simple hasard. Le ciel nous garde des jugements téméraires; mais, en somme, l'abbé Casgrain eût voulu que ses insinuations prissent crédit à la longue sous le couvert de la prescription, en se gardant d'éveiller les oppositions, qu'il n'eût point agi d'autre sorte[1]. Nous allons essayer de rétablir la vérité. Seulement, à la différence de l'abbé Casgrain, sachant qu'aujourd'hui n'a plus beau mentir qui vient de loin, pas même d'un voyage à travers les archives, nous nous efforcerons de ne rien dire qui ne puisse mériter l'approbation de ceux qui auraient un jour toutes les pièces du débat sous les yeux. Nous ne prétendons pas qu'on nous en croie sur parole ni qu'on adopte d'emblée nos appréciations. Nous espérons pourtant qu'elles ne s'écarteront pas beaucoup du jugement définitif que l'histoire portera sur le nom de Bougainville. Et si, malgré notre scrupule extrême, nous tombons dans quelque exagération, le lecteur nous le pardonnera peut-être, en reconnaissant que le sentiment filial qui nous anime nous autorisait naturellement à voir les choses sous cet aspect.

Dans la vie de Bougainville, jusqu'à la fin de la guerre de Sept ans, la campagne du Canada tient de beaucoup la première place, et c'est d'elle surtout que nous devons ici parler. Nous ne nous écarterons pas trop de notre sujet en esquissant l'histoire de sa jeunesse d'après les recherches que nous avons pu faire. Ce sera le moyen d'arrêter court deux ou trois petites légendes moins malfaisantes que celles de l'abbé Casgrain, mais tout aussi fausses. Il est regrettable que les papiers de famille, expurgés par la Révolution, ne nous laissent guère l'espoir de retracer un jour dans tous ses détails une des existences les plus accidentées et les plus romanesques du XVIIIe s.; mais

1. Lorsque nous commencions d'écrire ces lignes, nous avons appris que la Société de géographie venait de recevoir un exemplaire de l'ouvrage le 1er juin 1894 (*Bulletin* du 15 juin), trois ans après sa mise en vente et alors que son existence n'était plus ignorée des gens intéressés personnellement à la connaître. En ce moment même, on en prépare une édition française.

nous espérons en tirer, à la longue, un portrait d'une ressemblance suffisante. Les papiers de Bougainville ont du reste un cachet de discrétion que les écrivains de notre temps, comme l'abbé Casgrain, ne peuvent comprendre. Dans ses lettres, où se montre l'homme d'infiniment d'esprit qui souhaitait rejoindre son frère à l'Académie française, il procède surtout par allusion quand il parle de ses intérêts les plus intimes. Sans doute, il pouvait craindre que ses lettres, arrêtées par une croisière anglaise pendant la guerre de Sept ans ou la guerre d'Indépendance d'Amérique, allassent distraire outre-Manche d'autres lecteurs que les destinataires. Mais en temps de paix sa plume garde la même réserve. Ses journaux de campagne ne sortent pas davantage du cercle des choses officielles ou officieuses. Pendant la guerre du Canada, il ne raconte, d'instinct, que ce qu'il observe en sa qualité de militaire et d'aide de camp. Il discerne à la façon d'un vrai reporter sur le terrain ce qui appartient au public et ce qui doit rester personnel. Quoique très versé dans les idées philosophiques de l'époque, il n'eût rien compris à la « culture du moi » telle que nous la pratiquons aujourd'hui. Comme il n'est point homme à système, il notera deux ou trois fois, dans son désœuvrement, qu'il a pris médecine[1] et conviendra, nous l'avons dit, qu'il a, près des fonts baptismaux, servi de compère à la fameuse Mme Péan; mais guère plus. Même cette discrétion ne fera que s'accentuer par la suite. Ses journaux de bord à l'escadre du Cte d'Estaing sont rigoureusement professionnels, bien qu'une boutade spirituelle, éclatant parfois à l'improviste, montre qu'ils n'étaient pas destinés à s'enfouir dans les cartons du ministère. Il est donc inutile de s'étonner que le jeune officier n'y écrive pas sa confession à la manière d'un Jean-Jacques[2] et de lui reprocher entre autres, comme le fait aigrement l'abbé Casgrain, de n'y pas inscrire ses pertes de jeu. Bougainville a d'ailleurs une façon charmante de faire son examen de conscience, toutes convenances gardées, quand il écrit à sa protectrice Mme Hérault; et peu s'en faut qu'il ne s'approprie d'avance l'expression que Taine devait appliquer un jour à Mirabeau, — de posséder une tête à plusieurs étages, — quand il se plaint d'avoir une âme qui subit trop le contrecoup de l'humaine ondoyance et diversité[3].

1. Par exemple le 30 novembre 1756. Montcalm aussi note le même détail en ce qui le concerne (*à Lévis*, 11 novembre 1757).

2. « Ceux que leurs devoirs mettent en rapport avec le public ne doivent se montrer à lui que comme des abstractions » (Bardoux, *Guizot*. Paris, Hachette, 1894, p. 221-222). Cette réserve était fréquente alors; voir les remarques de M. Aubertin sur le journal de Barbier (*l'Esprit public au XVIIIe siècle*. Paris, Perrin, 3e éd., 1889, p. 173).

3. Cf. Taine, *l'Ancien régime*, p. 374-375.

Cependant, en nous servant de ses papiers pour essayer de le peindre, nous avons conscience de remplir une de ses dernières intentions. Il avait souvent parlé, vers la fin de sa vie, de remettre à son ami Delambre tous ses manuscrits pour en tirer une étude biographique[1]. Nous ne savons pour quel motif ce projet n'eut pas de suite. Son fils aîné, qui avait suivi la même carrière et qui mourut contre-amiral en 1846, avait eu l'idée d'entreprendre le travail. A sa mort, les papiers passèrent au troisième fils, qui les confia quelque temps à son cousin Alfred de Vigny[2]. Mais l'auteur de *Cinq-Mars* n'était point d'humeur à subir la discipline sévère de l'histoire. Après lui, M. Margry eut l'autorisation de les parcourir et s'en servit pour quelques-unes de ses publications[3]. Il était réservé à l'abbé Casgrain d'en donner à sa manière une connaissance plus complète et d'en tirer le parti que nous allons montrer.

Dans les pages qui suivent, pour ne pas abuser de l'attention du lecteur, nous éviterons de reproduire les passages déjà publiés par l'abbé Casgrain, à moins que cette reproduction ne soit nécessaire pour le réfuter, le compléter ou le combattre. Mais nous choisirons parmi les passages inédits ceux que l'historien canadien voudrait laisser dans l'ombre et dont il est facile de montrer l'exactitude en les rapprochant des témoignages parus ailleurs. Ses accusations sont la cause première de ce débat; il importe d'établir la valeur documentaire de notre dossier. Nous ne savons si les circonstances nous permettront d'en publier un jour davantage. Mais la meilleure garan-

1. Delambre, *Notice sur Bougainville*, lue à l'Académie des sciences le 4 janvier 1813. Le malheur est que Delambre, par discrétion, n'osa pas se présenter chez lui, quand il le sut en danger de mort, et perdit l'occasion de recueillir des souvenirs précieux, que ne connurent même pas les trois fils survivants de Bougainville, séparés tout jeunes de leur famille par le service militaire du Premier Empire.

2. Nous ne croyons cependant pas, à ce propos, malgré les relations de famille, la parenté affichée de part et d'autre, et aussi malgré l'opinion de M. Ratisbonne (*Journal d'un poète*. Paris, Lévy, 1867, p. 3), que la mère de Vigny fût vraiment « cousine du grand Bougainville. » Charlotte de Bougainville, sœur de Louis-Antoine, avait seulement épousé, en 1748, Louis-Honorat de Baraudin, quatrième gouverneur de Loches du même nom, dont la famille, venue du Piémont, vivait en Touraine depuis environ deux siècles (Bibl. nat., mss., Pièces orig., dossier 4025, t. 186). Et c'est à Loches que mourut, chez elle, son frère aîné, Jean-Pierre, l'académicien, en 1763. — Alfred de Vigny, né à Loches, en 1797, d'Amélie de Baraudin, n'était que l'arrière-petit-neveu par alliance de Charlotte de Bougainville (L. Archambault, *Note sur la naissance d'Alfred de Vigny à Loches*, *Bulletin de la Société archéologique de Touraine*, 1877, p. 298 et suiv.; Jules Devaux, *la Famille d'Alfred de Vigny*, *Annales de la Société historique et archéologique du Gâtinais*, 1891, p. 218 et suiv.).

3. *Relations et mémoires inédits*. Paris, Challamel, 1867, p. 36-84.

tie de leur véracité serait, croyons-nous, la vue du journal même, écrit au jour le jour, avec ses ratures fréquentes pour rectifier un chiffre ou un détail de la plus minime importance. On sent que l'auteur y apporte un scrupule scientifique. Ce n'est point notre faute ni la sienne si, comme il le rappelle au lendemain de Carillon en citant Bayle, « les hommes sont tels qu'en écrivant l'histoire on ait l'air de faire une satire. »

I.

La défaite du baron de Dieskau sur les bords du lac Saint-Sacrement[1] avait produit en France presque autant d'émotion qu'en Angleterre, deux mois auparavant, la défaite et la mort de Braddock sur les rives de la Monongahéla.

Apercevant aussitôt le danger, Louis XV résolut « d'envoyer du renfort à ses colonies de l'Amérique septentrionale » et « destina pour y passer, » avec un assez fort contingent, le Mis de Montcalm, assisté de deux officiers de choix, le Ch^er de Lévis, brigadier, et le colonel de Bourlamaque. « Le roi ayant accordé à M. de Montcalm deux aides de camp, ce général me fit l'honneur de me désigner pour être le premier. M. de la Rochebeaucourt fut le second, avec une commission de capitaine de cavalerie réformé. Nous eûmes l'un et l'autre nos appointements de réforme et 2,700 livres comme aides de camp. Tous ces arrangements furent terminés dans le commencement de mars, et, le 15 de ce mois, nous partîmes de Versailles, M. de Montcalm et moi. » Un troisième aide de camp, nommé Marcel, fut choisi directement par Montcalm et reçut une commission de lieutenant d'infanterie. Ainsi se composait l'état-major dont Bougainville allait partager les travaux et les fatigues pendant quatre années d'aventures.

Au moment où s'ouvrait, en 1756, la nouvelle campagne du Canada, le jeune officier comptait déjà à son actif des succès de différent

1. Les *Extraits d'archives* publiés par l'abbé Casgrain, et dont le premier volume couvre l'année 1755, ne contiennent que des allusions à cette affaire. Nous ignorons pourquoi l'éditeur en a supprimé, — momentanément du moins, — les pièces les plus importantes. D'ailleurs, le plan de ce volume nous échappe complètement. — Nous trouvons dans les papiers de Bougainville une relation anonyme de l'événement. Elle n'ajoute aucun détail essentiel aux faits connus; mais elle indique avec plus de précision la marche de Dieskau, s'accorde parfaitement avec le récit de Montreuil, publié dans la collection Faucher de Saint-Maurice (t. IV, p. 144), et rectifie quelques erreurs de Dussieux et de Parkman.

genre qui dénotaient une rare diversité d'esprit. Louis-Antoine de Bougainville était un véritable Parisien, né le 12 novembre 1729 à la porte presque de l'Hôtel de ville, dans une maison de la rue Barre-du-Bec (paroisse Saint-Merry), « où abondaient avocats, procureurs, huissiers et autres gens de robe longue et noire[1]. » Pierre-Yves de Bougainville, son père, notaire au Châtelet, successeur de Me Bridou, se flattait de remonter à une vieille famille de Picardie; et la prétention, si elle n'est pas clairement justifiée, n'a rien d'invraisemblable, — car les sires de Bougainville[2], après avoir joué leur rôle au Moyen Age, étaient tombés dans une gêne et une obscurité complètes, « mangeant leur blé en herbe, » comme disait l'un d'eux, « ung bien fin homme, » qui, pour avoir quelques grains de subsistance, s'était mis aux gages du cardinal Wolsey[3]. Et, durant le XVIe siècle, on retrouve le nom de Bougainville, avec des fortunes changeantes, porté tantôt par un procureur au bailliage de Meulan[4], tantôt par le beau-frère d'un ambassadeur de Henri IV[5]. Quoi qu'il en soit, les premiers aïeux authentiques de Louis-Antoine étaient d'honnêtes commerçants

1. Jal, *Dictionnaire critique*, v° *Bougainville*.

2. Bougainville est un petit village à cinq lieues d'Amiens, canton de Molliens-Vidame. La décroissance de sa population le fera bientôt rayer de la carte.

3. M. de Fréchencourt, secrétaire perpétuel de la Société des antiquaires de Picardie, a bien voulu nous assurer que, toutes recherches faites, — ce dont nous le remercions vivement, — la famille des Bougainville se serait éteinte ou éloignée du pays vers la fin du XIVe ou le commencement du XVe siècle. Le *Calendar of State Papers* du règne de Henri VIII prouve nettement le contraire. De 1517 à 1524 nous y lisons la curieuse histoire d'un sire de Bougainville (dont le nom se reconnaît sans peine sous ses nombreux déguisements : Beaughienville, Boughieville, Boughienville, Beaugainville, Boguenville, Bougaynvil, Bocanveld), maître d'hôtel du gouverneur de Picardie, Antoine de Créquy, seigneur de Pont-Remy (t. II, n°s 2745, 2761, 2774, 2966, 2967, 3084, 3091, 3097, 3205, 4406; t. III, 2817, 3229; t. IV, 781, 794). Entre ce Bougainville authentique, qui du reste n'était peut-être pas seul de son nom, puisqu'on lui connaît au moins un neveu, et le premier aïeul certain du navigateur, il n'existe qu'un laps de quatre-vingt-dix ans, 1524-1614.

4. Bibl. nat., dossier Bougainville, 9073 (Pièces orig., t. 443, n° 1).

5. Jean de Thumery, sieur de Boissise (*Lettre au président d'Émery*; Bibl. nat., coll. Dupuy, t. 801). La copie que nous avons sous les yeux, écrite il y a longtemps par M. Théodore Patin, date cette pièce d'entre 1583 et 1600. Mais elle est vraisemblablement fort antérieure à la mission de Boissise en Angleterre, de 1598 à 1602, racontée par M. Laffleur de Kermaingant (Paris, Didot, 1886). Si réellement un Bougainville fut le beau-frère de Boissise, ce ne peut être que pour avoir épousé sa belle-sœur, une autre fille d'Eustache Luillier, seigneur de Vé (Saint-Allais, *Nobiliaire universel de France*, réimpression de Bachelin-Deflorenne, t. XVIII, 1877, p. 5-6). On se rappellera qu'à cette époque les ambassades étaient plutôt le partage de la haute bourgeoisie parlementaire que de la grande noblesse d'épée.

au commencement du XVIIe siècle. Ils appartenaient à cette « aristocratie » du négoce parisien, les marchands merciers, dont sortent, paraît-il, nos grands magasins, et travaillaient à se créer une nouvelle fortune qui permit bientôt à leurs descendants de s'élever plus facilement en suivant les voies de la basoche. Bougainville était le quatrième enfant du notaire[1], et, naturellement, après d'excellentes études, on n'avait cru mieux faire dans la famille que de le préparer au Droit. Il dut se faire recevoir avocat pour répondre au désir des siens. Mais, une fois certain d'une autre carrière, il ne devait pas tarder à faire « banqueroute à ce fatras de lois, » suivant le mot de Corneille[2]. Toutefois, dans ses premiers essais d'indépendance et ses

1. Jal, qui a eu les actes de l'état civil sous les yeux, dit « le cinquième; » mais nous ne connaissons à Pierre-Yves de B. que quatre enfants : une fille et trois fils, dont un, Pierre-Yves de Bougainville de Serainville, mort, en 1749, avant sa majorité.

2. Jal refusa d'admettre que Bougainville se soit fait inscrire au barreau. Mais ses raisons de douter nous paraissent insuffisantes : « Qu'on ouvre l'*Almanach royal* de 1751 ou 1752 et qu'on y lise la liste des avocats au Parlement depuis l'année 1719, on n'y trouvera point le nom de Louis-Antoine de Bougainville. Dans la liste des avocats au conseil, on lira le nom de Bougainville de Merville, cousin de Louis-Antoine, et pas un autre. M. de Merville avait été reçu en 1742. Enfin, dans une lettre du 11 brumaire an X au ministre de la guerre, Bougainville, récapitulant les principales étapes de sa vie, ne fait aucune allusion sur son entrée au barreau. » Il est facile de répondre, sur ce dernier point, que la lettre au ministre de la guerre a le caractère d'un état de services où le mathématicien peut figurer à côté du militaire, mais où l'avocat ferait un personnage assez déplacé. Quant à l'*Almanach royal*, il est bien vrai que M. de Nerville (et non Merville), après avoir appartenu à l'administration des domaines dans le Berry, est inscrit en 1742 parmi les secrétaires du roi (et non les avocats au conseil) et qu'il devait être l'oncle (et non le cousin) de Bougainville, car il est mort en septembre 1762 (Bibl. nat., dossier Bougainville), ce qui ne permet point de le confondre avec celui de ses fils, cousin germain de Louis-Antoine, qui devint officier et gouverneur en 1764 des îles Malouines, dont il avait préparé l'annexion. Mais on constate d'ailleurs facilement que l'*Almanach royal* n'était pas tenu très au courant, ou ne l'était qu'à deux années près, de sorte qu'un jeune avocat inscrit seulement quelques mois pouvait être passé sous silence. C'est ainsi que, de deux oncles ou grands-oncles de Louis-Antoine, tous deux procureurs, l'un disparaît de la liste de ses confrères pendant une dizaine d'années pour ne reparaître qu'avec son successeur (Bougainville le jeune, rue Geoffroy-l'Asnier); et les successeurs de l'autre (Bougainville l'aîné, quai Saint-Landry) s'arrêtent, croyons-nous, avant la Révolution. — Il nous semble plutôt que la tradition doit être vraie : 1° parce que Delambre la raconte dans son éloge de B. à l'Académie des sciences et qu'il devait la tenir du navigateur même; 2° parce que, dans son journal du Canada, discutant le cas des deux otages du fort Nécessité, Stobo et Vanbram (2 et 4 novembre 1756), B. argumente comme un juriste, invoquant le Droit romain et donnant tort au conseil de guerre avec la désinvolture d'un clerc de

efforts pour se créer une situation en dehors de la sphère paternelle, les transformations du jeune avocat ont une rapidité quelque peu déconcertante. Il se fait inscrire aux mousquetaires noirs et devient aide-major d'un régiment de milice, le régiment de Picardie, auquel semblent le rattacher ses traditions de famille. Entre-temps, profitant des leçons de d'Alembert et de Clairault, qui tous les deux habitent dans son voisinage, il se lance dans l'étude des hautes mathématiques; et, dès l'âge de vingt-deux ans, il écrit le premier volume de son *Traité du calcul intégral, pour faire suite à l'analyse des infiniment petits du marquis de l'Hôpital.* Dans cet ordre d'idées, où les Bernouilli, Euler, d'Alembert, Clairault accumulaient à l'envi les découvertes, il n'existait point de recueil d'ensemble, à la fois complet et élémentaire, pour aider au développement de la science, si ce n'est celui d'une Italienne, Mlle Agnesi. Et ce n'est pas un des traits les moins curieux de la séduction qu'exerce sur les initiés ce genre de spéculations hautaines que de le voir se répandre ainsi sous les auspices d'une jeune fille[1] et d'un tout jeune homme. Du reste, quoique Bougainville déclarât modestement, dans la préface, qu'il ne prétendait à rien de plus qu'à faire œuvre de vulgarisation, l'ordre et la clarté qu'il y sut mettre, joints aux théorèmes inédits que lui avaient communiqués d'Alembert et Clairault, suffirent pour le mettre en évidence et attirer sur lui l'attention de l'Académie des sciences, en même temps que la faveur du Cte d'Argenson, ministre de la guerre, auquel il avait dédié l'ouvrage. Un séjour de quelques mois

la basoche médiocrement respectueux du militaire; 3° enfin, parce que ses relations et sa correspondance le montrent vivant surtout dans un milieu de gens de loi, magistrats, hauts fonctionnaires administratifs, économistes, financiers, comme les Turgot, Dupaty, de Gournay, etc. — Ajoutons qu'on le regarde à tort comme marin plutôt que militaire. Les dernières lettres que lui ait écrites son troisième fils, alors jeune lieutenant à l'armée d'Espagne sous l'Empire, sont adressées au « général de Bougainville. »

1. Née en 1718, elle avait publié son livre à trente ans (*Istituzioni analitiche ad uso della gioventù italiana.* Milan, nella regia-ducal Corte, 1748, 2 vol. in-4°, dédiés à l'impératrice Marie-Thérèse). Au commencement du siècle, on regardait encore cet ouvrage comme le meilleur traité élémentaire de calcul infinitésimal (*Edinburg Review,* janvier 1804, p. 401-410); et, en France, dès 1775, d'Anthelmy avait donné une traduction du second volume avec des notes de Bossut (Paris, Jombert, 1 vol. in-12). Le président de Brosses, qui la vit en 1739, écrivait au président Bouhier que la signora Agnesi lui avait « paru *una cosa più stupenda* que le dôme de Milan » (*Lettres d'Italie,* 3e éd. Paris, Didier, 1869, p. 105 et suiv.). Orientaliste et polyglotte, elle ne prit même pas la peine de publier tous ses travaux; elle mourut religieuse en 1799 (*Encycl. Britann.,* v° *Agnesi*). — La première partie du traité de Bougainville n'a paru qu'en 1754 (Paris, Desains et Saillant); mais elle a dû être écrite dès 1752, puisque le rapport à l'Académie des sciences qui la concerne est du 17 janvier 1753.

en Angleterre comme secrétaire d'ambassade lui créa des relations à Londres et lui permit de s'initier à la fameuse question des limites de la N[elle] France et de la N[elle] Angleterre, qui, pareille aux discussions que nous poursuivons maintenant sur le Centre-Afrique, ne pouvait manquer de mettre, au moment propice, toute l'Europe en feu (1755). La rupture des relations diplomatiques entre les deux pays le rejeta décidément dans l'activité militaire. En août 1755, on le retrouve aux manœuvres du camp de Richemont, parmi les trente-deux aides de camp de Chevert[1], accompagnant son inséparable camarade Hérault, fils de l'ancien lieutenant de police et de Mlle Moreau de Séchelles[2]. Il tient, cette fois, une situation nettement définie dans l'armée, ayant depuis le mois de février le grade de lieutenant au régiment des dragons d'Apchon.

Soit dit en passant, ce devait être un charmant spectacle que celui des camps d'instruction ou, comme on disait alors, des camps d'exercice, à la veille de la guerre de Sept ans. Les jeunes officiers désireux de s'instruire, — et le nombre en était plus grand qu'on ne l'imagine, — accouraient en foule prendre part aux manœuvres, sous la direction d'un général expert. En 1755, dans cette lourde atmosphère qui présageait en Europe l'arrivée prochaine de l'orage, dont on venait d'entendre gronder au loin sur mer les premiers coups, des trois camps d'exercices, Aymeries, Valence et Richemont, ce dernier, où commandait Chevert, sur la frontière d'Allemagne, entre Metz et Thionville, devait avoir la préférence. Et la correspondance journalière du général avec le ministre, appuyée sur les plans minutieux des ingénieurs, permet de reconstituer dans ses traits pittoresques et solides cette partie de la vie militaire en temps de paix. Sans nous arrêter sur ce terrain qui n'est point ici le nôtre, on nous permettra d'observer que les historiens étrangers ne rendent peut-être pas suffisante justice aux officiers de l'Ancien Régime, au goût très vif qu'ils manifestaient alors, et que de tout temps en France on a manifesté, pour leur profession[3]. Parkman avoue que, au milieu

1. Encore la liste n'est-elle point complète; car, dans la lettre de Chevert au ministre, du 19 septembre, M. d'Ossonville (d'Haussonville?) est en outre désigné comme aide de camp, quoique non inscrit, et bien que Chevert, le 26 août, eût éconduit le Mis de Romée sous le prétexte que son état-major était au complet (lettre du 28 août; Dépôt de la guerre, camp de Richemont).

2. Hérault se trouvait déjà au camp de Sarrelouis l'année précédente. Mais Bougainville n'est pas nommé cette fois, bien que l'on assure qu'il y ait également assisté. Le fait est possible, puisque, nous venons de le dire dans la note précédente, le silence des documents ne prouve rien.

3. Un trait significatif est de voir les jeunes officiers se mettre en ligne et

des bois de l'Amérique, ils supportaient gaiement les privations, bravaient imperturbablement le danger ; mais il veut que ce fût une glorieuse exception dans l'armée française[1]. Comme, cependant, le ministère n'avait pas formellement trié les cadres destinés aux campagnes du nord de l'Amérique, il faut bien admettre que les mêmes qualités persistaient sur les deux bords de l'Atlantique, et que les mêmes circonstances graves devaient bientôt les mettre en jeu. Si l'on essaie de peindre un jour la guerre d'Allemagne, dans ces minces détails où l'individu se détache de l'ensemble triste et décourageant, on y rencontrera des types pareils à nos officiers du Canada, qui mériteraient de figurer entre ceux dont les écrivains spéciaux recueillent pour notre instruction l'exemple militaire dans l'époque autrement brillante de la crise révolutionnaire et impériale, — ne fût-ce que cet intrépide Belzunce, qui, par son flair et son audace de batteur d'estrade, rappelle l'aventureuse chevauchée des Lassalle, des Montbrun et autres cavaliers de la grande époque.

Quoi qu'il en soit, les troupes, pendant leur mois de séjour au camp (26 août-25 septembre), eurent cette année-là un temps détestable, et la santé médiocre de Chevert l'empêcha de déployer son activité habituelle. En se séparant de ses jeunes aides de camp, il insista, dans ses lettres au ministre, sur la satisfaction qu'il en avait tirée, et son témoignage ne devait pas tarder à porter fruit. Les jeunes gens, malgré la proximité de Metz[2] et l'affluence des visites mondaines[3], ne s'étaient accordé pour toute distraction, le dernier jour, qu'une promenade militaire de vingt-quatre heures à Luxembourg, où le commandant de place, M. de Gemingen, leur avait fait un cour-

manœuvrer avec le mousquet pour démontrer l'utilité d'une modification qu'ils proposent à la théorie.

1. I, p. 369 ; *Ibid.*, 478 ; l'abbé Casgrain, dans ce dernier passage, a trouvé la remarque de l'auteur si judicieuse qu'il se l'attribue aussitôt (I, 240).

2. Les comédiens de Metz donnaient le spectacle, trois fois la semaine, pour les officiers ; et les troupes avaient pour leur part des baladins, danseurs de corde, sauteurs et arlequins, payés en partie par les régiments (*Chevert au ministre*, 27 août 1755 ; Dépôt de la guerre, camp de Richemont). D'ailleurs, le régime du camp était assez sévère. Il était interdit d'aller à la chasse ; et, comme en temps de manœuvres aujourd'hui, on obtenait très difficilement la permission de s'absenter, même pour cause de deuil (Ibid., *Lettres de Chevert et du maréchal de Belle-Isle*, 2, 3, 4 et 8 sept.).

3. Outre les curieux, — gens du monde, dont la venue était journalière, et bourgeois d'entour, qui accouraient surtout les jours de petite guerre, — les gouvernements étrangers avaient leurs représentants pour se faire renseigner. En 1755, le camp de Richemont reçut ainsi la visite de M. de Moltke, seigneur danois, de M. de Kougouline pour la Russie, du comte d'Ossolinski pour le roi de Pologne, enfin de M. de Stedingk pour le roi de Prusse.

tois accueil, sur la recommandation de Belle-Isle et de Chevert, et à laquelle avaient pris part Hérault, Bourlamaque, Bougainville, avec deux autres aides de camp, le Vte de Rougé et le Ch^er^ de Lory. « M. Hérault m'a quitté cet après-midi pour prendre la route de Paris avec M. de Bougainville, » écrit Chevert le 23 septembre. « Il n'est pas possible de dire plus de bien de quelqu'un et autant que ce jeune homme en mérite ; il ne m'a pas quitté d'un moment que pour travailler dans sa chambre... M. de Bougainville, qui est avec lui, est rempli de mérite et d'esprit ; il n'a cessé de me le prouver pendant tout le temps. » Pourtant, le jeune Hérault, malgré les éloges de Chevert, n'était pas plus un sage que son ami Bougainville et causait parfois des inquiétudes à son excellente mère ; mais ils avaient tous deux, comme beaucoup d'autres, le sentiment du devoir avec toute l'abnégation nécessaire pour se montrer prochainement à la hauteur de leur tâche. Les deux inséparables allaient, dans quelques semaines, se dire un long adieu et prendre des voies opposées, l'un pour se faire tuer en pays sauvage sur la terre d'Allemagne, l'autre pour se morfondre chez les sauvages dans les déserts du Canada.

La fin de l'année 1755 fut consacrée pour Bougainville à l'impression du second volume de son *Calcul intégral*. Mais l'auteur n'en put voir l'apparition, qui n'eut lieu qu'après son départ pour l'Amérique ; et, pendant cet hiver d'ailleurs très occupé, le mathématicien Bezout eut la complaisance de corriger les épreuves[1]. Au surplus, avant la suite de sa publication, Bougainville avait continué de recueillir le succès du début. Il avait reçu la nouvelle de sa réception, le 8 janvier 1756, à la Société royale de Londres[2]. Un troisième volume,

1. « N'ayant pu revoir moi-même les épreuves de cette seconde partie, à cause d'un voyage que j'ai été obligé de faire et d'une maladie assez longue qui l'a suivi, je m'en suis reposé sur l'exactitude de M. Bezout, censeur royal et très habile maître de mathématiques, qui a bien voulu s'en charger... » (t. II, p. XIII). Le voyage en question serait-il le voyage en Hollande dont parle Montcalm ? (Casgrain, *Montcalm et Lévis*, I, 22).

2. Delambre semble dire qu'il fut reçu à la Société royale pendant son séjour à Londres, et l'*Encyclopedia Britannica* donne aussi la date de 1755. Mais nous avons sous les yeux la lettre du président Macclesfield lui annonçant, le 12 janvier 1756, son élection, en réponse à sa candidature, posée, par lettre également, le 4 décembre. Cette réponse de Macclesfield est adressée à Paris. Au nombre des communications que Bougainville envoya par la suite à la Société royale, il faut noter des études, documents et projets de voyage au pôle Nord, qui l'intéressait vivement. Aussi, remarque son fils, le contre-amiral de B., n'est-il pas exact de prétendre avec Phipps, dans son voyage au pôle boréal, que « la découverte d'un passage au nord-est n'occupait plus les navigateurs et que, depuis 1615, on avait cessé toutes les recherches sur cet objet. »

réservé aux applications du calcul intégral à la géométrie, l'astronomie, la mécanique et la physique, était annoncé par l'auteur ; mais les circonstances l'empêchèrent de voir le jour.

Ce fut probablement grâce à la recommandation de Chevert, jointe à l'appui certain de Mme de Pompadour, que Bougainville dut la faveur d'être désigné pour l'expédition du Canada. Il partait dans un état d'esprit morose. La santé déclinante de son père le préoccupait, et sa protectrice, Mme Hérault, qu'il appelait sa « chère maman, » n'était pas moins inquiète de l'état du sien, le contrôleur général Moreau de Séchelles, à qui la médecine du temps faisait expier ses fredaines de jeunesse et d'âge mûr par le traitement à la mode du bouillon de vipères[1]. Mme Hérault forme, avec Jean-Pierre de Bougainville, l'académicien, et l'oncle d'Arboulin, un trio d'affection auquel le jeune officier laissait la charge de ses intérêts, et qui devait, par contrecoup, rendre à Montcalm et à l'armée française, abandonnés sur l'autre bord de l'océan, tous les services en son pouvoir.

Jean-Pierre de Bougainville représentait à l'Académie et dans la famille le parti de la reine. C'était un esprit droit et sain, élevé à la consciencieuse école de Fréret, dont il a publié les œuvres, et son érudition, contrariée dans l'étude par un état de santé maladif, n'en avait pas moins conservé une solidité réelle. Ce n'est pas ici le moment de retracer son portrait, de montrer sa valeur d'esprit. Les philosophes, dont son frère était l'ami, l'ont ridiculisé par malveillance doctrinaire en toute occasion. Mais ces piqûres d'amour-propre, infligées à tort et à travers, n'avaient rien diminué de son attachement pour Louis-Antoine. D'autre part, les critiques outrées laissaient insensible l'Académie des inscriptions, qui l'avait choisi pour secrétaire, et dont les membres les plus connus, Foncemagne, Saint-Palaye, l'abbé Barthélemy, ainsi que d'autres d'un égal savoir, formaient son entourage intime[2].

L'oncle d'Arboulin[3] était d'une trempe moins rigide. C'était un gros

1. Luynes, XIV, 464.

2. Pour Foncemagne et Barthélemy, voir son testament (Arch. nat., Y 69, fol. 110 et 111). Les Saint-Palaye sont mentionnés fréquemment dans la correspondance de son frère. — Il est assez étrange que le XVIIIe siècle renferme encore tant de coins inexplorés ; par exemple celui de l'érudition, trop négligé pour le monde bruyant des gens de cour, des comédiens et des philosophes.

3. Comme la famille d'Arboulin se mêle incidemment à l'histoire de Bougainville et de Dupleix, nous trouvons dans nos papiers de famille une note d'un correspondant anonyme, fort curieuse, apportant des renseignements sur les d'Arboulin de l'Inde et demandant leurs liens de famille avec ceux de France. Voici, croyons-nous, comment les deux branches se rattachent l'une à l'autre. Le premier d'Arboulin dont nous ayons connaissance est un d'Arboulin de

bourgeois de Paris possédant une certaine fortune, qu'il dévouait à la gloire de ses neveux avec son crédit et sa fertilité de ressources. Il connaissait de longue date la marquise de Pompadour et lui était resté fidèle, malgré son élévation. Elle l'appelait familièrement « Boubou, » lui confiait des missions délicates, comme celle d'éloigner son mari pour l'expédier en ambassade chez les Turcs, — mission, du reste, où d'Arboulin perdit toute sa diplomatie, — et lui accordait dans son cabinet de petites entrées qui lui permettaient d'y

Lavallée, commissaire de l'artillerie à l'armée du prince de Conti en Catalogne (1656). Son prénom de Claude, qui revient fréquemment dans la famille, prouve sa parenté. A la fin du XVIIe siècle, la famille est représentée par Louis d'Arboulin, l'un des douze marchands de vins privilégiés de la ville de Paris, qui eut pour fils Pierre et Louis, dont les armes figurent, en leur qualité de gros bourgeois, dans l'armorial de France. Pierre, dont la fortune s'était faite dans le commerce des bois, eut, entre autres enfants, Marie-Françoise de Bougainville, mère du navigateur, et Jean-Potentien d'Arboulin, dont nous venons de parler. Louis d'Arboulin, frère de Pierre, retiré des affaires, où il avait succédé à son père, se qualifie de conseiller du roi et laisse une assez nombreuse descendance, entre autres un certain Louis-Carloman, contre lequel la famille accumule toutes les précautions testamentaires pour l'empêcher de manger sa fortune. Ce Louis-Carloman, cousin germain de Mme de Bougainville, est-il le même Louis-Carloman qui épousa dans l'Inde, à Chandernagor, le 24 janvier 1735, Rose-Éléonore Albert, la plus jeune et la plus jolie des sœurs de Mme Vincent, la future Mme Dupleix? Nous n'avons encore pu nous en assurer. Ce sont probablement les enfants nés de ce mariage dont il est question, comme vivant dans l'Inde, d'après un testament d'un des frères de notre Louis-Carloman, mort en 1771. Il existe une troisième branche d'Arboulin sur laquelle nous n'avons que des renseignements incomplets, mais que nous trouvons par moments associée à la seconde branche et aussi à la famille de Dupleix. Marie-Madeleine Albert, sœur de Mme Dupleix et de Mme Carloman d'Arboulin, avait épousé en premières noces, à Pondichéry, Jean-Baptiste Aumont, fils d'Anne d'Arboulin, natif de Paris. Mme Aumont se remaria en secondes noces à Combault d'Auteuil, commandant de la cavalerie de Dupleix. Par une coïncidence toute singulière, la note anonyme que nous avons sous les yeux, et qui est évidemment écrite par une personne ayant feuilleté dans l'Inde même les actes de mariages, donne Combault d'Auteuil pour le beau-frère de La Bourdonnais. M. Julien Vinson, dans son édition du *Journal d'Anandarangapoullé*, après avoir donné la même indication, la rectifie aussitôt comme un lapsus, en remplaçant le nom de La Bourdonnais par celui de Dupleix. Si erreur il y a, comment la même erreur aurait-elle été commise par des auteurs si différents? Le détail serait à vérifier. D'Auteuil était-il à la fois le beau-frère de Dupleix et de La Bourdonnais? (Cf., pour la famille d'Arboulin, Bibl. nat., mss. Armorial de France, Paris, II, 461, et Versailles, 582 *bis*; Pièces orig., t. 974, dossier d'Arboulin, n° 21594. — Arch. nat., Y 31, fol. 312; 55, fol. 522; 61, fol. 349; 64, fol. 19; 66, fol. 55. — Güet « Jân Begum » (Mme Dupleix), *Revue maritime et coloniale*, août, sept., oct. 1892; Émile Barbé, *le Nabab René Madec*. Paris, Alcan, 1895; M. Gaston Pierre, maire de Pondichéry, a bien voulu nous envoyer l'acte de mariage Aumont-d'Arboulin. — Pour Jean-Potentien : Dufort de Cheverny, *Mém.*, I, 320-322; Marmontel, *Mém.*, éd. Tourneux, t. II, p. 39-40; Collé, *Journal*, t. I, p. 3.)

rencontrer le roi, toujours heureux de causer avec un esprit libre et désintéressé. D'Arboulin, dit-on, intriguait rarement pour lui-même. Il fut nommé, cependant, directeur des postes de l'Orléanais et s'adjoignit en cette qualité un neveu d'une autre branche, d'Arboulin de Richebourg, qui devint président du directoire des postes en 1791 [1]. Mais toute son ambition était surtout de voir réussir ses deux plus proches neveux, le littérateur et l'officier. Pour son humble part, il jouait son rôle dans la coulisse, dans le Tout-Paris de la Comédie-Française, et s'entendait aussi bien à chuter une tragédie classique qu'à renverser un ministre philosophe : Voltaire et d'Argenson, si l'on croit la chronique, en apprirent quelque chose.

Mme Hérault, fille, nous l'avons dit, de Moreau de Séchelles, alors intendant de Maubeuge, avait épousé en 1733 le lieutenant de police Hérault, déjà veuf, et qui la laissa veuve à son tour en 1740, sans fortune appréciable. Hérault était un honnête homme, ami plus ou moins des Jésuites, mais d'une religion sincère et dont la carrière s'était dépensée presque entière à la poursuite des Jansénistes, sous une grêle d'épigrammes, de chansons, de lardons qui nous égaient encore, malgré leur injustice mordante. Jeune et jolie, Mme Hérault n'avait point échappé aux insinuations malveillantes qui calomniaient alors toutes les femmes en évidence, quoiqu'elle n'eût jamais donné à la médisance la moindre prise sérieuse. Elle avait eu de son mariage un fils, le capitaine Hérault, dont nous avons déjà marqué l'intimité avec Bougainville. La charmante veuve avait pris sous sa protection et pour ainsi dire adopté l'ami de son fils. Si, comme l'assure Cheverny [2], Bougainville accompagnait le capitaine Hérault pour lui servir de mentor, ç'avait été un trait génial d'astuce maternelle que d'avoir songé à discipliner l'une par l'autre deux têtes folles, trop pareilles d'humeur pour s'opposer mutuellement une sévérité inopportune, mais aussi trop loyales pour manquer d'un commun accord à la confiance qu'on leur témoignait. Non plus que son mari, Mme Hérault ne devait pas être janséniste, son père étant d'ailleurs connu pour ferme dans la bonne doctrine. Bougainville, s'il eût éprouvé réellement une inclination pour le Jansénisme, eût cherché sans nul doute une autre famille d'adoption. Par son entourage et sa parenté, Mme Hérault, « conseillère d'État, » possédait un crédit dont elle se servait avec une intelligence qui justifie l'espoir de Montcalm et de Bougainville en ses bons offices. Outre l'appui de son père, elle avait celui de M. de Marville et de M. Hérault, gendre et fils du premier lit de son mari,

1. Richebourg appartient à la branche de Louis d'Arboulin.
2. I, 133.

tous deux successivement, comme leur père et beau-père, lieutenants de police. Puis elle avait l'influence de son beau-frère, M. de Moras, le mari de sa sœur, bientôt aussi contrôleur général, après la démission de Séchelles, et qui devait ensuite déposer la canne traditionnelle à bec de corbin pour diriger le ministère de la marine. Mme Hérault se trouvait en mesure de déjouer ainsi l'hostilité des bureaux tout dévoués au gouvernement concussionnaire du Canada et de faire parvenir au gouvernement des avis sûrs[1]. On ne saurait, nous le verrons, écrire l'histoire de la campagne sans tenir compte de son action discrète, mais soutenue, comme intermédiaire dans les conditions difficiles que créait à Montcalm la jalousie de son rival, le Mis de Vaudreuil.

II.

« Les nouvelles que vous me mandez de la santé de Mme Hérault sont, selon moi, fort mauvaises, » — écrivait Bougainville à son frère, en rade de Brest, le 29 mars 1756... — « Il est bien dur d'emporter une aussi cruelle inquiétude, avec l'idée d'être au moins cinq mois sans recevoir des nouvelles. Parlez-lui quelquefois de moi, mon cher frère, je vous en

1. L'abbé Casgrain, dans son antipathie pour tout ce qui touche à Bougainville, au lieu de prendre la simple peine de se renseigner en ouvrant les mémoires les plus connus sur le XVIIIe siècle, comme ceux de Luynes et le Journal de Barbier, a préféré lancer contre Mme Hérault une phrase à double sens perfide. Elle était, dit-il, parente de Bougainville « et toute puissante auprès de M. de Moras » (II, 13). Elle n'était pas, que nous sachions, parente de Bougainville; et son influence sur l'esprit du ministre s'expliquait de la façon la plus naturelle, en sa qualité de belle-sœur, comme l'abbé Casgrain, d'ailleurs, a pu le lire vingt fois dans les pièces qu'il a sous la main, notamment dans ce passage, où l'on voit la nature et la mesure de cette influence : « Comment notre maman est-elle avec lui? Je lui crois une amitié tendre pour une sœur à laquelle il a certainement des obligations. Mais je soupçonne des intrigues dans la famille. Mandez-moi si je me trompe et ce qui en est » (*Bougainville à son frère*, 3 juillet 1757). En revanche, il existait, ce semble, des alliances communes entre Montcalm et la famille Hérault. La première Mme Hérault, née Ménier-Duret, était en effet la propre tante du président d'Aligre, qui avait épousé une D[elle] Talon, sans doute proche parente de la M[ise] de Montcalm, petite-fille elle-même de Denis Talon (cf. Luynes, *Mém.*, t. XIV, p. 24; et le P. Sommervogel, p. 28-29). Aussi Montcalm n'hésite-t-il point à invoquer pour les siens le crédit de Mme Hérault : « Il prie Mme Hérault de recommander à M. de Moras M. de Montcalm-Saint-Véran, son cousin germain, capitaine de vaisseau, et M. son neveu, enseigne au département de Toulon » (*Note des « Demandes de M. de Montcalm,* » 1757, écrite par J.-P. de Bougainville). — Beaucoup plus tard, on retrouve Bougainville en relation avec un Talon dans l'affaire Favras (Marius Sepet, « Mirabeau et le comte de Provence, » *Revue des Questions historiques*, janv. 1895, p. 145-146, 166).

prie, et entretenez l'amitié qu'elle veut bien avoir pour un malheureux enfant qui ne serait pas éloigné d'elle s'il eût pu prévoir les événements... Hélas! si l'inquiétude la plus vive ne me suivait au delà des mers, je n'y porterais que des idées agréables. Je suis enchanté de mon général. Il est aimable, plein d'esprit, franc et ouvert. J'ai tout lieu de croire qu'il prend de l'amitié pour moi. Il ne me cache rien, me fait même l'honneur de me consulter, honneur que je reconnais en ne conseillant pas. Il a fort envie de m'employer et de faire valoir mes faibles services, si je suis assez heureux pour en rendre. Que puis-je désirer de plus? Nous sommes actuellement en rade, aux ordres du vent. Le commandant de *la Licorne,* M. le Ch^er^ de la Rigaudière, est très aimable et un officier de la plus grande distinction. Il est ami du Ch^er^ Turgot. Parlez-lui-en, je vous en prie. Il m'a promis de m'apprendre autant de marine que faire se pourrait pendant le trajet... N'oubliez pas, mon cher frère, de retirer mes livres de chez Prault et faites-le attendre pour le paiement autant de temps qu'il m'a fait attendre pour me les rendre[1]. Je vous serai aussi fort obligé, quand vous enverrez un exemplaire de ma deuxième partie [du *Traité de calcul intégral*] à la S. R. [Société royale], d'y en joindre un pour le président, Mylord Macclesfield[2], avec une lettre à ce Mylord, de ces lettres qui ont huit lignes et qui disent ce que vous saurez bien écrire, laquelle vous ferez traduire en anglais par Vivant[3], s'il est encore à Paris, ou par Clairault[4]... Dites à mon père et à ma tante[5] mille choses tendres pour moi, que je les prie de se bien porter et de ne point s'inquiéter sur mon compte. Je voudrais bien savoir pour qui ma tante prend la Providence. »

Cette lettre, dont nous ne donnons que des extraits, la dernière écrite avant de quitter la France, nous montre l'état d'esprit et les soucis d'affection où se trouvait Bougainville au moment du départ. L'inquiétude de la santé des siens, y compris Mme Hérault, et les préoccupations de son avenir académique devaient le poursuivre ainsi tout du long de la campagne.

« Dame Licorne », où venaient de s'embarquer Montcalm et son aide de camp, mit à la voile le 3 avril à cinq heures du soir[6], escortée du

1. Prault, quoique imprimeur de profession, ne figure évidemment ici qu'en qualité de relieur, les éditeurs de la deuxième partie du *Calcul intégral* étant Guérin et Delatour.

2. George Parker, deuxième comte de Macclesfield, 1701(?)-1764.

3. « J'ignore aussi quel est aujourd'hui le sort de Vivant, ce Français qui est revenu de Londres après moi, et s'il est toujours avec le chevalier de Vatan » (*Bougainville à son frère,* 7 nov. 1756).

4. Clairault, en relations avec Lord Chesterfield, venait précisément de passer quelque temps à Londres (Chesterfield, *Lettres*, 1er janv. 1753).

5. Mlle de Bougainville, sœur de Pierre-Yves, qui avait élevé ses enfants après la mort de leur mère.

6. « Vous savez que nous mîmes à la voile le 3 avril, à cinq heures du soir,

Héros, qui partageait les troupes de renfort avec *l'Illustre* et *le Léopard,* chargés respectivement d'accompagner les autres frégates, *la Sauvage* et *la Sirène*, se suivant à quelques heures de distance, avec le reste de l'état-major. Montcalm, dans une lettre pittoresque, a raconté la traversée, qui fut bonne, sauf un violent coup de vent de quatre-vingt-dix heures pendant la semaine sainte.

« Les premiers jours de notre navigation furent admirables, » — raconte Bougainville à son frère, — « beau ciel, belle mer, bon vent, qui, sans être trop fort, nous faisait faire un grand chemin. Nous rencontrâmes fort peu de vaisseaux de guerre anglais, et aucun de ceux que nous rencontrâmes ne nous donna chasse. Le mercredi saint nous étions, par notre estime, aux accores du grand banc... Là, nous fûmes accueillis d'un coup de vent qui nous a menés battant jusqu'au jour de Pâques. Force nous fut d'abandonner *le Héros,* qui, étant beaucoup plus gros que nous, soutenait par conséquent beaucoup mieux et la lame et le vent, de faire vent arrière en courant vers la Martinique, de ne laisser qu'une seule voile dehors, avec laquelle, toute seule, nous fîmes 87 lieues en vingt-quatre heures, en surmontant des lames plus hautes que notre navire... Enfin, le jour de Pâques vint, et avec lui un beau soleil, un temps et une mer calmes, une chaleur d'été... Depuis, nous avons presque toujours eu vent favorable. Nous sommes entrés dans Québec le trente-huitième jour après notre départ [12 mai], traversée d'une brièveté incroyable presque, si on fait attention à près de 400 lieues que nous avons fait en fausse route et à un séjour de six jours à neuf lieues de Québec, auprès d'un endroit de la rivière qu'on nomme la Traverse. »

Rigaud de Vaudreuil, frère du gouverneur, « sauvé par ruse l'automne dernière des prisons d'Angleterre[1], » demeuré sur *le Héros*, était même entré dans Québec trente jours après sa sortie de Brest.

Bougainville descendit chez son cousin de Vienne, marié à une jeune Canadienne, et l'un des fonctionnaires de la colonie. Après un repos de dix jours, le 22 mai, Montcalm se mit en route pour Montréal en chaise de poste, pendant que Bougainville suivait en canot. Il ne put assister à la première rencontre du gouverneur et du général; mais bientôt il eut le plaisir, flatteur pour un novice, d'imaginer leur entretien et de deviner le premier plan de campagne, d'où allaient sortir tant d'animosités.

de conserve avec *le Héros* » (*Bougainville à son frère,* 4 juin 1756). Le Ch^er^ de Lévis écrit au Mis de Paulmy, le 5 avril, que le départ de *la Licorne* a eu lieu à cinq heures du matin (*Lettres*, p. 8). Quant au *Journal* de Montcalm, reproduit par l'abbé Casgrain (I, 40), il serait nécessaire d'avoir le texte complet pour s'y reconnaître : « Le 2 avril, comme les vents parurent décidés au nord-est, on résolut de partir le vendredi. » Or, le 2 avril était précisément un vendredi.

1. Collection Faucher de Saint-Maurice, t. IV, p. 39.

Le Mis de Vaudreuil a été fort maltraité par les historiens français, tandis que les écrivains canadiens s'efforcent de prendre sa défense, parce qu'il était de leurs compatriotes, né sur le sol de la colonie. Il se peut que les Français, officiers de l'époque ou historiens d'aujourd'hui, ne lui aient pas rendu la stricte justice, qu'il est du reste impossible de rendre à personne. Mais, en lui accordant le bénéfice de toutes les excuses, en justifiant autant que possible sa faiblesse par son apitoiement naturel devant la détresse énorme du bas peuple, — détresse dont cette faiblesse même était cause par son indulgence en haut lieu, — l'impression qui se dégage de la lecture des documents lui est finalement défavorable, et ses amis eux-mêmes sont obligés de reconnaître sa jalousie perpétuelle[1] et sa susceptibilité maladive. C'était un sot, convient en termes discrets l'abbé Casgrain[2]; mais il n'aimait point qu'on le lui dît. C'est assez l'ordinaire des sots, dont, au reste, on comprend en cette épreuve la mauvaise humeur. Mais ce n'est point une raison pour négliger de discuter leur sottise, dès que les intérêts de l'État sont en jeu. Le malheur est, pour Vaudreuil, que Montcalm n'était pas seul à le traiter avec colère ou dédain. Vaudreuil n'était pas encore débarqué au Canada, revenant du gouvernement de la Louisiane, que son prédécesseur, le Mis Duquesne, froissé jusqu'au vif par son manque de procédés, écrivait au ministre des lettres où la colère fait éclater toutes les convenances et formules officielles.

« Je ne puis vous taire, Monseigneur, que mon successeur, avec qui j'ai beaucoup vécu dans les deux campagnes que j'ai fait ici, a affecté d'écrire à des personnes qu'il n'a jamais vues ni connues pour leur apprendre sa nomination au gouvernement du Canada, sans daigner m'en faire part. Cette indécence a tant éclaté dans cette colonie que je ne puis m'empêcher de vous prévenir que je recevrai ce gouverneur avec toute l'indifférence qu'il s'est attirée de ma part; mais je vous prie d'être bien persuadé que je l'instruirai avec patience et que le bien du service n'en souffrira point[3]. » — Et, trois jours après — : « Je grille d'envie qu'il arrive plus tôt que plus tard. J'ai bien à me plaindre de la persévérance de son silence; mais je me flatte que nous aurons si peu de temps à rester ensemble pour le mettre au fait de la colonie que je prendrai sur moi de modérer mon ressentiment pour son manque d'égard et de politesse[4]. »

1. Casgrain, I, 73; II, 16.
2. « Vaudreuil... n'avait ni assez de lumières pour comprendre toute l'étendue du mal ni assez de volonté pour y résister » (I, 313).
3. 9 octobre 1754 (Arch. des colonies, *Correspondance du Canada*, 1754, fol. 271-272).
4. 12 octobre 1754 (Ibid., fol. 289). — Duquesne ne se plaignait pas moins

Vaudreuil ne semble pas avoir vécu sur un meilleur pied d'accommodement avec le baron de Dieskau[1]; et, pour les nouveaux chefs de l'armée française, Montcalm, Lévis, Bourlamaque, si leur dissentiment avec le gouverneur prend des formes qui changent suivant leur caractère, le désaccord est chez les trois presque également marqué. Lévis, avec son égoïsme élégant, évite les froissements trop vifs; mais il ne ménage point les leçons qu'il administre à Vaudreuil sur un ton d'infatigable sérénité quelque peu nuancée d'impertinence[2]. En toute occasion, on le trouve, sinon du parti, du moins de l'opinion de Montcalm. Aussi devait-il y avoir une bonne dose de réalité dans les fines réflexions de Montcalm à Bourlamaque.

« M. le marquis de Vaudreuil saisit avec une facilité incroyable tout ce que les bas valets lui disent, et vous savez, Monsieur, qu'il n'en manque pas. Cependant, vous êtes, je crois, de nous trois celui pour lequel il réunit le plus d'estime, avec plus d'amitié. Il est vrai, — car je ne veux pas vous donner trop d'amour-propre, — c'est que vous le voyez moins et avez moins à démêler. J'aime mieux être vis-à-vis de lui, comme je suis, que comme M. le chevalier de Lévis, pour qui il a plus d'amitié, sans lui rendre autant de justice qu'il devrait[3]. »

Et pourtant on peut voir, dans sa correspondance avec le gouverneur, si Bourlamaque se gênait pour décocher officiellement à Vaudreuil même des traits d'une exquise et impayable causticité[4].

Dans les premiers jours de juillet 1756, on n'en était qu'aux escarmouches préliminaires de la guerre d'amour-propre. Il s'agissait de

du frère de Vaudreuil, qui affectait une indépendance peu réglementaire : « Sa vanité le poussait à recourir à votre décision malgré les ordres que j'ai été forcé de lui signifier une seconde fois. Je ne puis vous taire, Monseigneur, que ce gouverneur des Trois-Rivières, qui par bonté d'âme se laisse persuader par le premier venu, m'a donné plus de peine à contenir que toute la colonie depuis qu'il sait que M. son frère doit me succéder. Je respecte trop votre temps, Monseigneur, pour entrer dans le détail de sa conduite déplacée; et il me suffit qu'il se présente à vous [Rigaud se rendait en France avec un congé] pour vous mettre à même de mesurer sa capacité » (31 oct., fol. 311-312). Les griefs de Duquesne, fondés sur des faits déjà connus du ministre, au jugement de qui il se rapporte, ne doivent pas être exagérés.

1. Casgrain, I, 72. — L'abbé C. déclare naïvement que les défauts de Vaudreuil, aussi bien que ses qualités, étaient justement « d'une nature à le rendre populaire » chez les Canadiens (Ibid., 73). Ces mêmes défauts lui avaient aussi valu quelque popularité à la Louisiane.

2. Voir, par exemple, sa lettre à Vaudreuil sur les papiers de Montcalm, 10 octobre 1759.

3. 22 mai 1758.

4. La lettre de Bourlamaque à Vaudreuil, 10 août 1759, sur la reddition de Carillon, est un petit chef-d'œuvre de persiflage.

préparer le siège de Chouaguen, sur la rive sud du lac Ontario. Mais les officiers français, qui, à l'inverse des commandants anglais, péchaient plutôt par circonspection que par témérité, n'osaient croire que l'ennemi eût laissé les trois forts, dont le système figurait l'ensemble défensif d'Oswego, dans un état d'abandon qui permît de s'en emparer facilement.

« Il n'y a guère que 6 ou 700 hommes de garnison, » — calcule Bougainville, à propos du vieux Chouaguen, — « mal nourris, de mauvaise volonté, découragés, prêts à déserter à la première occasion. Il y a, depuis deux mois, deux ingénieurs qui n'ont fait à la place aucun nouvel ouvrage. Voilà ce que l'on dit sur l'état de ce fort. L'importance dont sa conservation est aux Anglais me fait douter qu'il ne soit plus en état de défense[1]. »

C'était aussi le sentiment de Lévis, qui, même après la réussite de l'aventure, écrivait que Chouaguen était tombé « par l'opération du Saint-Esprit[2]. » Les historiens semblent en peine de concilier les dires contradictoires du gouverneur et du général : le premier soutenant que, sans lui, Montcalm n'eût point entrepris l'expédition; et celui-ci protestant à son tour qu'il avait eu fort à faire pour entretenir le moral de Vaudreuil[3]. La vérité ne semble pas difficile à découvrir. Vaudreuil avait projeté l'expédition, et Montcalm l'avait crue d'abord impossible. Mais, une fois la décision prise, les généraux français s'étaient mis à l'œuvre avec une netteté de vues qui tranchait singulièrement sur les tergiversations ordinaires du gouverneur; et, de fait, les préparatifs sérieux n'étaient guère avancés[4]. « Quoiqu'il y ait déjà plus d'un an que l'on se prépare, » écrivait à Bourlamaque l'abbé Piquet, l'énergique missionnaire de la Présentation, « je pense, Monsieur, que vous n'en êtes pas mieux pourvu, je dis même des choses essentielles, et jusqu'à la dernière heure on demeure dans le doute[5]. » Bourlamaque commandait à Frontenac,

1. *Journal*, 10 juillet.
2. Casgrain, I, 294-295; Ibid., p. 110.
3. Parkman, I, 407.
4. L'abbé Ferland (t. II, p. 540) dit que Vaudreuil lui-même sentait l'insuffisance de ces préparatifs et qu'il croyait, en outre, la saison trop avancée. L'auteur canadien attribue dès lors expressément à Montcalm l'idée de la diversion immédiate sur le lac Ontario. Il cite pourtant une lettre de Bigot au ministre, du 3 septembre 1756 (p. 543-544), qui reproche aux officiers français d'avoir accumulé des « objections qui ne tendaient qu'à ne pas entreprendre cette expédition. » Mais l'intendant oublie que, pour sa part, il avait écrit à Montcalm des lettres réfrigérantes, annonçant le manque de vivres et laissant entendre que l'on ne pourrait aboutir cette année-là (*Montcalm au ministre*, 12 juin 1756, dans la *Coll. de mss.* de Faucher de Saint-Maurice, IV, 27).
5. 10 juillet 1756.

où il s'était rendu bientôt après avoir touché barre à Montréal. « M. le marquis de Montcalm, qui est parti dimanche matin avec M. le chevalier de Lévis [pour Carillon], m'a chargé, Monsieur, de vous écrire qu'il croyait qu'il y avait du changement à l'égard des projets formés pour votre parti[1] et dont vous étiez instruit. Cependant, comme vous connaissez le terrain et la coutume de ce lieu-ci, vous penserez aisément que ce changement pourrait encore être changé[2]. » Et, de son côté, Montcalm écrivait : « Depuis votre départ, on veut toujours faire le siège de Chouaguen; on attend des sauvages d'en haut; on a tous les jours des conférences. Je finis par donner un mémoire; on le prend *ad referendum*[3]. » Il en fut ainsi jusqu'au moment de l'entrée en campagne.

Néanmoins, l'affaire définitivement résolue, on la poursuivit sans tarder. La concentration se fit à Frontenac, où Bourlamaque avait déployé toute son activité pour remédier à l'insuffisance des préparatifs. « Nos ingénieurs occupés à fortifier cette place, » disait Bougainville, cependant alors dans les bonnes grâces du gouverneur[4], « se plaignent de manquer de presque toutes les choses nécessaires pour avancer l'ouvrage[5]... Les ouvrages à Frontenac vont lentement. Comme rien n'est en état, ni hangars, ni artillerie, ni fortifications, ni bois de coupés, chacun tire les ouvriers de son côté, et ces ouvriers sont en très petit nombre. En attendant, le blé, les grains, les poudres sont *subdii*. L'hôpital ne sera peut-être pas fini cette année. Enfin, tout me paraît assez peu avancé. Dieu veuille que l'expédition qu'on médite réussisse[6]. » Et l'hôpital de Frontenac n'était pas un édifice inutile. Tous les jours, il y arrivait des malades. « Ces maladies sont causées par la mauvaise qualité des lards et farines. D'ailleurs, n'y ayant pas à Frontenac assez de fours ni de boulangers pour faire du biscuit d'avance, on ne le fait qu'au prorata du besoin. Ainsi, on le met chaud encore dans les barils et il arrive moisi au camp de M. de Villiers. M. l'intendant, pour remédier à cet inconvénient, doit incessamment envoyer partout un nombre suffisant de fours portatifs[7]. »

1. Ou « partie »?
2. *Bougainville à Bourlamaque*, 20 juin 1756 (*Lettres de Bourlamaque*, p. 350). — Nous avons dit plus haut que la vraie date est « 29 juin. »
3. Le 25 juin 1756.
4. « Cet officier a bien pris avec M. le marquis de Vaudreuil, à qui il est agréable; et il pourra être utile pour le presser sur divers arrangements » (*Montcalm au ministre*, 26 juin 1756, *Coll. de mss.* de Saint-Maurice, t. IV, p. 47).
5. *Journal*, 3 juillet.
6. *Ibid.*, 17 juillet.
7. *Ibid.* — Les ordres du jour que Bougainville a conservés dans son *Jour-*

C'est ainsi que le Mis de Vaudreuil, dont les Canadiens vantent aujourd'hui la sagesse des préparatifs en la circonstance, organisait une expédition qu'il méditait depuis un an[1].

Bougainville suivit Montcalm, qui se rendait à Frontenac pour prendre le commandement de l'expédition. Il avait, pendant la plus grande partie de son séjour à Montréal, rempli les fonctions de commissaire des guerres en attendant l'arrivée d'André Doreil, commissaire en titre. « Je suis ici commissaire des guerres et major général, et déjà ce métier m'ennuie. C'est qu'il n'est pas bon à faire pour les autres[2]. » Durant l'expédition, il eut un rôle plus convenable à son humeur. On connait les détails du siège de Chouaguen. Inutile d'y revenir. Le jour même de la reddition des derniers forts, le 14 août, Montcalm, désirant précipiter le succès[3], avait donné l'ordre à Rigaud

nal montrent en effet qu'il fallut achever des fours et travailler à l'hôpital jusqu'au dernier moment.

1. « Sans doute que la vanité de Vaudreuil était puérile, mais il n'en était pas moins vrai que c'était lui qui avait conçu et préparé le plan de campagne si admirablement exécuté par Montcalm » (Casgrain, I, 137). — « Montcalm, par un fatal pressentiment, ne crut jamais au succès de la guerre, comme ses lettres ne l'attestent que trop; de là une apathie qui lui aurait fait négliger tout mouvement offensif sans Vaudreuil, qui, soit par conviction, soit par politique, ne parut au contraire jamais désespérer et conçut et fit exécuter les entreprises les plus glorieuses qui aient signalé les armes françaises dans cette guerre » (Garneau, II, 254). — Montcalm *apathique!* La découverte fait honneur à l'imagination de Garneau. Toutefois, pour être juste, nous énumérons, sans discuter, les mesures que cet historien porte à l'actif de Vaudreuil dans la circonstance : 1° la réunion du camp de Carillon pour détourner l'attention des Anglais; 2° la formation du camp d'observation de la baie de Niaouré; 3° le lancement de barques armées en croisière sur le lac Ontario; 4° l'établissement de postes d'éclaireurs entre Oswego et Albany pour intercepter les courriers; enfin, 5° l'invitation des Iroquois à Montréal et à Niagara pour tenir leurs chefs en otages (II, 255).

2. *Bougainville à Bourlamaque*, 20 [29] juin 1756.

3. « M. de Montcalm voulait envoyer vers les neuf heures M. de Bougainville pour sommer les ennemis de se rendre; mais M. Pouchot engagea ce général de ne le pas faire, crainte de les rassurer en les laissant respirer. Une demi-heure après, ils battirent la chamade » (Pouchot, *Mémoires sur la dernière guerre de l'Amérique septentrionale entre la France et l'Angleterre*. Yverdon, 1781, I, 76-77). Ce fut probablement à la suite de cette observation que Montcalm accepta de retarder la sommation pendant trois heures. « Ordre donné à M. de Rigaud d'aller avec les Canadiens et sauvages passer la rivière à 3/4 de lieue et harceler les ennemis. J'ai été détaché pour passer avec lui la rivière et sommer les ennemis à midi » (Bougainville, *Journal*, 14 août). Seulement, tandis que l'abbé Casgrain et la plupart des historiens, sans distinction d'origine, attachent une grande importance à ce mouvement de Rigaud et des Canadiens, Bougainville ne lui en accorde aucune. Voici comme il corrige, entre autres erreurs, la relation publiée par son frère, historiographe du roi, et que Faucher de Saint-Maurice a réimprimée dans sa collection (IV, p. 48-56) :

d'aller, avec les Canadiens et sauvages, passer la rivière à trois quarts de lieue, pour faire une diversion. Bougainville devait les accompa-

« *Le sieur de Rigaud envoya au marquis de M. deux off*rs*, etc.* Ces officiers vinrent directement à notre batterie, où était M. de Montcalm, et ne virent seulement pas M. de Rigaud. Je le sais, car je fus envoyé pour faire avec ce dernier ce fameux passage de rivière et sommer ensuite les Anglais à un signal convenu. Ce fut dans cet intervalle qu'ils arborèrent le drapeau blanc. Ainsi vous voyez qu'à tort avez-vous mis plus bas, *et, plus que tout encore, la manœuvre hardie du sieur de Rigaud.* Les officiers anglais étaient déjà à notre tranchée quand cette manœuvre fut exécutée » (3 juillet 1757). La version de Bougainville, rapprochée du texte de Pouchot et des autres documents, paraît assez logique. S'il a été détaché, au même moment que les Canadiens, pour sommer les Anglais à midi, ainsi que le porte son journal, écrit à la hâte le jour même, ce ne peut être qu'après que Montcalm eût renoncé à précipiter la sommation, donc, au plus tôt, à partir de neuf heures. C'est ce que confirme le témoignage de Malartic, ainsi que le mémoire anglais anonyme publié par Faucher de Saint-Maurice (p. 59-65) et l'ouvrage de Mante (p. 69-70). Or, en ce moment même (neuf heures), la défense anglaise perdait son chef; et, si le vieux Chouaguen battit la chamade une demi-heure ou une heure après, les Canadiens et Bougainville avaient à peine eu le temps de faire une lieue et demie, aller et retour, sans compter le passage de la rivière. En résumé, si l'on essaie de coordonner une série de témoignages passablement contradictoires, on arrive à peu près, croyons-nous, aux conclusions suivantes : Rigaud aura reçu l'ordre de traverser la rivière dès l'aube; mais, soit indolence, soit autre cause, il y eut un énorme retard dans l'exécution (*Montcalm à Lévis*, 17 août 1756); plusieurs officiers, cependant, ayant connaissance de cet ordre, auront cru qu'il avait été exécuté sur-le-champ (Pouchot, Désandrouins). En réalité, le passage n'eut lieu qu'entre neuf et dix heures (Malartic, Bougainville, Mante, relation anglaise). Montcalm expédiait, en même temps que Rigaud, Bougainville et, peut-être, La Pause, avec ordre de sommer à midi, ayant renoncé, sur le conseil de Pouchot, à sommer dès le débarquement des Canadiens sur l'autre rive; et il fit connaître son changement d'intention dans la tranchée (Désandrouins). Le colonel Mercer, averti du mouvement des Canadiens, se préparait à y faire face, par l'envoi du colonel Schuyler, lorsqu'il fut tué, ce qui désorganisa la défense. Le colonel Littlehales, qui lui succédait, voyant surtout les batteries des Français terminées, se décida, après une courte réunion de conseil de guerre, à battre la chamade et envoya directement deux officiers à Montcalm, pendant que Rigaud, Bougainville et les Canadiens franchissaient la rivière sans opposition (Pouchot, Mante, relation anglaise). De la sorte, Bougainville a pu croire que le mouvement de Rigaud était absolument inutile, tandis que les Anglais eux-mêmes auront avoué, par la suite, — du moins les hommes, sinon les chefs de la garnison, — qu'ils en avaient reçu quelque crainte, sans trop distinguer si cette impression n'a pas été produite après coup (relation anglaise ; Bigot, lettre du 3 sept. 1756, citée par Ferland, p. 543-544). Nous n'avons pu nous procurer le récit de Williamson signalé par Gerald E. Hart (*The Fall of New-France.* Montréal, Drysdale, 1888, p. 72); quant au récit de Pouchot, imprimé vingt-cinq ans après l'événement, peut-être traduit-il une légère confusion dans les souvenirs de l'auteur. Les papiers de Désandrouins ont été publiés en extraits par l'abbé Gabriel (Verdun, Renvé-Lallemant, 1887); et l'Histoire de Mante (*History of the late War in North America*) a paru à Londres, dès 1772, chez Strahan et Cadell.

gner et sommer l'ennemi à l'heure de midi. Mais la mort du commandant anglais, le colonel Mercer, tué d'un boulet dès neuf heures du matin, désorienta du coup la défense. « Une heure après, les ennemis ont arboré pavillon blanc et deux officiers sont venus faire des propositions pour capituler. J'ai été envoyé pour proposer les articles et rester en otage. » Bougainville était accompagné de M. de la Pause, chargé de rapporter la réponse. La capitulation entraîna la ruine de la place, qui fut complètement incendiée et dont il ne resta momentanément d'autres souvenirs qu'une croix et un poteau aux armes de France[1].

Bougainville, dépêché à Montréal, y porta la glorieuse nouvelle.

« J'ai goûté le plaisir que donne la première victoire, mon cher frère ; j'envoie à notre belle-maman le journal de notre expédition. Bien entendu que ce journal, qui est pour elle seule, sera aussi pour l'historiographe du Roi. Cette prise, au reste, est l'une des plus importantes que l'on put faire dans l'Amérique. Je vous le prouverais aisément, mais je n'en ai pas le temps. Si S. M. voulait faire frapper une médaille sur cet événement, qui en vaut la peine tout autant que bien d'autres, Vivant, que vous connaissez, est en état de vous donner tous les éclaircissements dont vous pourriez avoir besoin. Au reste, si le ministre ne juge pas à propos de faire imprimer notre journal comme supplément à la *Gazette de France*, il faut que vous lui fassiez voir le jour par la voie du *Mercure* ou de quelqu'autre journal ; toutefois, vous y feriez les changements convenables, car le style se ressent un peu, je crois, de la rudesse des camps et des bois de l'Amérique.

« ... Je n'ai pas un instant à moi. A peine avons-nous le temps de manger et de dormir. Cette campagne est bien rude ; le général, qui a fait celle de Bohême, trouve celle-ci encore plus fatigante[2]... J'oubliais de vous dire que j'ai tranché de l'inscriptionnaire. Sur les cendres de Chouaguen, nous avons planté une croix et un poteau aux armes de France. Sur la croix, j'ai donné pour devise : « In hoc signo vincunt ; » sur le poteau : « Manibus date lilia plenis. » Cela peut être fort mauvais. — A la bonne heure ; à la guerre comme à la guerre[3]... »

1. La prise de Chouaguen donna lieu à quelques friponneries, suivant l'usage, qui prouvent « de plus en plus... le peu de foi que l'on doit ajouter à ce que disent les personnes chargées de quelques détails, et combien ce pays-ci est gouverné par la Providence... M. Mercier, commandant l'artillerie, chargé d'inventorier les poudres et munitions trouvées à Chouaguen, n'a chargé son inventaire que de vingt-trois milliers de poudre, et M. Jacob, officier d'artillerie, fort honnête homme, fort exact, *rara avis in terris et praesertim in America septentrionale*, a, par des visites exactes sur les barques, rapporté aux magasins dix milliers de poudre de plus et... de balles » (Bougainville, *Journal*, 12 mars 1757).

2. Cf. Montcalm, cité par Casgrain, I, 30.

3. 28 août 1756. — L'abbé Casgrain, qui avait cette lettre sous les yeux,

La prise de Chouaguen fut le signal de la rivalité entre Vaudreuil et Montcalm. Chacun s'attribuait la victoire; Vaudreuil osa même écrire au ministre que, si les troupes de terre étaient généralement bonnes, jusqu'à présent elles ne s'étaient pas absolument signalées, et que l'ennemi ne leur avait pas « donné le temps d'opérer ni même de tirer un seul coup de fusil[1]. »

Les historiens canadiens, qui trouvent que l'on fait à Montcalm la part trop grande, se bornent à dire qu'il y eut des exagérations de part et d'autre[2]. Il est cependant permis de leur faire observer que l'on ne saurait se contenter de trancher ainsi le différend. Car, si, comme le prétend Vaudreuil, les troupes françaises n'ont pris aucune part à l'action, les Canadiens ont le droit et le devoir patriotique de le prouver, dans l'intérêt évident de leur pays; mais, au contraire, si Vaudreuil est seulement coupable d'exagération, cette vanterie extrême paraît si ridicule, si monstrueuse que son auteur devient immédiatement suspect pour l'avenir et que les défenseurs de Montcalm n'ont pas tort de le croire capable de toutes les perfidies.

Quoi qu'il en soit, la guerre se poursuivit bientôt à coups d'épingle. Une note détachée de Bougainville, glissée dans les feuillets de son journal, nous donne l'amusant écho des récriminations qui s'échangeaient dans l'état-major français.

mais qui se ferait scrupule de laisser Bougainville en évidence, même dans les choses les plus insignifiantes, attribue l'inscription aux goûts classiques du général (I, 129-130). Parkman, ignorant ce passage, la met au compte de l'abbé Piquet (I, 414).

1. 23 octobre 1756. — La lettre est tout entière dans Dussieux (App., p. 212).

2. Cf. Garneau, II, 259. — Il n'est pas toujours facile de savoir le vrai, à cause de certaines réticences calculées. Par exemple, pour la construction de la batterie : « De suite, » raconte Montcalm à Lévis, « tous mes soldats traînent à bras d'hommes le canon ; et, sur vingt officiers et dix-sept cents miliciens, cet exemple ne détermina que cent Canadiens et Montigny » (17 août 1756). Dans son journal, au contraire, d'après l'abbé Casgrain, il aurait écrit : « Si on n'employa pas un plus grand nombre de Canadiens à ces diverses opérations, c'est qu'ils étaient destinés à faire un mouvement dès la petite pointe du jour » (I, 126). La vérité doit être dans la lettre à Lévis, que le général croyait moins durable et qui seule explique en partie les récriminations ultérieures. On observera dès lors que, si Montcalm, ayant besoin d'un vigoureux et rapide coup de main pour établir sa batterie, épargna volontairement les Canadiens aux dépens des troupes de terre, il est faux de l'accuser, comme le fait sans cesse Vaudreuil, de réserver aux miliciens toutes les corvées ; et que, si plutôt, comme Montcalm l'assure, il ne put trouver que cent miliciens pour l'aider en ce cas pressant, il était quelque peu fondé à se plaindre du mandement d'actions de grâces de l'évêque, qui avait distribué ses louanges « avec une rare impartialité entre les chefs et les soldats français et canadiens, » mandement qui « n'avait d'autre ridicule [aux yeux de Montcalm] que de ne pas réserver tout l'encens pour un seul » (Casgrain, I, 138).

« Les sauvages et les Canadiens seuls ayant pris Chouaguen. Facilité de cette expédition, suivant le peuple, le Mis de V. et l'évêque, qui l'eût repris, disait-il, avec son clergé[1]; sans doute comme Josué prit Jéricho, en faisant deux fois le tour des murs[2]. Empressement des Canadiens pour partir sitôt l'expédition faite. Avec d'autres troupes et d'autres ordres de la cour, garnison laissée à Chouaguen; marche subite de l'armée au fort de Bull, qui en est à douze lieues, et au corps du colonel Bradstreet, qu'on eût peut-être rencontré en chemin[3]. Mauvaise administration pour les vivres; en donner au rabais l'entreprise à des compagnies ou particuliers qui se chargeront et des fournitures et du transport. Canadiens glorieux comme s'ils étaient gueux et désintéressés. V., quand il a conçu une idée, en devient amoureux, comme Pygmalion de sa statue. Je le pardonne à ce dernier, car elle était un chef-d'œuvre. »

La fin de la campagne se passa en observation sur les bords du lac Champlain. Bougainville, qui faisait route avec Bourlamaque pour se rendre à Carillon, note au passage tous les défauts qu'il rencontre dans les communications et la défense. Le fort de Saint-Jean est mal fait, quoiqu'il ait « coûté 96,000 fr.[4]. » Le fort de Saint-Frédéric « est très mal placé, ayant plusieurs hauteurs qui le commandent à portée de fusil. » Le fort de Carillon est dans une position bien choisie, mais « mal tourné et pas assez avancé à la pointe du nord sur le lac, ce qui oblige à faire une redoute à l'endroit où devait être le

1. Cf. Désandrouins, p. 34.

2. Les Canadiens employaient eux-mêmes cette brillante comparaison : « Et Chouaguen, tombé ou plutôt rendu aux cris de nos Canadiens et sauvages, me rappelle Jéricho tombé aux cris des Israélites. » (Lettre d'un sieur Cognard sur les affaires du Canada, *Coll. de mss.* de Saint-Maurice, IV, p. 40.)

3. Villiers, comme on le sait, avait intercepté quelques semaines auparavant (3 juillet) l'avant-garde d'un convoi de Bradstreet, et celui-ci, surpris par la pluie, avait renoncé à poursuivre les Canadiens. « Ainsi, » dit l'abbé Casgrain, « une journée de pluie au mois de juillet, voilà ce qui arrêtait 2,000 hommes bien armés devant 6 ou 700 Français et sauvages... Villiers et son détachement, qui n'avaient point peur de la pluie, reprirent la route de la baie de Niaouré, etc. » (I, 97). L'abbé oublie, pour l'occasion, que la grande préoccupation d'alors était de garder sa poudre sèche. A tel exemple que, six mois plus tard, le fameux coureur anglais Rogers, dans des circonstances infiniment critiques, ne pouvant guère échapper aux Français, qui lui barraient la route devant et derrière, prenait le temps de s'arrêter et d'allumer des feux pour faire sécher les munitions (Parkman, I, 442-443). Et lorsque, enfin, la rencontre forcée eut lieu, « après une décharge qui n'eut pas tout l'effet qu'on devait en attendre, la pluie qu'il a fait toute cette journée ayant mouillé les armes, » nos troupes durent fondre sur les ennemis à la baïonnette (Bougainville, *Journal*, 1er février 1757; Malartic, 31 janvier; Casgrain, I, 191). On conçoit que Villiers, pouvant et voulant éviter une rencontre, poursuivit sa route au plus vite.

4. *Journal*, 5 septembre 1756.

fort[1]. » Dès les premiers jours, l'attention du jeune officier fut attirée par les sauvages qui abondaient au camp et dont il avait toute facilité d'étudier l'humeur et le caractère. Du reste, au moment de son arrivée, on préparait une reconnaissance du fort Georges, et il fut décidé que Bougainville en ferait partie. Mais alors il put voir tout l'embarras que causaient ces alliés incommodes. « Nous avons maintenant 600 sauvages. On tient conseil pour les envoyer en détachement; mais c'est une opération longue que de les déterminer. Il en coûte force eau-de-vie, équipements, vivres, etc. Ce détail ne finit pas et est très fastidieux[2]. » Le lendemain, on tombe enfin d'accord de partir le soir. Mais quelques Iroquois, depuis deux jours en découverte, reviennent avec sept chevreuils, invitent « leurs frères à faire festin, et voilà le parti relâché. A demain le départ. » Le 15, nouveau contre-ordre. « Les sauvages qui devaient partir ce soir ne partent plus; la destination même du détachement est changée. » Au lieu de se diviser en deux bandes pour suivre des directions voisines, « ils veulent aller tous ensemble et par le lac Saint-Sacrement... On dit que le départ est fixé à cette nuit. Mais c'est un on dit, et le caprice des sauvages est bien, de tous les caprices possibles, le plus capricieux. » Finalement, le 16, on s'embarque à la nuit tombante.

Nous ne raconterons pas cette petite expédition dans ses détails; et, pour le rôle qu'y prit Bougainville, on n'en saurait parler plus au long que dans une biographie complète. Le 18, accompagné du commandant d'artillerie Le Mercier et de l'ingénieur Desandrouins, il put

1. 11 septembre. — L'abbé Casgrain, qui cite les observations de Bougainville (p. 139) et celles de Désandrouins (p. 83), a essayé de les réfuter d'un trait : « Les ingénieurs français, accoutumés aux chefs-d'œuvre des fortifications européennes, levaient les épaules de pitié à la vue des travaux de défense faits sur nos frontières. Ils ne se rendaient pas compte des immenses difficultés qu'il y avait à transporter des matériaux et à travailler à ces énormes distances dans la forêt. » Ce que nos officiers critiquent, c'est la position des forts, qui est tout indépendante de la question des matériaux. Quand Bougainville, cependant, ajoute, le 29 octobre suivant, que Saint-Jean « serait très susceptible d'être brûlé par un parti d'hiver. Il est de pieux fort secs, et il y a autour un parc de canots d'écorce, » on peut croire qu'il a raison, puisque, dès le mois de mars, Désandrouins est envoyé remettre ce fort en état, sans changer d'ailleurs la nature des matériaux (*Journal*, 18 et 26 mars). Saint-Frédéric était en pierre, Carillon aurait pu être en pierre, et Montcalm fit revêtir de pierre Niagara. — Voici pour les communications : « Le chemin de Saint-Jean à la prairie, qui est de six lieues, est détestable... M. de V. avait envoyé, pour diriger les travaux du chemin, un sculpteur de Montréal. Je doute que Phidias eût bien fait un chemin. Mais, comme le sculpteur est retourné à son premier métier, ces travaux ont cessé » (30 oct.).

2. 12-13 septembre 1756.

étudier sommairement le fond du lac et la position du fort Georges [1]. Quant aux sauvages, ils étaient en mésintelligence, et la discorde se glissait « dans le camp d'Agramant. » Les Iroquois furent obligés de se démettre du commandement. On rentra le 19 à Carillon, après avoir commis sur les prisonniers faits au cours de la marche des cruautés horribles qui répandaient du noir dans l'âme. Il n'en résulta pas grand effet, sinon d'inspirer aux Anglais, démoralisés par la prise de Chouaguen, une sage méfiance et le désir de se renfermer obstinément dans leurs lignes [2].

« M. de V. propose de faire un détachement de 2,000 hommes pour engager l'ennemi à un combat à la Canadienne. Je ne sais pas quel hameçon peut faire sortir de leur fort des gens déterminés à s'y tenir renfermés, pour les attirer dans le bois à un combat canadien. Notre général me paraît prendre un parti bien plus sage : celui de ne point s'exposer ou à un échec considérable ou à l'inconvénient d'une entreprise qui, faite avec éclat et n'aboutissant à rien, vaudrait une défaite aux yeux des sauvages, amis et ennemis ; de ne point interrompre par là, pendant un mois, le fort de Carillon ; de le hâter, au contraire, de façon que ses travaux ne soient plus la principale occupation d'une armée, la campagne prochaine, et en même temps d'augmenter le va-et-vient pour les convois, en sorte que ce poste soit assez garni de munitions de guerre et de bouche pour que l'objet des vivres ne fasse pas manquer une offensive que les circonstances rendraient praticable

1. « A dix heures, j'ai été avec MM. Mercier et Désandrouins et une escorte sur le sommet d'une montagne voisine de notre camp, d'où nous avons vu tout le fond du lac Saint-Sacrement et la position du fort Georges. D'après cette découverte, nous pouvons croire qu'il est presque impossible aux ennemis de nous empêcher de traverser le lac, quand même ils établiraient des postes dans les îles qui y sont semées ; mais nous avons vu le fort et le camp retranché dans un trop grand éloignement pour pouvoir donner à cet égard aucune notion certaine » (*Journal*). — On voit que Delambre a confondu cette reconnaissance ou « découverte » avec l'expédition de Rigaud, six mois plus tard, où furent brûlés les magasins et la marine des Anglais autour du fort, sans que Bougainville en fît partie. D'autre part, l'abbé Casgrain, suivant son habitude de lire à peine ses documents, brouille les deux journées du 18 et du 19 septembre, au hasard de son inspiration. On en peut juger en comparant avec son récit l'horaire vrai de l'expédition. Le 18, « arrêtés vers les deux heures du matin, à quatre lieues environ du fort Georges... Conseil tenu à l'aube du jour. » A dix heures, reconnaissance du fort, comme il est dit plus haut. « Les Iroquois paraissent vouloir passer encore ici la nuit et conséquemment la journée de demain. Mécontentement et murmure. » Annonce d'une piste sur la côte nord. Envoi de deux canots à l'entrée de la nuit. Ils reviennent à onze heures. Embarquement général et traversée du lac. — Le 19, une heure avant le jour, poursuite de la piste imaginaire à travers bois, etc. — A midi, Bougainville, Désandrouins et Le Mercier se rembarquent pour Carillon, où ils arrivent à sept heures du soir.

2. Cf. Kingsford, IV, 6.

au petit printemps, et pour que, dans le cas d'une défensive forcée, les ennemis, qui alors seraient en force, interceptant les convois sur le lac Champlain, ne fassent pas mourir de faim l'armée campée sous Carillon[1]. »

Il était impossible de mieux prévoir la situation où l'on devait se débattre pendant les deux campagnes de 1757 et de 1758.

Mais, pour terminer le fort de Carillon, on se heurtait à des difficultés qui n'étaient pas toutes de nature militaire[2]. On sait comment, du haut en bas de l'échelle administrative et sociale, l'improbité régnait au Canada. Des concessions et privilèges, accordés d'abord avec quelque semblant de raison pour augmenter le zèle des gens, étaient devenus des sources d'abus ruineux qui ont contribué plus que tout le reste à la perte de la colonie. Et ce n'était pas seulement dans l'entourage immédiat de l'intendant Bigot, ni dans l'ignoble clique des fournisseurs qui lui faisait cortège, que l'on relève la marque d'une effronterie rapace. Les documents prouvent, — n'en déplaise, hélas ! aux Canadiens[3], — que le mal était général. D'ailleurs, observe justement Parkman, dans un pays où les souches de famille

1. *Journal*, 22 septembre 1756.

2. Malartic, qui n'aime pas Montcalm et qui préfère le silence prudent, à la façon de Lévis, ne peut se retenir de glisser ici une allusion significative dans son journal, 3 novembre 1756.

3. « On aurait tort cependant de se faire illusion et de croire que la société entière était corrompue. Deux partis bien accentués se disputaient l'empire : la coterie Bigot, la corruption même, formée de « gens de rien, » comme on l'a vu; et le parti des honnêtes gens, dans lequel on comptait Montcalm, Bougainville, Taché, Bourlamaque, La Corne, de Beaujeu, de Léry et une foule d'autres; presque toutes les anciennes familles du Canada appartenaient à ce dernier parti » (Le Moine, *Album du touriste*, p. 69). — La tactique de l'abbé Casgrain ne consiste pas seulement à remplacer dans cette liste le nom de Bougainville par celui de Lévis, dont Le Moine ne veut point, à cause de la liaison du Chevalier avec Mme Pénisseault, mais à concentrer surtout la vertu dans le peuple. « Après avoir contemplé ce sombre tableau, doit-on en conclure que le pays tout entier fût gangréné? Rien ne prouve mieux le contraire que l'étonnante vitalité et l'indomptable énergie que déployèrent les Canadiens dès l'ouverture du règne suivant. L'ouragan avait passé..., etc. Il ne resta que les jeunes et vaillantes tiges..., etc. » (Casgrain, I, 324). Cette rhétorique n'a pas grande valeur, parce qu'il n'existe aucun rapport nécessaire entre l'énergie et la probité, comme le prouve l'histoire de beaucoup de soldats de la Révolution ou de l'Empire (*Revue historique*, mai 1894, p. 122). En tout cas, l'abbé Casgrain, déclarant à la fin de son livre que « la plupart des familles possédant encore quelques biens, surtout parmi la noblesse, » passèrent en France « en même temps que les officiers civils et l'armée » (II, 412), montre qu'à ses yeux elles représentaient l'élément vicieux emporté par l'orage. Par conséquent, la « société » n'était rien moins qu'indemne. On peut dire même qu'il la jette ouvertement par-dessus bord (I, 339).

sont peu nombreuses, en même temps que la progéniture abonde, la population se trouve bientôt reliée toute par des liens de parenté[1]; et sur la parenté se greffe nécessairement une complicité. Voici comment les choses se passaient, en ce moment, à Carillon, sous la haute direction de l'ingénieur Lotbinière[2], proche parent du gouverneur.

8 octobre. — « Journée pluvieuse, travaux interrompus. Ils vont bien lentement ces travaux. Le soldat, corrompu par la quantité d'argent qu'il a ici, par l'exemple des sauvages et Canadiens, respirant un air imprégné d'indépendance, travaille mollement. L'ingénieur n'est presque jamais sur les travaux. Son intérêt n'est pas que le fort soit achevé promptement. Il a le privilège exclusif de vendre du vin (il se vend 55 s. la bouteille); et tout l'argent des travailleurs, la paye même des soldats, vont à sa cantine. Aussi a-t-il construit ce fort de pièces sur pièces dans un terrain où la pierre, la chaux et le sable se trouvaient en abondance; où, en tirant la pierre pour bâtir, le fossé se faisait en même temps; où il y a sans doute du bois, mais où les bras manquent pour le couper, l'équarrer, le charrier; où il n'y a ni voitures ni chevaux. Chose unique, cet ingénieur donne aux ouvriers des certificats ayant valeur d'argent, sans que personne soit commis pour les contrôler, et tous ces certificats lui reviennent[3]...

11 octobre. — « M. de Bleury [qui était à la tête du service des transports] est arrivé à trois heures avec un convoi de trente-cinq bateaux. Il n'a point apporté de vin. L'armée est à l'eau et à la bière depuis quinze jours. Cette bière ou sapinette se fait avec de la mélasse ou lie de cassonnade et de la pruche, qui est une espèce de sapin[4], dont on

1. II, 22.

2. « Les ingénieurs qui devaient venir de France, » dit M. Gaffarel, « avaient été pris par les Anglais sur le *Lys* et l'*Alcide*. Lotbinière avait été improvisé ingénieur pour la circonstance » (Note sur Malartic, p. 97). En réalité, c'était un astronome. « Il se proposait de tracer une méridienne à Carillon, » écrit Bougainville deux ans plus tard; « car cet homme, grand ingénieur parmi les astronomes, n'est plus qu'astronome avec les ingénieurs. J'ai entre les mains une lettre de M. du Hamel, grand physicien et l'homme de l'Académie des sciences le plus habile pour la culture des arbres et des terres, lequel m'écrit que M. de Lotbinière est un fort bon ingénieur » (*Journal*, 14 au 24 juillet 1758).

3. Cf. *Lévis à Vaudreuil*, 10 août 1756 : « J'ai été obligé de donner un ordre par écrit à M. de Lotbinière, dont je vous envoie la copie, pour l'empêcher de distraire les travailleurs...; ces messieurs peuvent avoir leurs raisons particulières pour ne point presser les travaux; pour moi, qui n'en ai pas d'autres que le bien du service, je les presse autant qu'il m'est possible..., etc. » — *Montcalm à Bourlamaque*, 19 mars 1759 : « Lotbinière a l'air d'un conseiller d'État dont la faveur est traversée par celle de Le Mercier. Je crois que pour l'apaiser on ne lui rendra pas les fortifications de Carillon, mais bien la *cantine*. »

4. En anglais *spruce*, sapinette du Canada.

fait bouillir la branche quand elle est en sève. La cantine de M. de Lotbinière est seule fournie de vin. L'hôpital même en manque[1]...

Le 14. — « Les soldats ont trop d'argent. Un soldat de Languedoc a hier perdu au jeu cent louis. Ce pays-ci est dangereux pour la discipline. Dieu veuille encore qu'elle seule en souffre[2].

Le 15. — « Nombre des travailleurs augmenté. Si le talent de les employer augmentait en proportion avec le nombre des ouvriers, le fort serait bientôt en état. Le dessein de notre général est de ne séparer l'armée que lorsque le fort sera totalement hors d'insulte; que, pour cet effet, on aura palissadé la partie du rempart, qui n'a pas encore l'élévation qu'il doit avoir; et qu'il y ait construit dans le fort un corps de casernes suffisant pour en loger la garnison. Les troupes se portent avec ardeur à tous ces travaux. Il y a à la chute un moulin à scie qui, sous la direction de M. de L., n'a jamais pu être mis en état de faire des planches. On avait même décidé de l'abandonner. M. de la P.[3] s'est chargé du moulin et l'a mis en état de faire 150 planches par vingt-quatre heures. Il avait coûté au Roi[4] écus pour ne pas aller : 500 fr., et un de nos officiers ont fait ce que cette grosse somme et le Vauban du Canada n'avaient pu faire. Malheureusement, il est de l'intérêt de ce Vauban que les ouvrages traînent en longueur. Il faut bien que la cantine ait du débit. Le vin y est à six livres le pot. Je marque ces variations de prix. C'est le thermomètre des concussions de ce pays...

Le 16. — « Nous sommes maintenant sans chandelle. Depuis quinze jours les officiers se couchent à tâtons. C'est un inconvénient; mais un plus grand c'est que la boulangerie et l'hôpital vont en manquer. Pour y suppléer, on fait fondre du lard dans des lampes de fer blanc, et l'on s'en sert au lieu d'huile. J'admire avec quelle constance et quelle industrie on prend ici tous les moyens de prodiguer l'argent du Roi. La chandelle, qui vient de France avec beaucoup de difficultés, est ici prodigieusement chère; l'huile, qui se fait de poisson dans le pays et dont, à cause de la guerre, il y a fort peu de débit, est presque pour rien. Aussi, dans tous les postes, brûle-t-on de la chandelle et n'y envoie-t-on point d'huile,

1. Sur les friponneries qui se commettaient dans ces convois, cf. *Lévis à Vaudreuil*, 2 août 1756.

2. Cf. *Montcalm au ministre*, 12 juin 1756. — Le même système d'abus avait amené les mêmes inconvénients dans l'armée anglaise. « Les soldats travaillent pour le service de Sa Majesté à un prix exorbitant... Outre leur ration et leur solde, ils avaient encore un shilling par jour pour travailler aux fortifications de Louisbourg, et l'on a continué depuis lors. Trop d'argent et trop de rhum font tort nécessairement à la discipline d'une armée. Nous en avons à chaque instant la preuve évidente » (*Wolfe à Lord George Sackville*, 24 mai 1758).

3. Ce doit être M. de la Pause, que Montcalm appelle « un homme divin » et dont Lévis ne faisait pas moins d'éloge (Gaffarel, *ubi supra*, p. 337).

4. En blanc dans le manuscrit. Ces blancs à propos de chiffres sont fréquents et montrent le soin de l'auteur à ne vouloir donner que des renseignements précis.

quoique notre général en ait demandé souvent. Encore une colonie comme celle-ci et le Roi de la nue ruinerait celui de la terre...

Le 19. — « L'agio se fait ici comme dans la rue Quincampoix. Les billets de M. de L. sont en discrédit. Un homme qui a de l'argent ou de l'or agiote pour des billets de la colonie à 12 °/₀ de profit. Ensuite, il change ces derniers contre des Lob***, quelquefois au quart, au tiers, même à la moitié de la valeur de profit. Il envoie à Montréal ces L***, pour lesquels le trésorier donne des billets de la colonie, sans autre retenue que les quatre deniers pour livre. Ces billets de la colonie reviennent au camp, et l'agio recommence. C'est une navette qui donne de gros profits. M. de L*** n'est pas difficile pour reprendre ses billets. Il a même, dit-on, des agents de change chargés de les retirer. »

Voilà ce qui se passait, au vu et su du gouverneur, comme la plus régulière des opérations. Mais, à tout propos, on retrouve les mêmes concussions en marge des règlements. Les approvisionnements, avons-nous dit, se faisaient par convois, sous la direction de M. de Bleury. Voici un aperçu des bénéfices que procurait cette administration :

Le 25. — « Enfin, aujourd'hui, ce Bleury tant désiré est arrivé. Son convoi est de 54 bateaux. Il apporte 24 barriques de vin. C'est un bon métier que celui que fait cet amiral du lac Champlain. Il a 18 deniers par livre qu'il apporte pour le Roi, et chaque bateau est chargé de six milliers. Ajoutez ce qu'il apporte pour son compte, en vin, eau-de-vie et volaille, qui se vendent un prix excessif. »

Un dernier trait édifiera le lecteur sur ces dilapidations accessoires, autour desquelles l'abbé Casgrain fait volontiers le silence, ou dont il ne parle qu'en termes très généraux, parce qu'elles ne rentrent point dans le dossier de « Bigot et son groupe. »

« M. le marquis de Montcalm a donné ordre au détachement qui faisait ici des fourrages pour les chevaux de M. de Lotbinière de retourner à Carillon. Ces fourrages sont une besogne des plus inutiles, vu qu'il eût fallu renvoyer à Montréal ces chevaux de M. de L***, qui ne feront rien de tout l'hiver et qui ne lui sont pas moins payés six livres par jour chacun. Il s'agit maintenant de faire couper le bois pour la provision des deux forts. A Saint-Frédéric, pour 100 hommes de garnison et l'attirail nécessaire à une garnison, on compte 1,500 cordes de bois de consommation. Il y a des forts où le Roi donne six livres par corde de bois au commandant, qui se charge de le faire couper et voiturer. C'est ainsi qu'il en coûte tant au Roi pour chauffer ses troupes au milieu des bois[1]. »

1. Saint-Frédéric, le 26 octobre. Ceci nous explique une phrase de Lévis, dans sa lettre du 30 à Vaudreuil. « J'ai ordonné qu'il ne partirait ni soldats ni miliciens qu'ils n'eussent coupé quatre bûches et mises en corde au fort ; je compte que cet objet nous procurera cent cordes qui ne feront aucun tort aux travaux et qui ne coûteront rien au Roi. »

On comprend maintenant l'indignation de l'état-major français devant ce gaspillage et comment Montcalm écrivait que les officiers de la colonie, occupés du gain, « volaient comme des mandarins. » Ce n'était pas toujours un vol à proprement parler, puisque le cas prévu était admis par le règlement. Mais c'était une cause de démoralisation profonde pour les officiers canadiens et leurs hommes, qui de là glissaient dans le vol pur et simple ; et, dans tous les cas, c'était un effroyable grief contre l'administration. Les Canadiens ne se lassent pas de rappeler avec indignation les prodigalités de Mme de Pompadour pendant son règne illégitime. Nous n'avons aucune envie de défendre Mme de Pompadour comme institution d'État. Mais, en définitive, elle n'a pas coûté deux millions par an à la France, tandis que nous verrons les pilleries des Canadiens lui coûter bien davantage[1].

Nous avons dû laisser de côté, pour nous borner à ce triste sujet, les observations et réflexions que Bougainville multiplie sur les sauvages. Il est toutefois une remarque générale que nous ne pouvons supprimer ici.

« Je ne crois pas, » écrivait-il le 20 octobre, « que ce soit une bonne politique, dans le cas d'une défensive telle que celle sur laquelle nous sommes aujourd'hui, d'envoyer à la fois à l'armée aussi grande quantité de sauvages que celle que M. de V. nous avait envoyée à la fin du mois dernier. Ils s'ameutent, délibèrent entre eux et délibèrent lentement, veulent aller faire coup tous ensemble et du même côté, parce qu'ils aiment les gros bataillons. Entre la résolution prise et l'exécution, il se passe un temps considérable. Tantôt une nation arrête la marche, tantôt une autre. Il faut que tous aient le temps de s'enivrer, et cependant la consommation qu'ils font est énorme. Ils partent enfin, et, dès qu'ils ont frappé, n'eussent-ils fait qu'une chevelure ou un prisonnier, ils reviennent et repartent pour leur village. Alors, pendant un intervalle considérable, l'armée reste sans sauvages. Chaque particulier s'en trouve bien ; mais les opérations de la guerre en souffrent, car, enfin, ils sont un mal nécessaire[2]. Il vaudrait mieux n'avoir à la fois qu'un nombre

1. « Il y a un moyen, » dit Désandrouins, « de faire des économies sans mettre aucun impôt dans le pays... ; on n'apporte pas le moindre soin à prévenir les abus... » (p. 130). Nous ne connaissons qu'en partie le journal de Désandrouins ; mais l'abbé Gabriel, qui l'a eu dans les mains et qui du reste nous donne plus d'un passage édifiant, en conclut que, « depuis l'intendant jusqu'aux plus petits employés civils, tous, à peu d'exceptions près, étaient des voleurs » (p. 124). Pour les agents militaires, nous venons de voir qu'ils valaient autant ; et Désandrouins confirme amplement la déposition de Bougainville. Quant au peuple, nous en reparlerons plus loin.

2. Le 12 octobre, des sauvages anglais vinrent, en effet, lever la chevelure d'un soldat de Béarn et d'un domestique jusque sur le chemin qui reliait les

réglé de ces maringouins, qui fussent ensuite relevés par d'autres, de manière qu'il y en eût toujours. En général, il me semble qu'on ne tire pas des sauvages tout le parti qu'on en pourrait tirer. Avec moins de complaisance servile pour tous leurs caprices, moins de respect pour les sottises qu'ils font, plus d'indifférence extérieure pour les services qu'on attend d'eux, on les accoutumerait aux égards vis-à-vis des Français, à l'obéissance, je dirai même à une espèce de subordination. Enfin, s'ils croyaient qu'on pût se passer d'eux, ils chercheraient à se faire valoir par des services réels. Des compagnies de volontaires qui, à force de courir les bois, auraient appris à les connaître et à se passer de guides, seraient un merveilleux aiguillon pour piquer d'honneur ces barbares. Car l'amour-propre est de tous les mondes[1], et l'orgueil est la seule richesse de tout sauvage. »

Ce passage, il nous semble, donne la clé du sentiment des officiers français à l'égard des cruautés commises par les Peaux-Rouges. L'abbé Casgrain reproche à Montcalm et à Bougainville de critiquer la patience de Vaudreuil pour les méfaits des Indiens et d'en avoir cependant toléré de pareils sous leur direction[2]. Il n'appartenait pas aux chefs de l'armée française, nouvellement débarqués au Canada, de changer tout d'un coup la conduite adoptée vis-à-vis des sauvages. Mais, lorsque l'inhumanité se faisait jour sur une grande échelle, comme après la prise de Chouaguen et du fort Georges, ils ne pouvaient s'empêcher de blâmer énergiquement un système qui leur liait les mains pour la défense des victimes. Au demeurant, l'attitude des sauvages après la bataille de Carillon et, comme on le verra plus loin, leur désespoir de n'y avoir point assisté justifient, ce semble, les conjectures de Bougainville sur la plus sage façon d'exploiter leur amour-propre[3].

La fin du mois d'octobre amena la dislocation des troupes et leur retour sur les bords du St-Laurent pour leurs quartiers d'hiver. Montcalm se mit en route, le 26, avec Bougainville, sur les bateaux de M. de Bleury, — Lévis restant à Carillon jusqu'au mois de novembre pour activer les derniers départs. Dans la circonstance, l'incurie du gouverneur général vint donner lieu à de nouvelles réflexions moroses. En arrivant au fort Saint-Jean, Montcalm avait trouvé une lettre de

deux camps de MM. de Saint-Martin et de Contrecœur. On ne put leur couper la retraite : « Nous n'avions point alors de sauvages dans ces deux camps, et c'est poursuivre des cerfs sans chiens ni chevaux. »

1. L'auteur avait d'abord écrit « du Nouveau-Monde comme du nôtre. »

2. I, 107.

3. Voir aussi la conduite d'Amherst à l'égard des sauvages anglais lors de la prise du fort Lévis, en 1760 (Gerald Hart, p. 145-6).

Vaudreuil changeant l'ordre des quartiers que lui-même avait destinés pour les troupes.

« Il prétend qu'en suivant ses premiers arrangements les troupes n'auraient pu subsister dans les quartiers où il les envoyait. Si cela est, cette incertitude montre un grand défaut dans le gouvernement intérieur. Si le g. g. [gouverneur général] connaissait sa colonie, la force de chaque paroisse, le rôle des habitations, ce que chaque côte recueille de denrées, une année portant l'autre, il serait en état de prendre de bonne heure un parti stable sur les quartiers des troupes ; et les commandements pour les miliciens s'en feraient aussi avec plus d'ordre et de justice. Mais il faut venir en Canada pour y voir exactement des choses de l'autre monde. Quand je réfléchis sur la façon dont est gouverné ce pays, pour lequel le Roi fait des dépenses énormes, je me rappelle celle dont Jupiter gouverne le monde, décrite dans le banquet de Lucien. »

Montcalm aurait voulu que les bataillons qui avaient été le plus mal l'hiver précédent et ceux qui, dans cette campagne, avaient le plus souffert eussent les meilleurs quartiers d'hivernage.

« Un esprit de justice avait dicté cet ordre. On le change, et il y a dans ce changement une intention marquée de contrecarrer le général français et de mécontenter les troupes. Il faudrait être aveugle pour ne pas s'en apercevoir, et que l'on nous traite ici comme les Lacédémoniens traitaient les Ilotes[1]. »

La guerre s'accentuait décidément entre les grands chefs, que leurs officiers, de part et d'autre, ne pouvaient manquer de soutenir par esprit de corps.

Il ne restait plus qu'à profiter des derniers navires regagnant la France pour envoyer à la Cour les nouvelles de la campagne finie et les demandes pour les expéditions prochaines. Le 7 novembre, Bougainville s'embarqua, par une gaie matinée d'hiver[2], sur une goélette

1. 28 octobre. — Cf. *Montcalm à Lévis*, 29 octobre 1756. On voit que le *Journal* de Bougainville, loin d'être un tissu de calomnies haineuses, est au contraire l'explication nécessaire des documents publiés ailleurs.

2. C'est ici que l'abbé Casgrain donne dans quelques exagérations pour trop imiter le style de Macaulay. Ne voulant pas admettre que l'on critique les Canadiens autrement que sous le coup d'une hypocondrie spéciale, il ouvre par une mise en scène lugubre le chapitre qui porte comme argument *Bougainville et sa correspondance :* « On était au mois de novembre. La descente de Montréal... était à cette saison aussi pénible qu'ennuyeuse... La route par eau sous un ciel bas, humide et froid, n'était guère plus agréable... Tout dans la nature, à cette heure désolée de l'automne, portait à la tristesse et à l'ennui... C'est dans cet état d'esprit qu'il (Bougainville) descendit un soir dans l'île à la Bague, non loin des Trois-Rivières... Il y passa une partie de la nuit à rédiger son

chargée de pelleteries qui descendait à Québec. On s'arrêta le soir aux Trois-Rivières; et, pour tuer le temps pendant une heure avant de s'endormir, Bougainville commença une assez longue lettre où il résumait à son frère ses impressions d'exil.

« Voici la cinquième fois que je vous écris depuis mon arrivée en Amérique, mon cher frère. Je ne sais pas si vous aurez reçu mes lettres. Je n'en ai reçu qu'une seule de vous, datée du 6 juin, de Séchelles[1], et en même temps une de Mme Hérault, une de M. Hérault et de M. de Marville. Six mois s'étaient passés depuis mon départ de France, six mois que l'inquiétude m'avait rendus insupportables. La crise malheureuse dans laquelle j'avais laissé notre adorable maman, le mauvais état de sa santé ne me permettaient pas d'espérer de bonnes nouvelles. Cependant, j'étais désespéré de n'en pas recevoir, et l'incertitude me paraissait le plus cruel des maux. J'étais au camp de Carillon quand vos lettres sont arrivées. Pour juger du plaisir que j'ai ressenti quand on m'a annoncé des lettres de France, il faut, mon cher frère, se mettre à la place d'un malheureux expatrié que 1,500 lieues séparent de tout ce qui lui est cher, que l'inquiétude dévore et dont l'âme est sensible et tendre. La lettre de ma chère maman m'a pénétré de reconnaissance et de douleur... Ah! mon cher frère, quand j'ai demandé à venir dans cet autre monde, je ne pouvais pas m'attendre à ces événements cruels qui ont suivi l'engagement qui m'a lié. Je ne me flatte pas que ma présence eût pu être d'aucune utilité; mais enfin je me serais satisfait en partageant des peines qui m'eussent déchiré l'âme... Je vous prie, mon cher frère, de lui parler de moi quelquefois et de lui bien dire tout ce que je sens mieux que je ne saurais l'exprimer. »

Bougainville entre ensuite dans de courtes réflexions sur la cam-

Journal et à écrire à son frère une longue lettre (7 novembre) où il donnait libre cours à son humeur » (I, 165-166). La longue lettre en question se compose en effet de 9 pages, dont 6 ont été écrites *le surlendemain* à Québec; le *Journal*, si longuement aussi rédigé, se compose de trois courtes phrases : « Le 7. M. le Mis de Montcalm m'a donné ordre d'aller à Québec porter ses dépêches aux derniers vaisseaux qui vont partir. Je me suis embarqué à trois heures du matin sur une goélette qui descend à Québec chargée de pelleteries. Le vent étant sud-ouest, nous sommes descendus jusqu'au-dessous des Trois-Rivières, où nous avons mouillé à sept heures du soir. » Or, au Canada, le vent du sud-ouest, comme le savent tous les météorologistes, comme Bougainville le dit ailleurs lui-même, et comme il le prouve en notant la direction du vent avec l'état de l'atmosphère, du 3 décembre 1756 au 29 janvier suivant, amène toujours un ciel clair et brillant. Il ne reste alors d'exact dans ce tableau que le réel état de souffrance du jeune officier et sa lassitude chronique de l'exil, qu'il éprouvait avec la plupart de ses camarades.

1. Maison de campagne du contrôleur général près de Compiègne. Ce que le duc de Luynes rapporte d'elle, dans ses Mémoires (t. XIV, 10 et 12 juillet 1755), confirme l'honnête simplicité de la famille, et rappelle la réponse de Nicolas Bacon à la Reine Élisabeth.

pagne qui vient de s'achever et sur les dégoûts que l'on s'attache à donner aux troupes françaises au Canada.

« Tout ce que je puis vous dire, c'est qu'en quittant ce pays nous chanterons de bon cœur l'*In exitu Israël.* »

Après quoi, le mathématicien reparaît pour demander s'il ne pourrait obtenir à l'Académie des sciences la place d'adjoint, que la nomination de M. de Parcieux à celle d'associé vient de laisser vacante. Il aurait fort souhaité d'avoir en Europe la compagnie de dragons que son ami Hérault doit quitter prochainement pour entrer aux grenadiers de France. Et, quoique en Amérique, il ne désespère pas, avec l'appui de Montcalm, d'obtenir cette faveur qui hâterait sa sortie de la terre d'Égypte[1]. En attendant, il se propose de travailler l'importante question des limites, l'éternel règlement des frontières de la colonie, et de préparer cet hiver un mémoire qu'il enverra dès le printemps. Le surlendemain, arrivé à Québec, où il fait son entrée sur une charrette, il termine sa lettre par de longues recommandations et commissions, où il n'oublie pas les dernières pièces de théâtre et quelques jolis cadeaux de femme pour sa jeune cousine, Mme de Vienne. Puis il remet ses dépêches au courrier, le capitaine Pellegrin, de l'*Abénakise*. Mais ici, contretemps nouveau. Il lui fallut s'armer de patience, car les dépêches de Vaudreuil étaient en retard.

« Autrefois, on n'osait pas faire rester les vaisseaux au delà des derniers jours d'octobre; et l'on a plusieurs exemples que des vaisseaux partis en nombre ont été pris dans les glaces ou jetés à la côte par des coups de vent violents qui ne sont que trop communs dans cette saison[2]. »

Enfin, le 13, les dépêches de Vaudreuil arrivent[3]; et, après quelques

1. Seulement, et pour cette unique fois, Bougainville désire que Mme Hérault ne soit pas avertie de la négociation : « M. Hérault m'a écrit qu'au mois de juin il était le troisième à entrer aux grenadiers de France. En ce cas, la promotion que cette campagne aura fait faire, le cours ordinaire de la mortalité, peuvent le faire colonel cet hiver. Si j'étais en Europe, je demanderais sa compagnie de dragons et peut-être l'obtiendrais-je. J'en écris à mon oncle, et vous verrez ce que Monsieur de Montcalm a écrit à ce sujet au bas de ma lettre. Je n'en parlerai pas à Mme Hérault. »

2. *Journal*, du 10 au 13. — Cette habitude de Vaudreuil, de toujours retarder ses courriers jusqu'au dernier moment, fut cause qu'en 1760 ils tombèrent aux mains de l'escadre anglaise (*Bernier à Belle-Isle*, dans Dussieux, p. 336).

3. Ces dépêches contenaient un article sur lequel Vaudreuil insistait curieusement à propos des vivres. La récolte avait été mauvaise. On était déjà réduit à mêler de l'avoine avec la farine dans le pain. Or, le gouverneur « déclare que, si on ne lui envoie pas des vivres en abondance, non seulement il est inutile de faire passer des secours d'hommes, mais qu'il renverra deux des bataillons

faux départs qui mirent le sang-froid des exilés à l'épreuve, l'*Abénakise* finit par prendre le large, après avoir eu ses manœuvres toutes glacées et laissé derrière elle un navire définitivement en souffrance[1].

III.

L'hiver était venu avec sa désolation monotone et, pour cette année, d'une rudesse exceptionnelle. Il dépassa même en dureté l'hiver de 1709. Le thermomètre descendit à — 28° R. Bougainville, peu accoutumé à cette sévérité, partagea son temps entre le travail et les distractions mondaines. « Il n'aurait pas été homme du XVIIIe siècle, » dit l'abbé Casgrain, « s'il n'avait pas aimé le plaisir[2]. » Malheureusement, parmi ces plaisirs figurait le jeu, qui faisait alors de violents ravages dans la société canadienne ainsi que dans l'armée, sous la direction de l'intendant et des parvenus qui l'escortaient. Du moins, Bougainville, assure Montcalm, ne jouait que du sien[3]; et, dans ces conditions, il mérite en somme l'indulgence que l'on a généralement pour les écarts des têtes de son âge. Cela ne l'empêchait pas de tonner lui-même contre le jeu; mais, dans son indignation, qu'on lui reproche amèrement comme un manque de logique, il entrait autre chose que l'habituelle contradiction des philosophes. Jouer en s'endettant, comme le faisaient un trop grand nombre d'officiers, ou avec les deniers volés la veille à l'État, devient autrement blâmable que jouer dans les limites de ses ressources personnelles. Il n'existe donc pas plus de contradiction sérieuse dans les anathèmes de Bougainville

qui sont ici » (Bougainville, *Journal*, 13 novembre; *Montcalm au ministre*, 1er novembre). Ce détail ne doit pas être oublié, quand on voit les Canadiens reprocher au gouvernement français de ne leur avoir pas envoyé de plus nombreuses troupes de renfort.

1. « Parmi les citoyens et les militaires qui la suivirent de l'œil jusqu'à ce qu'elle eût disparu derrière la falaise de Lévis se trouvait probablement (!) Bougainville, le plus attristé de tous (?), quoiqu'il fût un des mieux partagés » (I, 171). Évidemment, l'honneur de défendre le Canada et ses friponneries aurait dû rendre Bougainville moins sensible aux soucis de famille, au souvenir de son père, qu'il ne devait plus revoir et qui mourut, en effet, quelques jours plus tard, le 1er décembre. Mais Bougainville n'était pas seul coupable; aussi l'abbé Casgrain s'empresse-t-il de flétrir avec une noble indignation « l'égoïsme » dont faisaient preuve en ce genre les officiers français (p. 167), quoiqu'il reconnaisse peut-être à Montcalm le droit d'avoir un cœur de père en même temps qu'« une âme de soldat » (I, 38).

2. I, 57. — Seulement, la phrase s'applique à Montcalm.

3. « Bougainville, » dit-il ailleurs, « que je vois on ne saurait moins, perd; ce sont ses affaires, ainsi que de la Rochebeaucourt; ce dernier a moins de ressources que le premier » (*A Lévis*, 16 décembre 1757).

joueur contre le jeu qui se pratiquait au Canada, que de désaccord entre la tolérance d'une certaine exploitation des fonctions administratives et l'indignation qu'excitent les concussions scandaleuses où les administrateurs canadiens étaient finalement tombés[1].

Du reste, pendant tout cet hiver, Bougainville poursuivit ses travaux avec autant de passion qu'il en apportait au plaisir, entassant notes sur notes pour les faire passer directement au ministre, à l'insu des bureaux; et, par un heureux hasard que nous avons indiqué déjà, le ministre de la Marine allait être précisément le beau-frère de Mme Hérault.

« J'ai passé mon temps à lire, à méditer, à écrire. Cet ennui qui m'obsédait a tourné au profit de mon âme. Vous verrez un mémoire que j'envoie à Mme Hérault pour le ministre. Ce n'est que le germe d'idées qui demandent à être développées et d'autres mémoires de détail. Mais tout ce qu'il contient est vrai pour les faits. A l'égard des réflexions dépendantes de la politique, c'est à des gens plus éclairés que moi à décider si j'en ai suivi les principes. J'ai aussi travaillé sur la matière des limites, matière embrouillée, obscure, hérissée de difficultés. Je compte finir au retour de la campagne un mémoire commencé sur cet objet... Mon portefeuille est plein d'observations sur les mœurs des sauvages, leur langue, la qualité du pays, enfin de tout ce qu'il faudrait pour composer un journal qui pourrait être intéressant. Je ne néglige aucune occasion de m'instruire. Puissé-je revenir plus agréable à ceux que j'aime[2]. »

1. Il reste cependant, au point de vue de la surveillance, une nuance que Vaudreuil ne comprenait pas entre le jeu et la concussion : « Quand Vaudreuil apprenait les accusations que portait contre lui Montcalm parce qu'il n'extirpait pas ces abus, il répondait : « Que n'arrête-t-il lui-même le jeu effroyable auquel « se livrent les officiers de son armée » (Casgrain, II, 16)? Pourtant, une chose est de surveiller des actes administratifs dont le contrôle appartient nécessairement aux représentants du pouvoir, autre chose est d'intervenir dans la vie privée des gens pour leur interdire des actes qui ne relèvent que de la morale. D'ailleurs, Montcalm, tout en essayant de refréner le jeu (Casgrain, I, 335), avait expliqué au ministre l'impossibilité d'y réussir, à cause du médiocre appui de Vaudreuil, qui n'était pas aussi contraire à cette distraction qu'on veut bien le dire (Gaffarel sur Malartic, p. 160; *Montcalm à Bourlamaque*, 28 février et 3 mars 1758). C'est pourquoi l'abbé Casgrain, après avoir déclaré que « la vie rangée, honorable et vertueuse [du gouverneur] était une éclatante protestation contre les scandales de l'intendance » (I, 183), finit par donner tort aux deux chefs, qu'il met injustement sur le même rang : « Au lieu de se concerter pour agir avec vigueur, ils fléchissaient de crainte de perdre une popularité qu'ils commençaient à se disputer » (I, 187).

2. *Bougainville à son frère*, 3 juillet 1757. — « Soyez tranquille, Madame, sur Bougainville. A la fin de la campagne, j'écrirai une lettre particulière aux deux ministres et vous en aurez copie par-devers vous. Vous verrez, par le mémoire qu'il vous envoie, qu'il s'occupe utilement. Les idées de son mémoire

Le 26 janvier, Vaudreuil, qui avait passé à Québec une partie des fêtes de l'hiver, se remit en route pour regagner Montréal, mais il tomba gravement malade aux Trois-Rivières. Pendant un instant on se demanda comment, en cas de mort, se règlerait sa succession officielle. Montcalm et Bougainville le rejoignirent le 1er février et le trouvèrent heureusement en voie de se rétablir. Ce jour-là même, un courrier de Carillon vint annoncer que, dix jours auparavant, le 21 janvier, une escarmouche avait eu lieu contre les coureurs anglais dans les environs du fort. On leur avait tué, disait-on, quarante morts et fait huit prisonniers. Aussitôt l'arrivée de ceux-ci à Montréal, Bougainville fut chargé de les interroger et dressa d'après leur réponse le plan des forts Georges et Lydius[1].

En même temps que l'annonce de cette escarmouche, le gouverneur recevait dans sa chambre de malade une assez curieuse députation.

3 février. — « M. le Mis de Vaudreuil a reçu des représentations de la part des Abenakis de Saint-François et de Bekancourt, que les Jésuites voulaient transplanter de leurs villages sur les bords de la Belle-Rivière. Le prétexte de ces zélés missionnaires était de les éloigner du commerce des Français et de l'usage de l'eau-de-vie; et leur objet, de profiter des

sont bien conçues et les faits exacts. Il en a un quasi fait sur l'objet des limites; il ne pourra guère l'envoyer qu'à la fin de la campagne. Il faut composer, faire des duplicata. On a beaucoup de scribes, mais il y a certaines choses qu'on ne peut pas faire écrire par tout le monde » (*Montcalm à Mme Hérault*, 11 juillet 1757). — L'abbé Casgrain, qui est obligé pourtant à la fin d'emprunter quelques extraits aux mémoires détachés de Bougainville, néglige d'ailleurs complètement de rappeler son ardeur au travail pour ne laisser voir que sa passion du jeu et ses frasques de jeune homme.

1. C'est à propos de cette escarmouche que l'abbé Casgrain reproche à Parkman d'écrire l'histoire en romancier et de dénigrer systématiquement Vaudreuil. Parkman se moque, en effet, du gouverneur, qui, dans sa lettre au ministre, compte 40 morts, comme le bruit en avait d'abord couru. « Mais Bougainville dit 42 morts, » riposte l'abbé Casgrain, « et Montcalm répète le même chiffre dans ses lettres. Ce serait alors Bougainville et Montcalm qui auraient exagéré la perte des Anglais » (I, 192). La chose n'a pas grande importance, comme la plupart des polémiques de l'abbé; mais on conviendra que, de 40 à 42, l'exagération est bien moindre que de 16 (le vrai chiffre) à 40. On doit observer, en outre, que Bougainville écrivait au moment même de la première nouvelle, toujours exagérée en cas pareil, tandis que Vaudreuil écrivait deux mois après, toutes informations prises. Du reste, il se peut que les rapports de Carillon aient continué jusqu'au bout d'indiquer le chiffre dont Parkman se plaint ou que les Anglais aient aussi bien diminué leur perte. Mais, pour ces questions de chiffres et de menus détails, d'après les rapports militaires, les historiens ne sauraient trop se pénétrer de l'excellente remarque du général Thiébault dans ses *Mémoires*, t. II, p. 289.

terres que ces sauvages ont défrichées, ainsi qu'ils l'ont déjà fait à l'égard des Hurons, qu'ils ont transplantés de la Vieille à la Jeune-Lorette. Les Abenakis n'ont point voulu consentir à cette transmigration. Les voilà donc Jansénistes, et les Jésuites leur refusent les sacrements et même l'entrée de l'église. « A la bonne heure, » disent les sauvages à leur missionnaire : « Tu es le père de la prière; la prière, les sacre-« ments et l'église t'appartiennent; mais c'est nous qui avons bâti ta « maison; elle est à nous et nous allons t'en fermer la porte. » Jérôme, chef de village, a aussi présenté un mémoire à M. de Vaudreuil, conçu en ces termes : « Jérôme, chef de village des Abenakis, représente à « toi, mon père, que les robes noires veulent nous faire quitter notre « natte et transporter ailleurs le feu de notre conseil. Cette terre que « nous habitons est à nous. Ce qu'elle produit est le fruit de nos peines. « Fais-la fouiller, et tu trouveras dans son sein les ossements de nos « pères; il faut donc que les ossements de nos pères se lèvent de ses « entrailles et nous suivent dans cette contrée étrangère. » Les Jésuites ont enfin renoncé, du moins pour le présent, à leur entreprise. »

C'est assurément ce passage, joint à un fragment d'une lettre de Bougainville à son frère, l'année suivante, qui aura donné lieu de le taxer de jansénisme[1]. Bougainville pourtant, comme s'il eût prévu l'accusation, raille ici d'avance l'idée de prendre pour janséniste quiconque est en désaccord avec les Jésuites. Nous sommes de ceux qui, pour connaître de près ces religieux, regrettons qu'on ne s'inquiète pas davantage de leur rendre justice; et nous pensons, avec un de leurs historiens[2], que, si l'Ordre a certainement commis des fautes, au moins faudrait-il pour le juger se défaire de ses préventions, chose toujours difficile et presque héroïque en l'espèce. Mais il faut également reconnaître qu'au XVIIIe siècle peu de gens avaient le goût

1. « Je deviens dévot. Je suis très bien avec tous les prêtres et Jésuites de ce continent. Je suis de leurs parties de campagne et je parle théologie tout comme un autre. Il est vrai que, de temps en temps, il me faut entendre quelques invectives contre Jansénius; mais alors je tousse, je crache et je proteste en secret contre ces propos. Ce pays est bien l'esclave de la Constitution. On n'y voit pas un janséniste; l'on se défie même des gens qui savent ce que c'est » (21 avril 1758). L'abbé Casgrain se récrie aussitôt que la conduite de Bougainville manquait de franchise et de dignité (II, 15). Nous regrettons, pour l'éducation de ce critique sévère, que ce fût la seule conduite que Bougainville eût à tenir en la circonstance; et que précisément le silence soit recommandé par les journaux religieux comme la seule attitude respectueuse qui convienne aux catholiques du monde entier dont les idées ne s'accordent point en ce moment avec les vues politiques du Saint-Siège. Si un jeune capitaine de dragons avait osé tenir tête au clergé sur le terrain théologique, on eût blâmé son outrecuidance. Il garde le silence; on l'accuse d'hypocrisie (cf. Casgrain, I, 215).

2. Le P. Sommervogel, *Études religieuses*, mars 1894, p. 535.

de cet héroïsme; et Bougainville, qui n'avait point mission de se prononcer sur la Compagnie, devait naturellement partager le sentiment général[1]. Cependant, son honnêteté naturelle l'éloignait si bien de toute exagération que, moins de dix ans après, lorsque le hasard le rendit au Paraguay témoin de l'expulsion des Jésuites, il se conduisit avec une impartialité de bon goût, dont Diderot lui fit un compliment ironique et que son ami Delambre eut au contraire soin de faire ressortir comme marquant, dans la circonstance, le fond réel de son opinion. Il mit en relief les qualités des Pères, rendit justice à leurs efforts[2] et refusa d'écouter les bruits haineux qui circulaient à leur encontre, pendant que le naturaliste Commerson, qui l'accompagnait autour du monde et dont les sentiments étaient autrement religieux que les siens, recueillait avidement à la table du vice-roi d'Espagne les commentaires désobligeants dont on encadrait l'expulsion[3].

Mais on avait, pour l'heure, d'autres ennemis à guerroyer que les fervents adversaires de l'*Augustinus*. La grosse question qui s'agitait à Montréal, dans cette fin d'hiver 1757, était l'entreprise méditée par le gouverneur général pour surprendre le plus important des postes anglais, le fort Georges ou Guillaume-Henri. Ce fut l'occasion de nouvelles difficultés entre les chefs.

Montcalm, laissé complètement en dehors de l'aventure, n'était, pour ainsi dire, instruit de son progrès que par les conversations courantes.

1. Le jansénisme de Bougainville était du même ordre que celui de Voltaire, de Mme de Pompadour et de toute la bourgeoisie parlementaire (Fallex, Préface du *Siècle de Louis XV*, p. XVI; *Mémoires* de Mme du Hausset, éd. Fournier, p. 90; Aubertin, *l'Esprit public au XVIIIe siècle*, p. 162 et suiv.). Dans les archives de la famille où Bougainville devait entrer par son mariage, nous avons trouvé des lettres d'excellents membres du clergé qui relèvent avec soin les nouvelles malveillantes pour les Jésuites, par exemple les accusations contre le P. Lavaur, l'adversaire de Lally-Tollendal.

2. « Cet ordre religieux avait eu l'intuition curieuse des services que les régions du Haut et du Bas-Mississipi pouvaient rendre à l'humanité. Ils avaient importé la canne à sucre dans les pays du sud et semé le blé dans l'Illinois » (Justin Winsor, *The Struggle in America, between England and France*, 1697-1763. Londres, Sampson Low, 1895, p. 447). — « On attribue communément aux Jésuites l'introduction au Paraguay de l'oranger, ... dont les fruits y couvrent parfois le sol sur un pied d'épaisseur... La nature et les Jésuites ont donné aux Paraguayens le moyen de vivre dans un heureux insouci, grâce au manioc, aux oranges, au maté et au tabac » (Théodore Child, *les Républiques hispano-américaines*. Paris, Librairie illustrée, 1891).

3. Cap, *Philibert Commerson*. Paris, Masson, 1861, p. 102-103. — Un autre biographe de Commerson, le Dr de Montessus, relève la justesse et l'impartialité de Bougainville dans son enquête sur les causes de cette révolution (*Martyrologe et biographie de Commerson*. Paris, ibid., 1889, p. 51).

« Le sieur Mercier est parti pour se rendre à Carillon, » écrit Bougainville entre le 6 et le 16 février; « et le sieur Lotbinière doit s'y transporter incessamment. M. le Mis de Montcalm a fait plusieurs fois et par écrit toutes les représentations que sa charge et les ordres du Roi le mettent en droit de faire, et auxquelles la conduite présente ne donne que trop lieu. Mais ses discours ont le sort des prédictions de Cassandre, et on ne lui fait pas l'honneur de le consulter. C'est le public qui, le plus souvent, l'instruit des opérations de guerre arrêtées par le Mis de Vaudreuil. »

L'expédition, composée presque uniquement des troupes de la colonie, devait être sous les ordres de « frère Rigaud. » Les troupes de France n'y figuraient que pour une part minime. Les grenadiers faisaient partie de la quatrième et dernière division marchant avec l'état-major. « A la vérité, » dit Bougainville d'un ton narquois, « on leur a promis qu'à la retraite ils feraient l'avant-garde. Ce que je remarque ici, c'est que les sottises s'y font avec conséquence pour la forme et pour le fond[1]. » Quant à savoir quelles étaient au juste les instructions de Rigaud, la demande était inutile. Interrogé par Montcalm, le partisan canadien répondait, en protestant de son regret, qu'il ne les connaissait point et qu'il ne les devait ouvrir qu'à la hauteur de St-Jean ou de St-Frédéric. « C'est du style de la marine transplanté sur terre, » observe Montcalm. Lorsque enfin Vaudreuil eut daigné les lui communiquer, il s'ensuivit une explication entre le général et le gouverneur, que Montcalm raconte par le menu à Bourlamaque et qui se termina par une invitation à dîner pour manger un mufle d'orignal, mais non sans laisser de nouveaux germes de dissentiment entre les deux chefs[2].

Si les officiers français regrettaient d'être écartés d'une aventure où leur présence au Canada leur permettait de figurer naturellement[3], le gouverneur, comme généralissime, était dans son droit d'y employer les forces que bon lui semblait. Mais il n'est pas moins vrai que, amour-propre à part, on pouvait lui reprocher de se lancer dans l'opération sans trop en calculer les suites. Il y eut, paraît-il, un grand gaspillage de vivres, alors que l'état-major français, y compris Lévis[4], protestait

1. *Journal*, 17 au 28 février.

2. 20 février 1757.

3. Parkman cite une lettre de Montcalm à sa femme, où celui-ci déclare que, s'il avait eu la direction du mouvement, il l'eût confié à Lévis ou à Bougainville (I, 456). L'abbé Casgrain remplace avec raison le nom de Bougainville par celui de Bourlamaque (I, 207).

4. Il remit même en ce sens un mémoire à Vaudreuil (*Journal* de Lévis, p. 81).

qu'on était sur le point d'en manquer et que les opérations sérieuses de la campagne d'été pouvaient s'en trouver compromises. Néanmoins, après des retards causés par toute sorte de contre-temps, entre autres par l'armement défectueux des miliciens[1], on arriva dans la nuit du 18 mars sous les remparts du fort Georges, qu'on ne put enlever par surprise et dont on se contenta d'incendier les abords. Mais la tentative ne se fit point sans prêter aux observations malicieuses des Français[2].

« Le 20, » dit Bougainville, « on fit traverser processionnellement le lac, à la vue des Anglais, à tout le détachement portant des échelles avec ostentation; et on envoya M. Mercier au commandant du fort le sommer de se rendre. M. Mercier lui dit qu'il était d'usage, entre nations policées, de s'avertir avant les escalades pour éviter le carnage; qu'il eût donc à se rendre et qu'il ne s'obstinât pas à défendre un terrain appartenant au Roi de France. Le sommé dut rire, et le sommant ignorait qu'une escalade est une action de surprise et que, la guerre une fois déclarée, le droit de propriété ou les prétentions ne font plus rien à la chose[3]. C'est que, pour ne pas être ridicule à la guerre, il ne suffit pas d'être homme d'esprit. Le commandant anglais, après avoir rassemblé les officiers de sa garnison pour gagner du temps et avoir celui d'évacuer en partie les magasins extérieurs, répondit qu'il voulait se défendre... Les Anglais avaient profité de notre négligence pendant notre sommation pour découvrir les hangars, afin que le feu ne se communiquât point au fort[4]. »

En définitive, le résultat de l'opération permit aux deux camps de

1. « Une grande partie des Canadiens étaient mal armés. Il a fallu s'occuper de faire réparer leurs armes pendant le séjour du détachement à Carillon; et cela sera toujours de même lorsque les officiers de milices n'en seront pas responsables et punis quand ils les conduiront mal armés » (Bougainville, *Journal*, 19 mars). Naturellement, l'abbé Casgrain déclare que « l'équipement des troupes... avait attiré l'attention particulière de Vaudreuil..., etc. » (I, p. 197).

2. « Pour tout dire, ils n'auraient pas été fâchés si l'expédition avait failli » (Casgrain, I, 196). La haute psychologie de l'historien ne s'élève pas encore jusqu'à comprendre le mot profond de M. de Falloux : « Si l'affaire tourne à bien, j'en serai heureux pour mon pays; si elle échoue, j'en serai heureux pour mon parti. » Mais ici Montcalm, avec son tact naturel, s'associa au sentiment général et même empêcha ses aides de camp de donner un bal jusqu'au retour des troupes. « Après le succès du parti, il sera plus convenable de donner des marques publiques de sa joie » (*A Bourlamaque*, 20 février 1757).

3. Cette phrase encore, si nous ne nous trompons, trahit moins le militaire que l'avocat.

4. *Journal*, 29 mars. Kingsford, qui ne semble pas connaître, d'ailleurs, le journal de Bougainville, dit que cet enlèvement s'opéra sous le feu de l'ennemi (IV, 16).

chanter victoire. « L'ennemi, qui était en état et volonté de nous primer dans cette partie, » perdit des approvisionnements considérables.

Mais, ajoute Bougainville, « le succès que l'on a eu dans cette expédition est une preuve que le Mis de Montcalm était fondé à ne vouloir qu'un détachement de 6 à 800 hommes au plus. Ils eussent rempli les mêmes objets avec plus de gloire, occasionné moins de dépenses et moins de consommation dans les vivres, et l'on pourrait être en état d'opérer à la première navigation. Il semble qu'à vouloir faire la sommation au commandant, elle ne devait avoir lieu qu'après avoir brûlé tous les dehors, y mettre un ton plus ferme, ne pas parler d'escalade et parler de réduire le fort en cendres et passer la garnison au fil de l'épée. Les Anglais ne manqueront pas de vouloir faire regarder dans les papiers publics cette sommation faite avec un aussi gros détachement et suivie de deux jours de séjour devant leur fort, comme la levée d'un siège. Il est même à craindre, telle importante que soit l'opération, qu'on ne la croie en Europe au-dessous de la dépense, et de ce que pouvait remplir un détachement de 1,600 hommes, détachement qui, pour l'Amérique, devait être regardé comme une véritable armée. » — Ajoutons que les sauvages étaient fort mécontents : « et, comme ils sont peu courtisans, ils en murmurent hautement ; ils comptent même dire leurs pensées en plein conseil, mais les interprètes ne rendront que ce qui sera agréable à l'assemblée. »

La prédiction se réalisa de point en point. Les Anglais, quoique réduits pour l'avenir à la défensive par la perte de leur flotte, firent sonner bien haut, comme une sorte d'échec[1], la retraite de l'expédition. Il ne faut donc prendre qu'avec les réserves dictées par la politesse les congratulations qui s'échangèrent à Montréal entre le gouverneur et les officiers français, même quand ces derniers affirmaient, avec l'accommodante diplomatie de Lévis, que, pour leur part, ils n'auraient « pu faire mieux[2]. » Mais, ce qui ajoutait probablement au sérieux de leurs réflexions, c'étaient les preuves nouvelles de corruption qui venaient de se trahir dès la mise en marche. Il n'était peut-être pas très

1. « Ils ont débité la dernière aventure du fort George comme étant absolument à leur avantage... Ils doivent parler ainsi : la forme de cette expédition est contre nous » (15 mai. — Voir les réflexions de Kingsford, IV, 13-14).

2. *Lettre au ministre*, 15 avril 1757. — « Le 10, jour de Pâques, on a lu un mandement de M. l'Évêque qui ordonne que, dimanche prochain, on chantera un *Te Deum* en actions de grâces de l'heureux succès de l'expédition dernière. Il est à remarquer que l'Évêque fait cet acte public sans l'ordre ni la participation du gouverneur général, qui n'eût pas osé le demander. Le mandement de l'Évêque est aussi ridicule que l'objet du *Te Deum* » (Bougainville, *Journal*, 1er au 13 avril). Montcalm ne se cacha pas d'exprimer ses doutes au ministre sur le gain définitif de l'opération (24 avril 1757, dans Kingsford, p. 16).

extraordinaire que l'on eût, un mois plus tôt, volé mystérieusement « la caisse royale » chez M. Varin[1], ni qu'un incendie propice eût failli liquider les comptes de M. Martel[2]. Ces commis étaient gens de maltôte, capables de tout. Mais il y avait plus étrange.

« J'ai oublié, en parlant du détachement de M. de Rigaud, » écrit Bougainville, « de dire que M. de Lusignan, commandant du fort de Carillon, un des plus anciens officiers de la colonie, un de ceux qui ont le plus de réputation[3], a profité de la triste circonstance où l'on était de se trouver dans un pays inhabité pour faire vendre du vin sur le pied de 1,200 livres la barrique, tandis qu'il ne vaut à Montréal que 100 écus, ce qui revient à 10 livres le pot; et l'eau-de-vie, qui vaut 25 livres la velte, mesure de quatre pots, 50 livres. Et un inspecteur des travaux a profité de la circonstance pour faire tuer une vache maigre, et il l'a vendue 30 sols la livre. Il faut convenir que cet esprit d'avidité, de gain, de commerce, détruira toujours l'esprit d'honneur, de gloire et l'esprit militaire. Tout ce qui se passe dans les colonies fait la critique de la *Noblesse commerçante* et confirme le système du Mis de Lassay et du président de Montesquieu pour un État monarchique[4]. »

Obligé de ne prendre dans les papiers de Bougainville que le nécessaire pour dessiner son caractère et montrer le dessous de certaines cartes dans les grandes opérations, nous ne pouvons donner une idée vraie de son journal. Les observations piquantes sur les mœurs des sauvages et les réflexions sur le cours de la guerre tiennent assurément plus de place que les inévitables récits de scandales. Les sauvages surtout l'intéressent, et, volontiers, il leur rend justice, quand ils ne sont pas en veine de caprices enfantins ou de cruautés[5].

1. « Il n'y a rien qu'on ne dise ici sur ce vol. Dieu veuille que le Roi n'essuie cette année que celui-là, qui se monte à 54,000 livres » (Bougainville, *Journal*, 6 février).

2. « Le 14, le feu prit à la maison du sieur Martel, qui vient de quitter la place de garde-magasin. On trouvait assez singulier que, dans le même temps, le trésorier fût volé et le garde-magasin incendié à la veille de rendre ses comptes; mais ce feu a été sur-le-champ éteint » (*Ibid.*, du 6 au 16 février).

3. Cf. Casgrain, I, 139.

4. *Journal*, 24 avril. La *Noblesse commerçante* de l'abbé Coyer, dont certaines pages semblent écrites d'aujourd'hui, avait justement paru au commencement de l'année 1756 (Paris, Duchesne); elle avait provoqué aussitôt des controverses et des réponses, telles que la *Noblesse militaire* ou le *Patriote français* (s. l., 1756) et la *Noblesse commerçable ou ubiquiste* (Amsterdam, 1756), attribuées, l'une à Sainte-Foix, l'autre à Marchand.

5. « Ils ont fait des visites fort tendres à leurs prisonniers, les caressant, leur portant du pain blanc, voulant voir s'ils ne manquaient de rien. Cependant, ils en ont mangé un dans ce camp. Il est impossible de l'empêcher. Dans l'après-midi, ils avaient consenti à ce que le Mis de Montcalm envoyât à Montréal leurs

Il s'amusait beaucoup, entre autres, du sérieux des femmes sauvages qui prenaient part à la politique de leur tribu et savaient habilement la concilier avec leurs intérêts personnels. Il y eut notamment, le 26 avril, un conseil d'Iroquois de la Présentation, où les deux sauvages que l'abbé Piquet avait montrés à Paris assistaient, « vêtus à la française de pied en cap. Pierre, l'un d'eux, portait la veste que lui a envoyée M. le Dauphin. Il m'a semblé voir Arlequin sauvage en perruque blonde et en habit galonné. » La forme de gouvernement qui régnait chez ces Indiens consistait en douze chefs de village, six chefs de guerre et douze femmes de conseil. La gravité avec laquelle les dames du conseil prenaient part aux délibérations « mérite d'être observée. Elles ont, au reste, le même crédit parmi les sauvages que les matrones avaient autrefois chez les Gaulois et les Germains[1]. » A Niagara, le capitaine Pouchot venait de recevoir leurs curieuses doléances. « Les dames du conseil l'ont prié d'avoir pitié d'elles; que, puisque leurs jeunes gens allaient en guerre, il fallait qu'il leur fournît leurs besoins; qu'elles n'avaient pas la main assez grande pour couvrir leurs nudités, et qu'il ne serait pas honnête qu'elles les montrassent. » On conçoit qu'un appel fait en ces termes à la bourse du Roi ne devait point rester inutile; et les donzelles ne pouvaient mieux s'y prendre qu'en mettant le brave et galant capitaine dans la nécessité d'ouvrir l'oreille, sous peine de fermer les yeux[2].

L'esprit de Bougainville, qui se reportait si souvent vers la France, s'envolait aussi par instants vers d'autres contrées, comme la Louisiane, où il rêvait de faire une excursion avant de regagner l'Europe. Il trouve au moins regrettable que le Mis de Vaudreuil, ancien gouverneur de ce pays, ne s'intéresse plus à ses nouvelles.

« Il est arrivé ici, le 9, un homme venant de la Louisiane. Il en est parti le 1er juillet, avec le convoi qui, tous les ans, est envoyé de cette colonie à l'établissement que nous avons aux Illinois. Il est reparti des Illinois la veille de Noël; et le voici enfin arrivé, ayant eu pour guides à travers les bois et les lacs des sauvages qu'il changeait de poste en poste. J'ai été étonné de voir ce courrier qui venait de si loin, d'une

prisonniers. Toutes les mesures étaient prises en conséquence. Deux heures après, ils ne l'ont plus voulu; et il a fallu faire tenir un conseil à minuit pour décider cette affaire importante. Ils y ont, une deuxième fois, consenti, à condition qu'on leur donnerait, par bandes ou particuliers, des reçus de leurs esclaves; que le Mis de Vaudreuil leur donnerait du pain blanc et des couvertes; et qu'à leur retour on les leur rendrait, à moins qu'ils ne les vendissent. Point de milieu avec ces barbares, ou des cruautés inouïes, ou les meilleurs traitements qu'ils puissent imaginer » (25 juillet 1757).

1. 27 avril.
2. 4 mai.

façon si peu commode, négligé à la porte de la chambre de M. de Vaudreuil, et à qui on ne faisait pas plus d'attention qu'à un homme qui arriverait de Versailles à Paris[1]. »

Au départ du courrier, la Louisiane ignorait encore la déclaration de guerre[2].

Comme nous l'avons dit, le problème qui laissait en suspens tout l'avenir de la prochaine campagne était la question des vivres. On mourait de faim dans la colonie, et l'on pouvait voir ici l'inconvénient du gaspillage qui avait accompagné l'expédition de Rigaud. « La misère est extrême à Québec, » écrit Bougainville du 12 au 15 mai. « Le pain y manque et le peu que l'on en a est de la plus mauvaise qualité[3]... Le défaut de vivres nous met hors d'état d'entrer en campagne. Tout projet d'offensive nous est impossible; la défensive même, si l'ennemi vient en forces, de bonne heure et de plusieurs côtés, ne l'est guère moins. » Enfin, le 10 juin, les convois de France apparaissent sur l'horizon. La famine, pour le moment, va cesser à Québec. En même temps, le gouverneur se décide à faire des recherches de grain, et l'on trouve « de quoi nourrir une armée de 12,800 hommes pendant un mois. »

« Si l'on eût fait cette recherche [conseillée par le Mis de Montcalm] deux mois plus tôt, le fort Guillaume-Henry serait maintenant à nous, et nous aurions été en état de pousser plus loin nos progrès; au lieu que l'expédition projetée est aujourd'hui fort incertaine. Mais cette recherche de grains était préjudiciable au munitionnaire général et à sa société, dont est le Mis de V. lui-même. On a donc attendu à l'extrémité, et le retard des vaisseaux de France a forcé de faire enfin une démarche conseillée dès le mois d'avril[4]. »

Bougainville et Montcalm se trompaient. Le Mis de Vaudreuil n'était point associé directement aux fripons qui volaient à qui mieux pis le Canada[5]; mais l'intendant Bigot leur appartenait au contraire beau-

1. 1er au 13 avril.

2. *Ibid.* — « Le commandant de la Louisiane mande qu'il y a deux ans qu'il n'a eu des nouvelles de France » (Malartic, 17 mai 1758).

3. Déjà, le 4 mars, « M. l'intendant a acheté de quatre particuliers 500 quarts de farine de Nérac. Il se propose d'en faire du pain pour l'officier. Il serait plus humain et plus militaire de mêler cette excellente farine avec d'autre de moindre qualité et d'en faire du pain pour le soldat comme pour l'officier. »

4. 26 au 30 juin. — L'abbé Casgrain, passant sous silence la proposition première de Montcalm, trouve le moyen de tourner l'incident à la gloire de Vaudreuil, en montrant avec quel empressement ce dernier suivait, — au mois de juin, — les avis de son rival (I, 220).

5. Encore faut-il rappeler que, pendant son gouvernement de la Louisiane, l'intendant Michel de la Rouvillière l'avait dénoncé formellement à Paris, l'ac-

coup plus que les deux Français ne voulaient se l'avouer encore. Néanmoins, Vaudreuil couvrait si obstinément le concert des friponneries de son indulgence qu'on ne saurait le disculper du résultat.

Avec les vivres et les renforts, les navires apportaient des lettres impatiemment attendues. Mais, disait mélancoliquement Bougainville, « quand on a été un an absent de sa patrie, devrait-on souhaiter en avoir des nouvelles[1] ? » Les siennes étaient tristes, en effet : la mort de son père et des soucis de famille dont la nature l'inquiétait d'autant qu'elle n'apparaissait pas clairement à travers la circonspection de la correspondance. Sa chère maman, Mme Hérault, avait aussi ses chagrins, auxquels il prend part avec une charmante effusion de cœur. Elle était du reste la protectrice de la famille[2] et l'entourait de soins d'autant plus méritoires que sa situation personnelle n'était pas très brillante[3]. Mais, d'autre part, comme il apprend que le beau-frère de Mme Hérault, M. de Moras, est nommé ministre de la marine, il s'empresse de lui adresser les mémoires dont nous avons parlé, qu'il avait mûris dans les loisirs de l'hiver.

« Je puis vous assurer que, du moment où j'ai appris que je servais dans son département, j'ai senti redoubler mon ardeur. Je voudrais lui pouvoir être de quelque utilité. Ce serait vous prouver mon attachement. Je me suis instruit depuis que je suis dans cette colonie de ce qui concerne sa situation, son gouvernement, son commerce, etc. Je vous envoie différentes réflexions relatives à ces objets. Si vous le jugez à propos, ce mémoire passera par votre moyen au ministre; sinon, vous le supprimerez. Il y a dedans des vérités que les premiers commis des bureaux n'ont pas laissé parvenir à la connaissance de ceux qui peuvent remédier au mal ; ils tirent parti de ce mal qu'il est de leur intérêt de rendre

cusant de tripotages, ainsi que la Mise de Vaudreuil (Gayarré, *Hist. de la Louisiane.* Nlle-Orléans, Magne et Weiss, 1847, II, p. 50-54). Et, quoique l'accusation fût probablement fausse, il se peut que l'attention de Bougainville ait été détournée sur lui, avant son départ de France, dans les entretiens qu'il avait eus avec l'intendant de commerce, M. de Gournay (Dussieux, p. 128).

1. 25 juin.

2. Pierre-Yves de Bougainville, quoique son honorabilité l'eût élevé au rang d'échevin de Paris (1741-1743), ne s'était pas enrichi dans son long notariat (1720-1754) et se trouva même sans fortune après avoir rendu ses comptes de tutelle à ses enfants (comptes et partages notariés des 31 décembre 1755 et 11 juillet 1757). Par une singulière ironie, l'étude paternelle de Bougainville, que Napoléon Ier appelait en plaisantant « Monsieur le royaliste, » est devenue l'étude des notaires de la famille impériale, Me Raguideau de la Fosse et Me Mocquard. — A ce propos, nous ne saurions trop approuver la demande souvent faite d'obliger les notaires à verser leurs titres aux archives, après un certain laps de temps.

3. Barbier, *Journal*, III, 211-212.

éternel. Au reste, ce mémoire en demanderait plusieurs autres détaillés sur des objets particuliers; mais c'est l'affaire de temps plus tranquilles et qui permettent de faire et de défaire. J'ai pensé seulement que Monsieur de Moras ne serait pas fâché de savoir le vrai de plusieurs choses dont il lui importe d'être instruit. En tout cas, ma chère maman, ce ne sera jamais ma faute si mes lumières ne répondent pas à mes intentions... Ces différentes occupations ont rempli mon temps pendant un hiver affreux et dans un pays qui ne m'offrait que des idées tristes, des sujets de regretter et un ennui invincible. »

Il profite de la rencontre pour demander qu'on plaide auprès du ministre la cause de Montcalm.

« Il ne tient pas à lui d'adoucir l'amertume de mon exil. Il me témoigne beaucoup d'amitié et la plus grande confiance. Quelquefois il me gronde, mais j'en profite, et mon caractère y gagnera. Me permettez-vous de vous dire, ma chère maman, qu'il s'en faut bien que la commission dont il est chargé ici soit aussi agréable que peut-être on se l'imagine? Vous verrez, par ce qu'il vous en écrit lui-même, qu'il n'a que trop de sujets de se plaindre. Il est sous les ordres d'un homme borné, sans talents, peut-être exempt de vices, mais ayant tous les défauts d'un petit esprit, rempli des préjugés canadiens, qui, de tous, sont les plus sots, jaloux, glorieux, voulant tout attirer à soi. Il ne témoigne pas plus de confiance à M. de Montcalm qu'au dernier lieutenant de l'armée. Il est même certain qu'il manque à cet égard à ce qui lui est ordonné par ses instructions. Cependant, je puis attester que mon général a vis-à-vis de lui la conduite la plus ouverte, la plus sage et la plus respectueuse; qu'il n'est point d'avances qu'il ne fasse tous les jours; enfin, que le service du Roi n'en souffre pas de sa part. Tous les chagrins sont pour lui; il les dévore dans le secret et le silence. »

Puis il parle du nouveau projet de campagne dont Montcalm doit aussi l'entretenir par lettre directe; et, dans une singulière prévision, il annonce le prochain massacre du fort Georges.

« Je vous dirai seulement que nous comptons sur deux sièges et une bataille, que votre enfant frémit des horreurs dont il sera forcé d'être le témoin. Difficilement pourrons-nous contenir ces sauvages des pays d'en haut, les plus féroces de tous les hommes et grands anthropophages de leur métier. Écoutez un peu ce que les chefs sont venus dire, il y a trois jours, à M. de Montcalm : « Mon père, ne compte pas que nous puis-
« sions aisément faire quartier à l'Anglais. Nous avons des jeunes gens
« qui n'ont point encore bu de ce bouillon. La chair fraîche les a ame-
« nés ici des extrémités de l'univers; il faut bien qu'ils apprennent à
« manier le couteau et à l'enfoncer dans un cœur anglais. » Voilà nos camarades, ma chère maman; quelle compagnie, quel spectacle pour un cœur humain[1] ! »

1. 30 juin 1757. — Nous aurons près de 8,000 hommes, écrit-il à son frère,

A son frère, Bougainville montre la chaude affection qui s'attache aux derniers débris d'une famille.

« Je reviens à vous, mon cher frère. Sans doute, je suis enchanté que vous m'assuriez fortement de votre tendresse pour moi. Ces assurances me sont précieuses et chères; mais croyez que je n'en ai jamais douté. J'ai pu me plaindre de n'avoir pas reçu de vos nouvelles; mais mon cœur vous rendait justice. »

Et il ajoute une profession de foi qui marque bien le fond de son vrai sentiment, car on la retrouve constamment dans ses lettres.

« Je sais bien qu'il ne tiendra pas à vous que je n'obtienne plus que je ne mérite. Au reste, je vous avouerai que, fort aise d'obtenir, si cela est possible, d'être refusé ne me rendra pas malheureux. Ce qui me touche le plus, c'est de mériter. Je ne travaille que pour avoir quelque considération, pour être digne de l'estime de ceux que j'honore, pour augmenter leur amitié, en un mot, pour avoir cette bonne renommée qui vaut mieux que ceinture d'or. Content du petit patrimoine qui nous est laissé, je ne désire point une plus grande fortune[1]. De valoir quelque chose, de rendre mon âme capable de toute épreuve, voilà l'objet de mon ambition. Mon séjour ici m'a encore plus attaché à tout ce que j'aimais en partant de France. »

« dont 1,800 sauvages, nus, noirs, rouges, rugissant, mugissant, dansant, chantant la guerre, s'enivrant, demandant du bouillon, c'est-à-dire du sang, attirés de 500 lieues par l'odeur de la chair fraîche et l'occasion d'apprendre à leur jeunesse comment on découpe un humain destiné à la chaudière. Voilà nos camarades qui, jour et nuit, sont notre ombre. Je frémis des spectacles affreux qu'ils nous préparent. »

1. Comme nous tenons à montrer ici la loyauté, la sincérité de Bougainville dans tous les sentiments qu'il exprime, nous raconterons un fait de beaucoup postérieur, qui n'en témoigne que mieux de la continuité de son désintéressement. Ce fait, traditionnel dans la famille, est d'ailleurs confirmé par une note du Bon de Bougainville que nous venons de retrouver et dont nous reproduisons l'essentiel. — D'Arboulin de Richebourg, président du directoire général des postes en 1791-1792, ainsi que nous l'avons dit, était immensément riche. « Ce M. de Richebourg, mort presque pauvre par suite de la Révolution [cf. Cheverny, *Mém.*, t. II, p. 347], devait cette grande fortune à la générosité de mon père (on pourrait presque se servir d'un autre terme), qui, institué par mon grand-oncle et parrain d'Arboulin son légataire universel, déchira le testament sur la parole de M. de R. que l'intention du testateur était de voir mon père renoncer à ses droits, comme ayant reçu postérieurement à la date du testament un don de 200,000 fr. — Plus tard, M. de R., pressé sans doute par le remords, nous fit 5,000 livres de rente viagère, à ma mère, à mon frère Amand [le second des quatre fils de Bougainville] et à moi. Nous n'en avons joui aucun et n'avons retiré que 15,000 livres de la succession Richebourg. » On jugera de la fortune en question par un détail. Richebourg avait fait construire, rue de Courcelles, le superbe Hôtel de Bragance, acheté plus tard (1841) par la reine Christine, et prétendait avec dédain que cet hôtel « faisait à peine chaussure à son pied. »

A ce propos, Bougainville, dans sa droiture et tout soucieux de l'honneur de la famille, est inquiet du rôle que son oncle joue dans les coulisses de la cour.

« J'ai beaucoup réfléchi sur le changement de ministère. J'ai cru voir que le Roi renvoyait M. le Cte d'Argenson à regret et qu'il sacrifiait M. de Machault aux mânes de la faveur de ce premier... On m'écrit de manière à jeter des nuages sur la conduite de mon oncle au sujet de la disgrâce de son cher comte[1]. Qu'en pensez-vous ? C'est une âme franche qui se connait en procédés, en sentiments, que j'interroge ici. Vous me direz comment cela vous a affecté. »

Enfin, Bougainville confie à son frère ses intérêts académiques, pour lesquels il est toujours en éveil.

« M. Bouguer m'écrit que la place vacante a été donnée à M. Borda. Mon absence me fait tort. Toutefois, je me recommande à vous pour les choses possibles en ce genre. Car, quelque désir que j'aie d'entrer dans ce corps illustre, je ne me repais pas de chimères. En vérité, je n'ai pas trop le temps de botaniser. En hiver, la neige couvre la terre. En été, la guerre, mon métier, les sauvages si on s'écarte : une plante ne vaut pas le risque de se faire lever la chevelure, et ils nous en ont levé à la vue de nos grandes gardes. »

Il termine en faisant, avec l'autorisation de Montcalm, les rectifications que nous avons signalées au récit du siège de Chouaguen, dont « M. l'académicien » venait d'envoyer quelques exemplaires[2]. Sur ce point, qui tenait, on peut le croire, fort à cœur aux officiers français, l'excellent d'Arboulin avait été d'un heureux secours. La *Gazette de France* avait publié son récit beaucoup trop dans le sens de Vaudreuil. Aussitôt, d'Arboulin et l'abbé de Bernetz, parent d'un des officiers de l'armée, lieutenant-colonel du Royal-Roussillon, avaient couru chez la Marquise et obtenu l'autorisation, pour J.-P. de Bougainville, d'insérer dans le *Mercure* et le *Journal de Verdun* une

1. Le bruit courait que d'Arboulin avait acheté, des mains d'un domestique, un billet de d'Argenson à Mme d'Estrades annonçant la prochaine disgrâce de Mme de Pompadour (*Mém.* de Mme du Hausset, éd. Fournier, p. 87). Marmontel indique aussi Mme d'Estrades comme la complice de d'Argenson (*Mém.*, éd. Tourneux, II, 25-27), et le duc de Broglie vient d'adopter cette version de la crise. Mais M. Louis Lacour (*Mém.* de Lauzun, 2e éd., p. 21) et M. de Goncourt, d'ordinaire si bien informé, désignent Mme d'Esparbès comme l'objet du complot, Mme d'Estrades n'ayant servi que de première et inutile amorce pour détourner le roi de la *robine,* dont le triomphe bourgeois humiliait les gens de cour en général et particulièrement le clan des d'Argenson (Goncourt, *Mme de Pompadour*. Paris, Charpentier, 1879, p. 251, et Didot, 1888, p. 193).

2. 3 juillet 1757.

seconde relation, dont on avait répandu le tirage spécial par toute la cour et la ville[1].

Le moment de la nouvelle expédition était venu. « Bougainville a besoin d'aller en campagne[2], » écrivait Montcalm ; et, sans doute, le général ne le souhaitait pas moins que l'aide de camp. Il fallut commencer par une longue suite de cérémonies sauvages. Le 10 juillet, au Saut-St-Louis, Bougainville, qui avait présenté sa candidature à l'adoption, fut solennellement déclaré membre de la famille des Iroquois.

« Depuis que je ne vous ai écrit, » dit-il à Mme Hérault dans une lettre du 19 août suivant, « j'ai beaucoup étendu votre famille, et, sans vanité, je vous ai donné d'assez vilains parents. Les Iroquois du Saut-St-Louis ont naturalisé votre enfant adoptif et l'ont nommé *Garoniatsigoa*, c'est-à-dire le *Grand Ciel en courroux*. Mon air céleste a donc l'air bien méchant ? Ma nouvelle famille est celle de la Tortue, la deuxième pour la guerre [venant après celle de l'Ours], mais la première pour les conseils et l'éloquence. Vous reconnaissez dans ce choix le frère d'un académicien et le prétendant à l'être[3]. »

Enfin, le 12 juillet, l'état-major se mit en route pour Carillon. Cette fois encore, on n'était pas sans appréhension. On entrait bien tard en campagne et l'on était dépourvu du nécessaire. Les sauvages étaient à la fois une nécessité et un encombrement. On ne pouvait se passer d'eux et l'on n'osait se fier à leurs renseignements[4]. On se trouvait également en peine de les retenir et de les nourrir[5].

1. *Montcalm à Bourlamaque*, 24 juin 1757. Dans cette même lettre, Montcalm ajoute : « Le petit Hérault a le régiment de Rouergue et a pris le nom de Séchelles. » C'est donc à tort que l'abbé Casgrain donne le nom de « Hérault de Séchelles » à Mme Hérault.

2. « Tête qui bout » (*Ibid.*, 26 juin 1757).

3. « Me voilà donc chef de guerre iroquois... On m'a montré à toute la nation, présenté le premier morceau au festin, et j'ai chanté ma chanson de guerre en partie avec le premier chef de guerre. Les autres m'ont dédié les leurs. J'ai visité toute ma famille et j'ai donné de quoi faire faire un festin à toutes les cabanes. » — Du reste, les frères de Bougainville étaient des chrétiens relativement civilisés, grands cavaliers, « car ils ont beaucoup de chevaux et les exercent continuellement, » et possédant en propre des volailles, des bestiaux et des champs cultivés par leurs femmes (11 juillet).

4. « Tous les rapports des sauvages sont faux ; ils ne vont pas où l'on veut qu'ils aillent, mais où ils veulent aller, c'est-à-dire où il n'y a aucun danger » (18 juillet).

5. « On leur en avait donné pour huit jours (des vivres). Mais ils ne savent pas les ménager et sont souvent forcés de jeûner. On a donné de la galette aux plus pressés, en leur faisant entendre, ce qui est vrai, qu'on se la retranchait » (16 juillet).

« D'ailleurs, ils manquent ici de tout; ni couvertes ni peaux de chevreuil, autres que de mauvaises; ni mitasses ni vermillon. Il faudrait que ceux qui envoient ainsi des sauvages à des armées où tout manque vinssent les commander eux-mêmes. Au reste, cet inconvénient, si préjudiciable au service du Roi, tient à la mauvaise constitution du gouvernement et est produit par l'avidité des sangsues de la colonie[1]. »

L'embarras n'était pas moindre pour les troupes de terre :

« On ne conçoit pas quelle peine il faut pour voiturer [à travers un portage] une artillerie considérable, 250 bateaux, des vivres pour six semaines, pour 10,000 hommes, le tout sans chevaux ni bœufs, à bras d'hommes. Aussi ne pourra-t-on pas apprécier en Europe le mérite des opérations faites en Amérique. La fatigue ne s'en conçoit pas, et il est impossible d'en donner une idée juste[2]. »

Il est inutile de rappeler les incidents de la fameuse campagne de 1757, qui aboutit à la prise du fort Georges, ou Guillaume-Henry, sur la rive sud du lac St-Sacrement, et que les aventures du *Dernier des Mohicans* ont rendue célèbre dans le monde entier. Il est vrai qu'entre l'histoire et le roman les différences sont profondes; mais l'histoire même est assez connue pour qu'il n'y ait pas ici lieu de la récrire. D'ailleurs, les historiens des deux camps, Parkman et l'abbé Casgrain, ne se sont guère servis pour la raconter que du *Journal* de Bougainville et de la lettre anonyme d'un missionnaire, le P. Roubaud[3]. Si nombreux pourtant que soient les emprunts faits à ce journal, avoués ou non[4], il y reste

1. 29 juillet.

2. 31 juillet. Encore aujourd'hui, ces mêmes réflexions, presque mot à mot, reviennent sous la plume des officiers chargés de nos expéditions coloniales. Voir, par exemple, la lettre du colonel Monteil à M. de Vogüé, dans la Préface de ce dernier, au voyage *De St-Louis à Tripoli, par le lac Tchad.* Paris, Alcan, 1895.

3. *Lettres édifiantes et curieuses*, t. VI, éd. de 1781.

4. Par exemple, pour les conseils avec les sauvages des 26 et 27 juillet, les deux auteurs, — l'abbé C. suivant toujours Parkman, — ne distinguent pas nettement les deux séances, que tous deux racontent fort au long (Parkman, I, 487-8; Casgrain, I, 238-242). Le discours de Pennahouel est du 26; et celui de Kisensik, du 27. En outre, l'abbé Casgrain reproduit, comme appartenant au *Journal* de Montcalm, que nous n'avons pas sous les yeux, de nombreux extraits qui appartiennent certainement en original à celui de Bougainville. Si ce n'est point une erreur d'attribution, au moins devait-il signaler l'identité. Ainsi, Montcalm, p. 225-6 = Bougainville, 24 juillet. — *Ibid.*, p. 232 : « C'est qu'au milieu des bois de l'Amérique... » = Boug., 27 juillet. — *Ibid.* : « Ceux qui avaient fait le coup... » = « Ceux qui ont fait le coup..., » Boug., 23 juillet. — *Ibid.*, p. 234 = Boug., 24 juillet. — *Ibid.*, p. 238 = Boug., 28 juillet. — *Ibid.*, p. 247 = Boug., 2 août. — *Ibid.*, p. 406 = Boug., 7 juillet 1758. — *Ibid.*, p. 439-40 = Boug.,

encore une grande quantité de détails inédits qui portent principalement sur l'emploi des sauvages. Mais on n'y peut revenir que dans une publication spéciale. Nous passerons donc les péripéties du siège pour arriver aux réflexions de Bougainville sur le massacre qui suivit la prise du fort, réflexions qui sont en grande partie cause de l'animosité qu'on lui témoigne.

Le 7 août, « à neuf heures du matin, après une double salve de la droite et de la gauche, » le Mis de Montcalm avait envoyé Bougainville porter au commandant du fort la lettre du général Webb interceptée le 5. Les Anglais ayant refusé de se rendre, les travaux d'approche avaient continué avec un redoublement d'ardeur. Deux jours après, le 9, à sept heures du matin, le fort arbora le drapeau blanc et demanda à capituler. Le colonel Young vint proposer au Mis de Montcalm les articles de la capitulation. « Je fus envoyé pour les rédiger et ordonner les premières mesures à prendre en conséquence. » Après avoir énuméré les articles qu'il venait de mettre par écrit, Bougainville continue :

« Je pense qu'on eût pu avoir ces troupes prisonnières de guerre et peut-être à discrétion. Mais, dans le premier cas, c'eût été 2,000 hommes de plus à nourrir, et la colonie manque de vivres; dans le second, on n'eût pu retenir la barbarie des sauvages, et il n'est jamais permis de sacrifier l'humanité à ce qui n'est que l'ombre de la gloire[1].

« A midi, le fort fut livré aux troupes de la tranchée, et, la garnison en étant sortie avec ses bagages, il fallut y laisser entrer les sauvages et les Canadiens pour piller tous les effets restants. A grande peine put-on conserver les vivres et munitions de guerre.

« Les troupes anglaises doivent rester dans le camp retranché jusqu'à demain. Malgré une garde de nos troupes que nous y avons mise, on n'a pu empêcher les sauvages d'y pénétrer et de piller. Tout a été

30 juillet. — *Ibid.*, p. 441 = Boug., 4 août, etc. Or, il est évident que le texte de Bougainville, criblé de ratures, est vraiment une œuvre d'auteur. Et, si Montcalm lui fait des emprunts, lorsque ses occupations absorbantes l'empêchent de tenir la plume (on dit, en effet, que plusieurs passages de ce journal sont de la main d'un copiste), c'est une suffisante confirmation de la véracité de l'aide de camp. Quelques passages aussi du *Journal* de Bougainville sont écrits par un tiers, mais en temps de paix et d'hivernage seulement, et point ceux-là.

1. « Avant de signer la capitulation, » écrit-il en marge, « le Mis de Montcalm a assemblé un conseil où ont été appelés les chefs de toutes les nations. Il leur a fait part des articles qu'il accordait aux assiégés, des motifs qui le déterminaient à les leur accorder, leur a demandé leur consentement et leur parole que leurs jeunes gens ne commettraient aucun désordre. Les chefs ont consenti à tout et promis de contenir leurs jeunes gens. L'on voit, par cette démarche du Mis de Montcalm, à quel point on est dans ce pays esclave des sauvages. Ils sont un mal nécessaire. »

employé pour les arrêter : conseil avec les chefs, caresses de notre part, autorité qu'ont sur eux les officiers et interprètes qui leur sont attachés. Nous serons trop heureux si nous obtenons qu'il n'y ait point de massacre. Détestable situation, dont on ne peut donner une idée à ceux qui ne s'y sont pas trouvés et qui rend la victoire même douloureuse aux vainqueurs !

« Le Mis de Montcalm s'est de sa personne porté au retranchement. Il y a fait les plus grands efforts pour[1] empêcher que l'avidité des sauvages et, je le dirai ici, de quelques gens qui leur sont attachés ne fût pas la cause de malheurs plus grands encore que le pillage. Enfin, à neuf heures du soir, il a paru que l'ordre était rétabli dans le retranchement. Le Mis de Montcalm a même obtenu qu'outre l'escorte convenue par la capitulation, deux chefs par chaque nation escorteraient les Anglais jusqu'auprès du fort Edouard. J'avais eu soin, en entrant dans le camp anglais, de recommander aux officiers et soldats de faire jeter le vin, l'eau-de-vie et toutes les liqueurs enivrantes : eux-mêmes avaient senti de quelque (*sic*) conséquence il était pour eux de prendre cette précaution.

« A dix heures du soir, je suis parti, par ordre du Mis de Montcalm, pour porter au Mis de Vaudreuil la nouvelle de la reddition du fort Guillaume[2]-Henry et la capitulation.

« Je suis arrivé à Montréal le 11, à quatre heures du soir. »

Nous avons reproduit ce passage en entier parce qu'il le faut lire attentivement. Bougainville y déclare d'abord qu'on a dû laisser entrer les sauvages et les Canadiens dans l'intérieur du fort Georges pour piller, suivant leur coutume[3]. C'était une règle, en quelque sorte, dans la colonie. Lors de la prise de Chouaguen, les uns et les autres avaient été fort désappointés de n'avoir pas le butin d'usage[4]; et l'on a vu que les sauvages étaient revenus très mécontents de l'ex-

1. Le mot « pour » terminant la page, l'encre de ce commencement de paragraphe, — depuis « Le Mis de Montcalm..., » — est un peu plus blanche, comme ayant été séchée précipitamment pour continuer au verso. Il est donc probable que Bougainville aura noté ses remarques, pour ainsi dire, au fur et à mesure de la journée et que ce paragraphe doit être postérieur de quelques heures au précédent.

2. Il semble que Bougainville se soit arrêté ce jour-là sur le mot « Guillaume, » qui terminait la page, au moment de s'embarquer en toute hâte pour Montréal. Le reste du passage cité : « Henry..., quatre heures du soir, » aurait été écrit en débarquant à Montréal. Après quoi, l'écriture et l'encre changent complètement.

3. Il le répète franchement dans son rapport officiel au ministre de la Guerre, 19 août 1757 : « Le reste fut abandonné au pillage; il eût été impossible de l'empêcher » (cf. Dussieux, p. 238).

4. Vaudreuil s'en était même plaint au ministre (Parkman, I, 460).

pédition commandée par M. de Rigaud[1]. Du fort, les sauvages se seraient en outre portés sur le retranchement où les troupes anglaises venaient de se retirer pour obéir à la capitulation. Mais, cette fois, le Mis de Montcalm et ses officiers, joints à la plupart des interprètes et officiers de la colonie, se seraient énergiquement opposés à toute nouvelle tentative de pillage, refrénant de leur mieux des appétits qui laissaient craindre les massacres du lendemain. Pourtant, derrière les sauvages, Bougainville entrevoit déjà l'intervention de quelques Canadiens, interprètes ou autres, sans scrupules, qui activent le feu et soufflent la désobéissance.

Le témoignage de Bougainville peut-il être récusé dans la circonstance? Cela nous paraît impossible. Si, dans les ennuis de l'hivernage, le jeune officier s'abandonnait quelquefois à ses rêves et se plaisait à construire des châteaux en Espagne[2], — dans toutes les Espagnes du globe qu'il allait bientôt parcourir, — ce n'était rien moins qu'un cerveau chimérique et visionnaire. Il jugeait de haut, avec sang-froid, fréquemment avec justesse, et nous avons vu ses informations précises souvent confirmées, jamais contredites[3]. Enfin c'est l'homme de confiance de Montcalm, qui ne se borne pas à l'appuyer chaleureusement auprès des ministres ou à lui emprunter des notes pour son propre journal, mais qui lui donnera plus tard des missions d'une intime délicatesse à remplir auprès des siens; et les enfants du général lui conserveront toute sa vie une affection profonde. D'ailleurs, Bougainville est chargé des relations officielles et va préparer celle qui doit instruire de l'événement le ministre de la guerre[4]. Il offre donc, par son caractère, toutes les garanties voulues pour donner créance à sa déposition. Ajoutez qu'il écrit sur le moment, jour par

1. Le Mercier avait prévenu les Anglais que, s'ils acceptaient de se rendre, les officiers devraient laisser de quoi satisfaire et calmer les sauvages, bien qu'il y eût d'ailleurs une escorte de réguliers suffisante pour protéger la garnison contre toute atteinte (Kingsford, IV, 12).

2. *Montcalm à Bourlamaque*, 6 avril 1758.

3. Nous ne trouvons à discuter jusqu'ici, dans ses lettres et son journal, que l'heure du départ de France, le 3 avril 1756, et à contester que la participation du Mis de Vaudreuil aux fraudes de l'administration, point sur lequel Bougainville lui-même émettra plus tard quelques doutes.

4. Il a même aussi charge des correspondances particulières. « Jugez vous-même si j'ai un moment à moi. Il faut que j'écrive aux deux Ministres, à la famille de M. de Montcalm et de M. le Ch[er] de Lévis, nos généraux, occupés des suites de la conquête, ne pouvant le faire, et qu'aussitôt je reparte pour Carillon. » *A son frère*, 19 août. — On supposera facilement que Lévis n'eût point choisi Bougainville pour envoyer à sa famille les nouvelles de la guerre, s'il n'eût largement partagé les appréciations intimes et les vues générales de son interprète sur le cours des événements.

jour et presque heure par heure. Le paragraphe où il raconte l'entrée des Canadiens et des sauvages dans le fort a dû être noté, comme le prouvent l'écriture et la couleur de l'encre, dans la journée même du 9. Le suivant a dû être écrit, soit dans la soirée, de neuf à dix heures, au moment de s'embarquer pour descendre le lac St-Sacrement, — avec la phrase où il est question de son départ inscrite par anticipation, — soit, chose bien invraisemblable quand on le lit posément, à Montréal, dès son arrivée, au plus tard dans les quarante-huit heures. Il est donc inadmissible que Bougainville, dans la presse et le tracas de ce grand jour ou du lendemain, ait inventé, sur l'instant même, un détail dont il n'aurait pas été témoin ou qu'il ne tiendrait pas directement de la bouche du Mis de Montcalm.

L'abbé Casgrain, pour dérouter aussitôt les soupçons, accuse Bougainville d'avoir laissé massacrer presque sous ses yeux les prisonniers anglais pendant cette première journée du 9. Le P. Roubaud raconte en effet que les sauvages, pénétrant dans les casemates du fort, après l'évacuation des troupes anglaises, égorgèrent les malades qu'ils y rencontrèrent; et l'historien canadien demande sévèrement à Bougainville compte de cette lugubre aventure, qui met en cause sa négligence. Malheureusement, l'hostilité du critique est par trop sensible. « Son antipathie pour tout ce qui était canadien n'est nulle part aussi visible que dans la relation qu'il a faite à distance de cet événement, » dit notre auteur à propos du massacre du lendemain[1]. Son antipathie, dirons-nous à notre tour, en parlant de l'historien et de la prise du fort Georges, pour tout ce qui touche à Bougainville, n'est nulle part aussi visible que dans le récit qu'il fait à distance de cet événement. Nous acceptons pour authentique le massacre des blessés dans les casemates, car nous ne voyons aucune raison d'en douter, quoique le P. Roubaud soit peut-être seul à raconter le fait; mais Bougainville n'y a pas l'ombre de responsabilité. Il a été envoyé le matin comme interprète, accompagné du Ch^er de Bernetz, L^t-colonel du Royal-Roussillon, son supérieur en grade, traiter de la capitulation; et manifestement, à cette heure, le commandement revenait à M. de Bernetz[2].

1. I, 284.

2. L'abbé Casgrain, s'appuyant sur le *Journal* de Lévis, déclare que Bougainville prit possession du fort Georges avec le Ch^er de Bernetz et sa garde de tranchée (p. 272), — ce qui est absolument contredit par tous les autres témoignages, — et que par conséquent il avait sous la main « l'élite des troupes françaises » pour empêcher le massacre (p. 285). Mais il ne s'aperçoit pas, même, à défaut de documents précis pour l'éclairer, que c'eût été une énormité de mettre un lieutenant-colonel sous les ordres d'un capitaine de dragons, auquel

Cependant Bernetz lui-même n'a aucune part blâmable à l'affaire, parce que le P. Roubaud dit expressément que le massacre eut lieu après l'entrée régulière des troupes françaises pour prendre possession de la place. Or, de l'ensemble des témoignages que l'abbé Casgrain pouvait se donner la peine de lire, il résulte que les signatures furent échangées vers midi, que les Anglais alors se retirèrent dans leur camp de refuge et que les troupes de la tranchée prirent possession du fort sous le commandement de Bourlamaque, le troisième grand chef de l'armée française. Ce serait donc à Bourlamaque que la faute incomberait. Mais Bourlamaque, grâce aux habitudes canadiennes[1], se trouvait impuissant à rien protéger, hors la poudrière et le magasin de vivres. Ici, l'abbé Casgrain dissimule de son mieux la vérité. Il n'avoue point qu'on dut abandonner le fort au pillage des miliciens[2],

la jalousie naturelle de ses camarades n'inclinait guère à reconnaître un mérite exceptionnel, puisque, deux ans plus tard, son avancement en grade excitait encore des murmures. Désandrouins désigne formellement Bourlamaque (p. 97). — Bougainville, qui ne prévoyait certes pas l'abbé Casgrain et qui n'a pas dû fausser les pièces d'avance, ne s'est pas étendu sur son rôle plus qu'il ne le fait d'habitude; mais il était probablement revenu dans la tranchée après avoir donné ses conseils aux Anglais pour le défoncement des pièces de vin et de rhum. Et, dans sa relation officielle, c'est également à Bourlamaque qu'il attribue le commandement (Dussieux, p. 136). Lévis a commis une double erreur de nom et d'heure pour la prise de possession : l'abbé garde l'erreur de nom par malveillance et rectifie l'heure exagérément, sans se douter que, plus il recule le moment de l'entrée (deux heures, dit-il, au lieu de onze heures, marquées par Lévis), plus il rend improbable la présence, à la tête du fort, d'un simple officier d'état-major occupé de son courrier et de ses préparatifs de départ.

1. *Montcalm au ministre*, 28 août 1756 (Dussieux, p. 122).

2. Ce qui ne l'empêche pas de demander plus loin pourquoi Bougainville ne parle pas de l'égorgement des malades du fort Georges, où il partageait le commandement avec Bourlamaque (!), ainsi que de deux prisonniers massacrés la semaine précédente (2 août), après qu'il les eut interrogés. « Il est singulier qu'il ne fasse aucune allusion ni à l'un ni à l'autre de ces deux faits. Serait-ce parce que le sang avait jailli trop près de lui? » (I, 298). Inutile de réfuter l'invention ridicule d'un partage de commandement entre le colonel de Bourlamaque, — dont l'auteur est forcé de constater enfin la présence, — et le Cap° de Bougainville, à seule fin de pouvoir incriminer celui-ci. Bourlamaque n'était pas homme à supporter le moindre empiétement d'attribution (voir la lettre de *Lévis à Montcalm*, 6 sept. 1759). Quant à Bougainville, nous savons qu'il ne raconte pas tout dans son journal, surtout lorsqu'il est très affairé. Il eût sans doute complété son récit de la prise du fort, s'il était resté le lendemain sur les lieux. Mais, pour l'affaire du 2 août, il la raconte entièrement : « Les sauvages ont perdu deux hommes et fait trois [et non deux] prisonniers. *Suivant leurs dépositions, les ennemis venaient de recevoir un renfort de* 1,200 *hommes; ils savaient de la veille que nous étions en marche pour les attaquer.* CES PRISONNIERS ONT ÉTÉ MASSACRÉS LA NUIT MÊME, PAR LES SAUVAGES PARENTS DES MORTS » (!!).

mais il est obligé de convenir que les sauvages massacrèrent encore des malades dans les tentes du camp retranché, dès l'aurore du lendemain, alors que Bougainville se trouvait déjà loin sur le lac St-Sacrement, faisant route pour Montréal. Pourquoi ne met-il pas aussi ce massacre à la charge de Bougainville?

Donc, le 11, à quatre heures du soir, le jeune aide de camp débarque à Montréal.

« La nouvelle que j'apportais a fait une sensation d'autant plus agréable qu'un courrier, parti du fort G.-H. [Guillaume-Henry] trente-six heures avant moi et arrivé seulement trois heures devant, y avait jeté l'alarme en disant que l'ennemi se défendait : chose qui paraissait aux Canadiens extraordinaire et très inquiétante. Plusieurs, cependant, ont été peu flattés de la prise, parce que les Anglais n'étaient point prisonniers et qu'on n'avait point marché sur-le-champ au fort Lydius[1]. Ces mêmes gens avaient toutefois recommandé de ne point faire de prisonniers, la colonie étant hors d'état de les nourrir. Sans doute, il eût fallu du sang pour les contenter. Mais à Dieu ne plaise que des Français se prêtent à de pareils désirs! A l'égard de l'entreprise contre le fort Lydius, des obstacles invincibles nous ont empêchés d'y songer : le défaut de munitions de guerre et de bouche; la difficulté d'un portage de six lieues à faire sans bœufs ni chevaux, avec une armée épuisée presque par la fatigue et la mauvaise nourriture; le départ de tous les sauvages des pays d'en haut, auxquels 500 lieues à faire, sur des lacs et des rivières qui gèlent, ne permettaient pas de rester plus longtemps; la nécessité de renvoyer les Canadiens à des récoltes déjà mûres; 16,000 hommes rassemblés sous le fort dont on se figurait la conquête si facile; voilà ce qui a arrêté l'armée du Roi dans sa course[2]. Si la recherche de grains pratiquée enfin avec succès au mois de juillet eût été ordonnée dès le mois d'avril, ainsi que l'intérêt de la colonie l'exigeait, notre campagne eût commencé six semaines plus tôt; l'ennemi n'eût pas eu le temps de rendre sa défensive aussi forte; les difficultés ci-dessus exposées n'eussent pas existé, et j'ose dire qu'aujourd'hui le fort Lydius serait à nous. Mais cette recherche de grains était contraire aux intérêts du munitionnaire; et ce munitionnaire n'est que le prête-nom de la grande société de laquelle est le gouverneur général lui-même. C'est ainsi qu'on sert le roi dans cette colonie. »

A ce dernier égard, une fois encore, Bougainville se trompait, car le Mis de Vaudreuil ne bénéficiait point personnellement des fraudes commises durant son administration.

1. Ou fort Édouard.

2. Les raisons que Bougainville développe ici, dès son arrivée à Montréal, sont celles qu'indique aussi Désandrouins (p. 99-100); leur accord montre l'unanimité de vues qui régnait sur ce point dans l'armée française et que Vaudreuil avait tant de peine à accepter.

Quelques jours plus tard éclate à Montréal la nouvelle du massacre. « Une partie du malheur que nous redoutions est arrivée. La capitulation est en apparence violée et l'Europe entière nous obligera de nous justifier[1]. » Bougainville résume alors les nouvelles sans y ajouter de détails que nous voulions relever ici. Il ne faut donc point s'étonner qu'après cette impression première Bougainville, revenant peu après sur cette triste scène, y ajoute un soupçon qui a déchaîné contre lui la fureur des Canadiens patriotes. « Il accuse les interprètes d'avoir soudoyé les sauvages, contredisant ainsi les témoins oculaires les plus dignes de foi, acteurs eux-mêmes qui n'ont eu que des éloges à leur faire. Il s'en prend à Vaudreuil de ce qu'à Montréal les sauvages ont pris et mangé un de leurs prisonniers. Or, comme l'observe très bien Désandrouins, le gouverneur n'avait en ce moment à sa portée aucune troupe pour conduire ces barbares. La ville de Montréal était absolument à leur merci, et il n'y avait qu'une seule chose capable de les tenter et de leur arracher des prisonniers : c'était l'eau-de-vie. Etait-il possible de leur en fournir sans qu'ils commissent des horreurs ? Il est même étonnant que, dans de telles conditions, ils n'aient fait qu'une victime[2]. » — Relisons le texte de Bougainville.

« Cependant, les sauvages arrivent en foule à Montréal, avec environ 200 Anglais. M. de Vaudreuil les gronde d'avoir violé la capitulation ; ils s'excusent et rejettent la faute sur les domiciliés. On leur annonce qu'il faut qu'ils rendent ces Anglais pris injustement et qu'on les leur paiera deux barils d'eau-de-vie pièce. Mais ce rachat se fait nonchalamment. Les Canadiens leur achètent les dépouilles des Anglais. Pour de l'eau-de-vie, ils font de très bons marchés ; et cette liqueur, le dieu des sauvages, abonde dans leur camp. Ils se saoûlent, et les Anglais restés dans les cabanes meurent cent fois chaque jour. Le 15, à deux heures après midi, en présence de toute la ville, ils en tuent un, le mettent à la chaudière et forcent ses malheureux compatriotes à en manger. Je croyais qu'aussitôt à leur arrivée le gouverneur général leur aurait déclaré que, jusqu'à l'entière reddition des Anglais, ils n'auraient ni présents ni même de vivres ; que, sous les peines les plus sévères, il eût défendu aux habitants de leur vendre ni donner de l'eau-de-vie ; que lui-même aurait été visiter toutes les cabanes et en aurait arraché les Anglais. Je le croyais accoutumé, comme je le suis, à la façon de penser des Européens. J'ai vu le contraire, et mon âme a plus d'une fois frémi des spectacles dont mes yeux ont été les témoins[3].

1. « Du 12 au 31. »
2. Casgrain, I, p. 284-285.
3. L'abbé Casgrain n'est même pas capable de comprendre ce passage. « Bougainville, qui avait épousé toutes les antipathies de Montcalm contre Vaudreuil, blâme fortement ce gouverneur de ne pas avoir interdit aux commerçants de

« Croira-t-on en Europe que les sauvages ne sont pas seuls coupables de l'horrible infraction de la capitulation; que le désir d'avoir les nègres et autres dépouilles des Anglais a déterminé les gens qui sont à la tête de ces nations à leur lâcher la bride, peut-être même à faire plus; qu'on voit aujourd'hui un de ces chefs, indigne du nom d'officier et de Français, promener à sa suite un nègre enlevé au commandant anglais, sous le prétexte d'apaiser les mânes d'un sauvage tué, en donnant à sa famille chair pour chair? C'est assez parler d'horreurs dont je voudrais que le souvenir pût être effacé dans la mémoire de tous les hommes. *Heu! Fuge crudeles terras, fuge littus iniquum*[1]. »

A cette déposition, où Bougainville parle surtout de ce qu'il a vu de ses yeux à Montréal, l'abbé Casgrain oppose le témoignage de Désandrouins et du P. Roubaud, ainsi que d'autres plus vagues, mais tous également unanimes à déclarer que chacun, dans la circonstance, fit son devoir. La vérité absolue n'est pas facile à connaître. On ne saurait, croyons-nous, faire abstraction complète des témoignages anglais; car, si les Anglais ont un intérêt évident à nous charger, nous avons un intérêt non moindre à repousser l'accusation. Et, comme on ne peut admettre qu'il y ait une vérité patriotique et différente pour chaque bord de la Manche ou de l'Atlantique, on est forcé de chercher une solution qui s'accommode du pour et du contre. Les dépositions des Anglais sont trop précises pour n'avoir pas un fond de réalité[2]. De notre côté, toutefois, les preuves immédiates, circonstanciées, qui les appuient semblent décidément absentes[3].

la ville, sous les peines les plus sévères, de vendre de la boisson aux sauvages; mais il se contredit lui-même en admettant que Vaudreuil avait dû racheter à ce prix les Anglais. A quoi eût servi cette défense, puisqu'il avait à l'enfreindre lui-même? » (I, 298). — Tout au contraire : Bougainville n'admet pas qu'on rachète les Anglais capturés déloyalement. Il veut qu'on prenne les sauvages par la famine, — ou mieux par la soif, — pour les obliger de rendre les prisonniers gratis. Vaudreuil ne devait-il pas, du reste, écrire au ministre, quelques jours plus tard, que les sauvages, comprenant leur faute, avaient ramené à Montcalm 400 prisonniers, « avec les plus grandes soumissions et les plus grandes excuses de la part des chefs? » (Dussieux, p. 245-246).

1. *Journal*, « du 12 au 31. »

2. Seulement, elles ne distinguent pas entre les officiers canadiens et français, ou même entre Canadiens et Canadiens, ce qui peut amener une injuste confusion.

3. C'est pourquoi Montcalm dut engager avec les généraux anglais toute une correspondance officielle (Casgrain, I, 350). Quelle que fût son opinion personnelle, il ne pouvait, ayant rempli son devoir avec générosité, que repousser énergiquement l'accusation. Après avoir fait ratifier la capitulation par les sauvages, après avoir obtenu que quelques-uns de leurs chefs accompagneraient les Anglais pour plus de sûreté, après avoir commandé une escorte, que pouvait-il davantage? Il pensait que ses ordres seraient ponctuellement exécutés. M. Kings-

Si la justice de l'histoire ressemblait à celle des tribunaux, ce serait le cas de renvoyer l'affaire avec un verdict de *not proven*. Mais il nous paraît insuffisant de s'en contenter en matière d'honneur; et, quand on lit posément entre les lignes, il n'est pas impossible de concevoir comment l'événement s'est passé. Désandrouins, dont l'abbé Casgrain fait un éloge aussi vif que mérité, — ce qui lui interdit, aussitôt, de récuser le témoignage de cet ingénieur dans les occasions nombreuses où il appuie Bougainville et où il se montre hostile aux Canadiens, — écrit, sur ce point tout spécial, pour le grand public, à qui personne, dans l'état-major français, ne se souciait, le cas échéant, de révéler l'histoire brutale[1]. Seulement, ayant vu les Canadiens à l'œuvre, le 9 août, Bougainville pense que les interprètes auront excité sous main les sauvages à piller et peut-être à faire pis; mais ce dernier point n'est qu'un soupçon. D'ailleurs, les interprètes, voyant le pillage tourner au massacre, ont de leur côté pu fort bien essayer d'y mettre terme, par remords de conscience ou par crainte d'un châtiment. Il est au moins étrange, on en conviendra, qu'au lendemain du jour où l'on avait craint un premier égorgement, alors que Montcalm avait cru devoir exiger, pour surcroît de précaution, la présence d'au moins deux chefs par nation sauvage dans l'escorte des Anglais jusqu'au fort Lydius, il ne se soit trouvé malheureusement, dit Désandrouins, pour assurer l'ordre au moment

ford, tout en rendant hommage à son caractère, prétend ne pouvoir le disculper de la double infraction commise à Chouaguen et au fort Guillaume-Henry (p. 64); mais il ne peut nulle part démontrer que Montcalm ait approuvé ces massacres indignes, et, bien au contraire, il reconnaît que le général accourut à la première nouvelle pour y mettre terme (p. 66). « Cependant, il eût fallu, » nous dit-il, « faire avancer un corps de troupes régulières. » Nous ne pouvons juger à distance de ce que l'on pouvait tenter. Les troupes françaises, en dehors de l'escorte, étaient occupées à détruire le fort; sur ce point, le témoignage du P. Roubaud paraît infiniment vraisemblable. Mais nous savons que Montcalm et ses officiers firent tout leur possible, et nous n'ignorons rien de leur sentiment sur ce triste chapitre. Aussi, deux ans plus tard, Bougainville put-il répondre à son tour au colonel Barré qu'à cet égard les Français se tenaient pour parfaitement justifiés aux yeux de l'Europe (Kingsford, IV, 259). Et Gérald Hart déclare (p. 77-78) que, de l'aveu de plusieurs historiens anglais, on ne peut rien leur reprocher (cf. Mante, *History of the late War in North America*, p. 95-97; Bradley, *Wolfe*. Macmillan, 1895, p. 156).

1. On ne saurait trop regretter que la famille de Désandrouins n'ait pas cru devoir laisser publier ses papiers *in extenso*. En pareil cas, les diverses parties d'un dossier s'éclairent les unes les autres et facilitent les conclusions. Les mémoires de Montbeillard, non plus, ne doivent, paraît-il, jamais être imprimés. Si cette réserve des familles est dictée par le scrupule de ne pas nuire aux Canadiens, elles doivent se rassurer, car, désormais, la vérité nous est assez connue pour qu'il n'y ait plus de scandale à la savoir tout entière.

du départ, « aucun officier canadien ni interprètes, qui ont généralement du pouvoir sur l'esprit des sauvages[1]. » Il ne sert pas d'ajouter qu'« on avait essuyé beaucoup de fatigues pendant le siège, » et que « tout le monde reposait tranquillement, » puisqu'il suffisait d'une dernière corvée de quelques heures pour avoir ensuite le droit de dormir en toute sécurité de conscience. Bougainville incline à croire que le désir d'avoir les nègres au service des officiers anglais fut l'une des causes de cette trahison. Or, Désandrouins reconnaît que tous les nègres qu'on put saisir furent « enlevés sans scrupule » dès le « premier moment de confusion[2]. » Enfin, Bougainville n'est pas le seul officier qui ait émis ces tristes soupçons. Le Capne Pouchot, à Niagara, en écrivait autant, soit qu'il eût entendu le bruit circuler dans l'armée française, soit qu'il crût naturellement les Canadiens capables de manquer à ce point de parole[3]. Et, néanmoins, les propensions

1. P. 108. Cependant, ces officiers et ces interprètes avaient promis de se charger des Indiens, « s'obligeant de les contenir » (p. 104). Et, qui mieux est, aux termes mêmes de la capitulation, ils devaient se trouver au rendez-vous pour escorter les Anglais jusqu'au fort Édouard. Bougainville, notant sur l'heure même, dans son journal, les propositions dont il venait d'être porteur, pour la reddition du fort Georges, revient sur cette clause qu'il ajoute en interligne par les mots que nous soulignons : « Ils [les Anglais] seront conduits au fort Lydius, *escortés* par un détachement de nos troupes *et par les principaux officiers et interprètes attachés aux sauvages.* » Vaudreuil convient aussi que les Anglais devaient partir « à la pointe du jour, avec une escorte, tous les officiers et interprètes attachés aux sauvages » (*Vaudreuil à Paulmy*, septembre 1757, Dussieux, p. 245). Néanmoins, Bougainville, dans le post-scriptum de sa lettre au ministre annonçant la nouvelle du massacre qu'il recevait à l'instant, dit que les Anglais, dans leur précipitation, « voulurent se mettre en marche avant que notre escorte fût rassemblée et disposée. » Évidemment, les premiers détails arrivés jusqu'à lui n'étaient pas exacts. Mais, quoique Vaudreuil reproduise cette excuse, le récit de Désandrouins montre que l'escorte était formée; que l'officier français, le Cape de Las, se trouvait à son poste; et que ce dernier, pour sa part, avait même organisé de son mieux le défilé (voir également, en ce sens, le récit du P. Roubaud). Bougainville et les autres officiers de l'armée s'étonnèrent aussi que les Anglais n'eussent pas fait « bonne contenance » et tenu les sauvages en respect en les menaçant de leurs armes. Mante déclare même positivement que Montcalm encouragea les Anglais à tirer sur les Indiens (p. 696); et, chose étrange, nous ne voyons personne relever son témoignage si peu suspect et si favorable aux Français, si conforme au sentiment qu'ils durent exprimer sur le terrain comme ils continuèrent de l'exprimer plus tard. Mais, comme l'observe Pouchot, d'une façon générale, « la position de ces troupes était sans doute fort embarrassante, parce qu'elles pouvaient croire que les Français les attaqueraient si elles se battaient avec nos sauvages » (I, 105-107); et, dès lors, indépendamment de la terreur qui les paralysait, ceux qui fuyaient ou qui n'étaient pas à portée de nos officiers devaient rester en suspens dans l'angoisse et le doute.

2. P. 106.

3. « Peut-être furent-ils sollicités par leurs interprètes français, qui, fâchés

canadiennes de Pouchot étaient si flagrantes qu'elles éveillèrent quelque temps la méfiance de Montcalm[1]. On remarquera d'ailleurs que l'honnête Désandrouins, dont les idées s'accordent singulièrement au fond avec celles de son ami Bougainville, ne put s'empêcher d'infliger ce jour-là une verte mercuriale aux interprètes à propos de l'indiscipline de leurs sauvages[2], et que, l'année suivante, devenu plus sceptique, il n'hésitait pas à les accuser d'être vendus aux Anglais et de pousser les Indiens à la désertion. Il regrette même alors qu'on ait perdu l'habitude de les mener à coups de bâton, excellent moyen, selon lui, pour obtenir ce que l'on veut des sauvages[3].

Quant à la conduite du Mis de Vaudreuil pour le rachat des victimes[4], il faut se souvenir que Bougainville estimait depuis longtemps qu'on laissait aux Indiens trop de licence et qu'en leur montrant un peu de fermeté, on les eût rendus plus maniables. Il s'irrite que le gouverneur ait fermé les yeux sur un acte d'atrocité commis devant toute la ville et qu'il ait racheté à l'amiable des prisonniers auxquels les sauvages devaient reconnaître eux-mêmes n'avoir aucun droit. Vaudreuil pouvait-il agir autrement qu'il ne fit? Nous ne saurions aujourd'hui prononcer en toute connaissance de cause; mais nous

de voir les Anglais s'en retourner sans profiter d'aucun butin, comme ils avaient fait à l'affaire de Braddock, les encourageaient à prendre leurs équipages » (I, 106). Et, qui pis est, Pouchot n'hésite pas à rendre son soupçon public, tandis que Bougainville, ce semble, n'a jamais cru que son journal pût être imprimé tel quel.

1. *Montcalm à Bourlamaque*, 23 mars 1759. — L'abbé Casgrain, dans un autre ouvrage, le regarde comme « l'un des officiers les plus distingués de cette guerre » (*Voyage au Canada... fait depuis l'an* 1751 à 1761 *par J. C. B.* Québec, Léger-Brousseau, 1887, Introd., p. 6). M. Gaffarel dit que Vaudreuil se défiait de lui (p. 227); mais le passage cité prouve seulement que le gouverneur lui préférait en principe les Canadiens.

2. P. 114.

3. P. 211. Cf. Bougainville, *Journal*, 13 juillet 1758 : « Grand vice dans la constitution de ce pays que ce ne soient pas des officiers, c'est-à-dire des gens qui en aient les sentiments avec le nom, qui servent d'interprètes. C'était ainsi autrefois. Maintenant, cette fonction, qui donne le plus grand crédit sur les sauvages, est abandonnée à des âmes viles, mercenaires, cruelles... »

4. « Tous ceux qui furent enlevés à Montréal, » dit le Ch^er^ de Lévis avec son impartialité ordinaire, « M. le Mis de Vaudreuil les racheta fort cher des sau- « vages et les renvoya à Boston » (Casgrain, t. I, p. 285). — On ne voit pas ce que vient faire ici l' « impartialité ordinaire » du Ch^er^ de Lévis, car Bougainville dit exactement la même chose : « Les Anglais rachetés enfin des sauvages ont été envoyés à Québec, où l'on arme plusieurs paquebots qui les conduiront à Halifax. Le Roi, outre les Anglais pris au fort Guillaume-Henry, a aussi racheté les prisonniers faits sur le lac Saint-Sacrement dans l'affaire du 24 juillet, lesquels, suivant les lois de la guerre de ce pays, appartenaient aux sauvages » (1er au 10 septembre 1757).

rappellerons que, quelques jours plus tard, « avant de quitter Montréal, un Outaouais avait tué un Français dans une ferme appartenant à l'hôpital général. Le Mis de Vaudreuil a fait demander le meurtrier. Les nations l'ont livré au sieur de Saint-Luc, qui l'était allé chercher à la Chine avec un détachement de 30 hommes. Le grand chef des Saulteux l'a lui-même amené à Montréal, où on l'a mis au cachot. Les nations sont parties persuadées que son procès lui sera fait et qu'il aura la tête cassée [1]. » L'année suivante, à pareille date (13 août), sept autres sauvages Sauteurs ou Folles-Avoines furent livrés de même par leurs nations et condamnés à mort pour avoir assassiné deux Français. On en fusilla trois à Montréal et les quatre autres à Carillon. « Cet acte d'autorité, » déclare Désandrouins, « prouve qu'on peut la pousser aussi loin qu'on veut vis-à-vis des sauvages [2] » et montre en même temps que, lorsqu'ils sentaient avoir tort, ils ne faisaient pas grande difficulté de le reconnaître.

Le 22 août, Bougainville retournait à Carillon pour rendre compte à Montcalm de sa mission et de l'expédition du courrier. Il y trouva une tout autre discipline : on y passait par les verges les soldats qui procuraient de l'eau-de-vie aux Indiens.

Le 1er septembre, le général et l'aide de camp revinrent à Montréal.

IV.

Un second hiver s'ouvrait pour notre Parisien exilé sur les bords du Saint-Laurent. Pour la seconde fois, il eut à prendre congé des

1. 29 août. Cf. *Montcalm à Bourlamaque*, 30 août.

2. P. 211. — Les précédents gouverneurs étaient probablement moins timorés que Vaudreuil et moins pressés d'abreuver les sauvages de leur dangereuse liqueur favorite. En 1751, les Indiens de l'Acadie s'étant emparés d'un bateau anglais chargé d'eau-de-vie, de cidre, de bière et autres rafraîchissements, les officiers accoururent, jetèrent plusieurs quarts d'eau-de-vie à la mer; et M. de St-Ours, sur l'ordre du gouverneur, reprit aux sauvages leur butin, en échange, « au pis aller..., de quelques bagatelles, » pendant que M. de Bailleul délivrait l'équipage (*La Jonquière au ministre*, 1er mai 1751, Arch. des colonies). — « Les sauvages, dans l'ivresse, tuent impunément, parce qu'ils en sont quittes pour dire qu'ils n'avaient point d'esprit. D'ailleurs, quand cette même ivresse est passée, ils savent fort bien se plaindre que l'on profite barbarement de leur faible, puisqu'on les met tout nus, ainsi que leurs femmes et leurs enfants » (*Duquesne au ministre*, 31 octobre 1753, ibid.). — C'était une règle élémentaire de les soustraire à la tentation ; et, en 1754, Villiers ne voulut point quitter le fort Nécessité, qu'il venait de prendre, avant d'avoir « cassé les futailles de boissons pour obvier aux désordres qui seraient infailliblement arrivés » (rapport de Villiers, dans le *Précis des Faits*. Impr. royale, 1756). Notons au surplus qu'une fois ivres les sauvages étaient les premiers à se méfier les uns des autres (Parkman, *Conspiracy of Pontiac*, I, 336).

siens, comme le voyageur qui s'enfonce dans les solitudes du pôle, sans espoir de nouvelles jusqu'au retour du printemps. Cette fois encore, au travers des nouvelles qui se suivent à bâtons rompus, ses lettres s'imprègnent d'un sentiment d'affection vive et de cordialité naïve pour tous les siens. Dès le 19 août, il écrivait à Mme Hérault :

« J'arrive de la guerre, ma chère maman, porteur de bonnes nouvelles et chargé par mon général, qui n'en a pas le temps, d'en écrire les détails aux ministres... Je souhaite de tout mon cœur que vous soyez contente de l'histoire et de l'historien. Je repars dans l'instant pour Carillon et je suis en vérité très fatigué. J'ai passé vingt nuits sans me déshabiller, mal nourri, la terre pour lit. Je suis surpris d'avoir aussi bien supporté ces fatigues excessives : cela me donne de l'orgueil pour ma santé... M. de Montcalm, » dit-il encore, « a, pendant le siège, reçu le cordon rouge ; il semble que, depuis que M. de Moras est en place, M. le Mis de V. le traite avec plus de considération. Je ne parle que de l'extérieur. Puisse-t-il enfin le consulter et suivre ses avis. »

A son frère, il écrivait ce même jour : « Ma santé est robuste, puisque ces fatigues extrêmes ne l'ont pas trop dérangée, quoique le jour que nous fîmes l'investissement de la place je sois trois fois tombé évanoui de lassitude. » Et, le chargeant de colporter ces nouvelles chez tous ses amis, il ajoute : « Car je n'écris à personne : en un mot, mon cher frère, faites-moi écrire partout. » Puis il passe à l'Académie des sciences, qu'il ne néglige ni de près ni de loin.

« J'oubliais de vous dire que j'ai reçu une lettre de Clairault, par laquelle il me paraît qu'on aimerait mieux à l'Académie me voir demander une place d'associé libre qu'une d'associé ordinaire. De tout mon cœur, en vérité. L'idée d'une pension future ne me touche aucunement. Je ne veux que l'honneur d'être d'un corps auquel j'ai consacré les premières années de ma vie. La carrière dans laquelle je suis aujourd'hui pourra peut-être me donner des occupations d'un genre tout différent des études académiques, et je serais peu en état de remplir des devoirs réels et auxquels je serais désespéré de manquer. »

En septembre[1], il adresse à sa chère maman une seconde lettre, où il se plaint que la guerre le prive de ses nouvelles. « Les Anglais ont jusqu'à présent pris la moitié des vaisseaux destinés à ce continent. Encore s'ils rendaient les lettres! » Heureusement, il a des nouvelles plus directes, grâce à l'excellent capitaine de port de Québec, qui revient de France.

« J'ai enfin vu notre ami Pellegrin. Je dis notre, car il me semble

1. Par une distraction bizarre, la date est restée en blanc sur l'original, commencé sans doute plusieurs jours avant celui du départ.

que ma chère maman a bien voulu le recevoir avec amitié. Aussi avez-vous fait la conquête de ce bon Hyperboréen. Je crois, ma foi, qu'il laisserait sa femme pour vous. Il m'a dit d'abord qu'il avait pris Bonhomme[1] pour votre frère et que vous étiez bien belle. Vous jugez du plaisir que m'ont fait tous ces détails. Sur votre beauté, ils ne m'ont rien appris; mais j'ai vu par eux que vous vous portiez à merveille. Je n'ai encore vu Pellegrin que trois heures : ainsi je n'ai pas eu le temps de le questionner un centième[2] de ma curiosité...

« Le changement dans le ministère de la marine m'a procuré ici nombre de révérences auxquelles j'ai répondu par d'autres révérences. Je n'en suis cependant pas mieux avec M. le Mis de Vaudreuil. J'ignore ce qui l'a indisposé contre moi. Mais il l'est beaucoup. Est-ce parce que je vois trop clair, parce que les apparences ne m'éblouissent pas, parce que je commence à être un peu instruit? Est-ce aussi parce que je suis attaché à mon général? Car il a trouvé mauvais cet attachement à une personne à laquelle mon devoir me lie. Dans tout cela, ma chère maman trouve-t-elle de quoi gronder son enfant? Je n'ai à me reprocher ni indiscrétion ni propos trop libre. Aussi ai-je bien vite pris mon parti sur ma disgrâce. Je crois être obligé à m'instruire, autant qu'il sera en moi, de tout ce qui concerne cette colonie; M. de Moras en est le ministre, et je vous dois tout. Vous pouvez être sûre que tout ce que je dis et dirai sera la vérité. Si cette vérité offense quelques personnes, tant pis pour elles... »

Il revient ensuite sur l'affaire du fort Guillaume-Henry; mais il n'en parle qu'à mots couverts, sans entrer dans les détails, avec une réserve intentionnelle qui n'est point le fait d'un calomniateur; et pour expliquer son désir, — que partageait du reste Montcalm, — de quitter au plus tôt le Canada.

« Croiriez-vous que cette abominable action des sauvages au fort Guillaume-Henry a des complices parmi des gens qui se disent originaires de France; que l'avidité du gain, la certitude de tirer de ces sauvages à très bas prix tout le pillage qu'ils auraient fait sont les premières causes d'une horreur que l'Angleterre ne manquera pas de nous reprocher longtemps? Grâces au ciel, nos officiers sont sans tache à cet égard; plusieurs ont risqué leur vie dans cette occasion; ils ont partagé tout ce qu'ils avaient avec les malheureux Anglais, et ces derniers disent que, si jamais ils sont dans le cas de nous assiéger et prendre, il y aura deux capitulations : une pour les troupes françaises et l'autre pour les Canadiens[3]. Voilà d'affreuses vérités, ma chère maman. Mais que de

1. Le jeune Hérault.

2. L'abbé Casgrain, qui a reproduit quelques lignes de ce passage (II, 68), écrit « un cinquième. »

3. Au dire de Walpole, les Anglais auraient scalpé Vaudreuil s'ils s'étaient emparés de sa personne; et, jusqu'à la fin de la guerre, ils se répandirent en

spectacles plus affreux encore ont souillé mes yeux et répandu dans mon âme une amertume ineffaçable ! Puisse la mémoire de ces abominations s'éteindre ! Quelle terre ! quels peuples ! Mon exil durera-t-il encore longtemps ? Au nom de l'amitié que vous voulez bien avoir pour moi, faites en sorte, ma chère maman, que, si la guerre dure, la campagne prochaine soit pour moi la dernière dans ce pays. Que l'on m'avance, que l'on ne m'avance pas, je serai toujours content, pourvu que je vous revoie et la France. Il n'y a rien à apprendre ici. On ne peut même s'y éprouver et savoir si l'on est brave. Les Anglais ne se défendent pas et la moitié de l'année se passe dans l'inaction. »

Montcalm, pour sa part, écrivait à Mme Hérault[1], de son style alerte et décousu :

« ... Il me paraît... qu'une lettre du marquis de Paulmy, mon cordon rouge, ont donné de la confiance pour moi. Cela durera-t-il ? je n'en sais rien. Si Monsieur de Moras écrit un mot et que j'aie quelque lettre de lui approbative dont je puisse faire usage, où il paraisse, comme dans celle de M. de Paulmy, que j'ai dit beaucoup de bien des Canadiens et de frère Rigaud, cela ira bien. Il va être gouverneur de Montréal. Assurez Monsieur de Moras qu'il a très bien fait. Cette place vaut onze à douze (*sic*). Il faut la laisser toujours aux officiers de la colonie. Mais ce doit être les colonnes d'Hercule, à moins de talents qu'on ne trouvera ni à frère Rigaud ni à ceux qui le suivent, d'ici à quelques années. D'ailleurs, de braves gens, bien courts de lumières... Ah ! si je voulais

menaces de vengeance qui terrifiaient les Canadiens (Casgrain, II, 277). Ceci répond à l'objection de Désandrouins que les Anglais n'auraient pas manqué « d'user de représailles à notre égard, s'il leur fût resté quelques ressentiments contre nous » (p. 110). — Les Anglais ne se plaignaient pas des Français, qui leur avaient rendu tous les bons offices possibles. « Ils le publient et ils s'en louent, » écrit encore Bougainville à son frère sur ce douloureux sujet ; « mais ces sauvages et ces autres plus que sauvages sont nos alliés, et leur infamie souille notre gloire. Mon frère, nous avons tous le cœur ulcéré, au point que, dans un moment d'indignation, les officiers de nos troupes voulaient demander à faire seuls la guerre de leur côté et refusaient pour compagnons d'armes des monstres capables de nous déshonorer. Il s'est passé dans cette occasion des traits de fureur et de bassesse incroyables que l'on ne peut écrire et que je voudrais du meilleur de mon cœur pouvoir oublier. Mais, malheureusement, je n'ai que trop vu moi-même et trop entendu. Je vais plus loin. L'air qu'on respire ici est contagieux, et je crains qu'un plus long séjour ici ne nous fasse prendre les vices de gens auxquels nous ne communiquons aucunes vertus » (17 septembre 1757). Rappelons qu'il s'est trouvé des Canadiens, cités par le P. Sommervogel (p. 97-98), pour rejeter la catastrophe sur Montcalm et l'accuser avec toute la perfidie possible.

1. 13 septembre. — L'abbé Casgrain, pour une raison malveillante que l'on verra plus loin, attribue cette lettre à Bougainville. La pièce conservée est un duplicatum de la main d'un copiste, non signé, mais avec un mot corrigé de l'écriture de Montcalm. D'ailleurs, le texte ne prête à aucun doute.

ne pas faire de dettes ici, je le pourrais. J'en serais peut-être plus aimé et je pourrais en dépenser davantage. Mais je ne changerai sur rien de conduite. Je la crois bonne. Faisons bien la guerre. J'aime mieux que Monsieur de Moras ou la vente d'une terre paie mes dettes que d'être de la grande société. Brûlez ma lettre. J'ai très à me louer de M. Bigot. Il est homme d'esprit, travailleur, de la ressource, une dépense aussi noble que grande, il s'occupe bien de ses amis et de leur fortune. Je crois qu'il retournera en France riche, mais il sert bien le Roi[1]... En un mot, puisque j'ai entrepris une carrière épineuse, je veux l'achever comme je l'ai commencée en 1756 et soutenue en 1757. Je vous parle, Madame, avec la liberté d'un soldat qui sait mal farder la vérité[2]. »

Novembre venu, on échangea les derniers adieux. Montcalm écrivit une longue et chaleureuse lettre au Mis de Paulmy en faveur de son jeune compagnon[3].

« Monseigneur, vous connaissez le sieur de Bougainville, un de mes aides de camp. Il ne vous aura pas échappé qu'il a de l'esprit et du talent. Je puis vous assurer que sa tête est bien militaire et qu'en joignant à la théorie qu'il avait déjà de l'expérience, ce sera un sujet de distinction. Vous pourrez l'employer en Europe à son retour dans les divers états-majors de l'armée et le renvoyer dans les diverses parties du monde où le Roi sera obligé de porter la guerre. Après vous avoir parlé de ses talents pour le métier, je crois pouvoir vous répondre de la droiture de son cœur et de son attachement inviolable pour vous, Monseigneur ; et je le regarde comme un de ces sujets qu'il faut que le Ministre de la guerre ait à lui plus particulièrement. A quelque général que vous le donniez par la suite, il vous en saura gré ; pour moi, j'en demanderai toujours la préférence, quand je serai chargé de quelque besogne particulière. »

Il réclamait aussitôt pour Bougainville un brevet d'aide-major général des logis, qui donnât le moyen de l'avancer sans avilir les grades supérieurs par leur multiplication, « sans tirer à conséquence, et en lui faisant faire un service qui, jusques à présent, a toujours mené à obtenir une commission de colonel. Vous penserez peut-être, Monseigneur, » disait-il en terminant, « que j'aurais dû, pour le succès de ma demande, en parler à M. le Mis de Vaudreuil ; mais je m'en

1. Montcalm réitère l'éloge de Bigot dans sa lettre à Moras du 19 février 1758 (Dussieux, p. 250).

2. Déjà, au printemps, Montcalm avait chargé Mme Hérault d'une communication secrète pour le ministre (cf. *Lettre à Bourlamaque*, 28 juin 1757).

3. Cette lettre, que nous avons en duplicatum non daté, est annoncée le 1er novembre par Montcalm à J.-Pierre de Bougainville, auquel il demande d'écrire une relation des événements de la dernière campagne. « Au reste, Monsieur, il ne me manque que d'être Alexandre ou de faire de grandes choses, car, grâce à vous, j'aurai pour historien mieux que Quinte-Curce. »

suis bien gardé et je l'écris à M. de Moras, il s'y fût opposé. Si la demande est accueillie, il en témoignera de la satisfaction. »

Bougainville enfin se sépara de Mme Hérault par une dernière lettre où son caractère se peint sous une couleur charmante, avec son mélange de sens et de fantaisie, de nostalgie et d'exquise tendresse. On nous pardonnera sans doute d'en reproduire d'un peu longs extraits[1].

« Voici donc la dernière fois de l'année, ma chère maman, qu'il me sera permis de causer avec vous. Depuis huit jours déjà, la neige a couvert cette terre malheureuse et les frimas vont se joindre aux autres rigueurs que nous promet l'hiver de huit mois. Pendant, je vais penser à vous, à la France, m'instruire, faire profiter mon âme du malaise de la machine. A mon retour, ma chère maman, vous me trouverez une créature un peu singulière, philosophie intermittente, les mêmes passions qu'auparavant, mais plus d'accès de sagesse, assez de réflexion, de beaux projets, mais en général une faible exécution. Que voulez-vous? Ces lieux si propres à faire naître et à entretenir la mélancolie, ces objets qui se succèdent toujours tristes, hideux, horribles même, la nature de ce monde brut et, plus encore, le naturel des habitants, quel théâtre, quel spectacle, quel champ pour les idées misanthropiques, quelle carrière pour les regrets et les désirs ! L'espoir de quitter cet exil revient, la scène[2] s'éclaircit, les idées s'égayent, l'illusion commence, mais elle meurt aussitôt, et l'image du présent anéantit l'espérance de l'avenir. Voilà, ma chère maman, la situation de votre enfant, état de crise et qui exigerait une âme à plusieurs étages. L'idée d'être un peu aimé de vous, de mériter votre estime est la seule qui me soutienne. Tout se rapporte à cette idée dominante. Je ne fais rien que je m'imagine que vous êtes présente, que vous me regardez, que vous allez ou me condamner ou m'approuver. Vous êtes mon juge et ma récompense. Ai-je tort, ma chère maman, de penser ainsi ? Et, si je puis parvenir à valoir quelque chose, en serez-vous flattée? Je vous l'avouerai : vos sentiments seront pour moi la pierre de touche de ma valeur intrinsèque, et mon ambition s'éteindrait si vous cessiez de vous intéresser à moi. »

Il se plaint ensuite de n'avoir reçu qu'une seule fois de ses nouvelles. Il ose dire que c'est bien peu ; puis il félicite son « camarade, » le fils de Mme Hérault, d'avoir enfin le grade de colonel.

« Nous le tenons, ce régiment tant désiré. Je souhaite qu'il ait servi cette campagne et que la couronne de lauriers de Monsieur Bonhomme soit cet hiver changée en myrte. Je ne vois plus rien qui puisse arrêter le mariage ; j'attends la nouvelle de son accomplissement. Que deviendra

1. « A Québec, le 8 novembre 1757. »
2. Peu lisible. L'écriture est d'un copiste qui a dû écrire « la scenne. »

le nouveau ménage? Bonhomme vous quittera-t-il? Il n'y a donc point de roses sans épines! »

Hélas! la plus cruelle épine de cette rose devait être assurément la naissance du fils qui traînerait un jour à la Convention et sur l'échafaud le nom créé sous ces heureux auspices.

« Je vous remercie, ma chère maman, » continue Bougainville, « de m'avoir gardé une petite chambre auprès de vous. Ne me renvoyez pas, je vous en prie; un Iroquois tient si peu de place! Une natte, une couverte, un calumet. En vérité, cela ne fait pas un attirail embarrassant. Et puis, je fais un magasin d'histoires. Je tâcherai d'amuser ma belle maman. A propos, mon frère a-t-il trouvé un moyen de vous faire apprendre l'histoire grecque? Je me souviens que c'était, suivant lui, la chose impossible. Oh bien! je vous l'apprendrai, moi; car, en vérité, les sauvages sont, à peu de chose près, les Grecs d'Homère. J'ai retrouvé Achille, Ajax, Ulysse, Nestor, Calchas, mais tout crachés. Nous avons bien aussi quelques Bréséïs, mais on ne se boude pas pour elles. Ce n'est pas qu'elles n'en vaillent la peine, mais nous ne sommes ni jaloux ni exclusifs.

« J'ai été ravi que la santé de M. de Chevert lui permît de servir et qu'il ait une aussi bonne part à la victoire d'Emstembeke [Hastembeck]. Encore quelques événements et le bâton est à lui. Pour moi, ma chère maman, je le vois bien loin de moi. Cependant, il faut tâcher de monter une marche. Monsieur de Montcalm écrit aux deux ministres sur mon compte. Il vous écrit aussi et vous envoie les copies de ses lettres aux puissances. Je ne vous demande rien. Je suis bien sûr que ma chère maman fera tout ce qui dépendra d'elle. Seulement, si la guerre continue, je voudrais qu'à la fin de la campagne prochaine il me fût permis d'aller vous voir. Mais, pour cela, il faudrait que Monsieur de Moras parût désirer que M. de Vaudreuil me chargeât de porter, au mois de novembre, les paquets à la cour. Alors, je reviendrais en Canada au printemps de 1759; et, la paix faite, je resterais ici pour les limites, si l'on voulait m'employer à cette besogne, ou je visiterais les colonies anglaises et la Louisiane avant que de repasser en France. Si la paix se fait cet hiver ou une suspension d'armes, dans ce cas mon ballot serait ou d'être adjoint à la commission pour le règlement des limites ou d'avoir un ordre du ministre pour parcourir tout le pays qui s'étend depuis Québec jusqu'à la Louisiane, en prendre des connaissances exactes et diriger ma marche pour le retour par la Floride, la Géorgie, la Caroline, jusqu'à Boston. J'arriverais un an ou quinze mois plus tard; mais je me serais rendu utile et j'aurais pris des notions exactes de pays qui vont devenir plus intéressants que jamais. Telles sont mes vues, soumises toujours à ce que vous penserez. Pourvu que ma chère maman ne m'oublie et qu'elle m'aime, le reste m'est à peu près indifférent. »

Il revient alors sur les mémoires qu'il adresse par son intermédiaire au ministre.

« Peut-être n'ai-je pas le sens commun... quand je raisonne, mais les faits que j'expose sont exacts, et le ministre de la marine doit vous avoir obligation d'être instruit par vous de vérités qu'autrement il lui serait difficile de savoir. Il est essentiel que les différents mémoires que je vous adresse lui soient remis directement et que les bureaux n'en aient ni connaissance ni soupçon. Il est de leur intérêt d'étouffer cette timide vérité, et jusqu'à présent ils n'ont que trop réussi[1]. »

Parmi ces mémoires, il en était un qui ne manquait pas d'originalité, pour s'emparer de la baie d'Hudson.

« M. de Maurepas avait cette entreprise fort à cœur. Tous les officiers de cette colonie la désirent. M. Bigot m'a chargé de dire qu'il l'approuvait et que l'intérêt du pays demandait qu'on la fît. Vous lirez le projet, et j'ajouterai la réflexion suivante. Je ne pense pas que les autres puissances voient d'un coup d'œil tranquille Minorque entre nos mains. Prenons la baie d'Hudson : à la paix alors nous la gardons ; personne ne peut s'établir à Chouaguen qui est détruit ; le fort Duquesne et la Belle-Rivière nous restent ; les Apalaches forment de ce côté la limite ; nous rendons Minorque aux Anglais, qui nous rendent en échange l'Acadie. Pour lors, nous aurons fait une belle paix et tiré parti de la guerre sans donner d'ombrage aux puissances de l'Europe. Si ce projet était mis à exécution, je demanderais à en être : un brevet et le commandement des troupes de débarquement ou bien le détail de ces troupes sous le chef d'escadre ou le capitaine de vaisseau le plus ancien. Je ne redoute ni les glaces ni les Anglais. Nous réussirions. Mais, de quelque façon que la chose tournât, j'ose vous répondre que vous n'auriez point à rougir de votre enfant. Pour officier d'artillerie, le sieur de Monbeillard, excellent officier du corps royal, détaché en Canada, ou le sieur Jacquot, lieutenant dans la compagnie des canonniers de la colonie[2]. »

Après le chapitre toujours abondant des mémoires et projets, vient celui non moins important des sollicitations, car Bougainville termine rarement une lettre sans solliciter pour nombre de gens, et ses recom-

1. Il faut se garder de croire que les bureaux de nos colonies aient changé de procédés depuis l'Ancien Régime. Maintenant encore on est obligé de transmettre directement au ministre des documents essentiels par voie détournée (*le commandant Fournier à l'amiral Courbet*, 1er janvier 1884, lettre publiée dans le *Figaro* du 7 août 1895).

2. On sait que le projet fut mis à exécution par Lapérouse, en 1782, à la tête d'une escadre où commandaient sous ses ordres MM. Fleuriot de Langle et de la Jaille, et dont M. de la Monneraye nous a conservé les souvenirs dans son journal de bord (amiral de Langle, *Rev. mar. et col.*, avril 1889). — M. Justin Winsor fait ressortir l'importance que l'on attachait alors à la Baie d'Hudson, moins pour le commerce des pelleteries que dans l'espoir d'y prendre appui pour découvrir le fameux passage du nord-ouest (*Struggle in America*, p. 2).

mandations sont consciencieuses. Pour le sieur Jacquot, par exemple, après en avoir développé tout au long les mérites, il ajoute : « Je compte rendre un service à l'État, en faisant connaître cet homme aussi vertueux que bon militaire. » Mais surtout il s'intéresse à son ami Marcel, le troisième aide de camp de Montcalm, dont il parle en ces termes :

« Je vous recommande toujours mon camarade Marcel pour qu'il ait les mêmes appointements que moi. Il n'en a aucuns et il en mérite beaucoup, car il est pauvre et est fort utile à mon général; je dirais volontiers plus utile que moi[1]... Le bonhomme Pellegrin compte toujours sur vos bontés; vous verrez qu'il est de moitié dans le projet de la Baie. J'ai fait une tournée avec lui pour reconnaître la défensive dont les deux rives du fleuve sont susceptibles. Il m'a enchanté. C'est toujours le même homme; il ne lui manquait, pour être parfait à mes yeux, que de vous avoir vue. Tous mes recommandés n'ont pas été aussi heureux. J'avais donné une lettre pour vous à cet infortuné La Rigaudière. Son aventure[2] m'a tellement effrayé que j'ai impitoyablement refusé des lettres à tous ceux qui, en partant d'ici, m'en ont demandé. Que sais-je, moi, s'il ne leur prendra pas la fantaisie de faire quelque grosse sottise? J'ai cependant excepté le P. Bonnecamp, que mon frère vous présentera.

1. « Je vous conjure, ma chère maman, de vouloir bien vous intéresser pour les lui faire obtenir de M. de Moras tels que je les ai. C'est un bon sujet, qui sert ici très utilement, qui d'ailleurs n'a rien. Enfin, c'est mon camarade, et je serais enchanté qu'il vous eût cette obligation » (*A Mme Hérault*, 30 juin 1757). Marcel était un ancien sergent qui n'avait de traitement que ce que lui donnait Montcalm. « N'allez pas croire, Madame, » écrivait celui-ci le 10 septembre 1757, « que je suis un général européen qui met dans sa poche la paie de ses aides de camp. Je fais mieux; je paie le troisième de ma poche jusqu'à ce qu'il plaise au ministre de lui donner des appointements. » Lévis également employait pour le sien le crédit de Bougainville. « Je vous demanderai la même grâce pour M. de Fontbrune, capitaine au régiment de la marine, qui sert d'aide de camp à M. le Ch^{er} de Lévis. M. de Lévis écrit une lettre à Monsieur de Moras pour le demander, que je joins ici, en vous priant de l'appuyer de votre recommandation » (lettre du 30 juin 1757). Mais Fontbrune mourut avant d'être admis à émarger (lettre du 8 novembre). L'abbé Casgrain, dans une intention que l'on appréciera bientôt, néglige soigneusement d'indiquer ce rôle de solliciteur général que Bougainville remplissait pour tout le monde. — Il ne faut pas oublier qu'en Angleterre le traitement des officiers était aussi réduit au minimum. Wolfe conseillait à Lord Shelburne de vivre sur sa pension de jeune homme et d'emprunter au besoin pour abandonner sa solde à ses camarades nécessiteux.

2. Sur la mésaventure de La Rigaudière, qui était reparti en 1756 pour la France, chargé de recommandations et d'un petit castor à remettre au ministre, voir coll. Faucher de St-Maurice, t. IV, p. 81; Luynes, t. XV, p. 218-219; et *Montcalm à Bourlamaque*, 10 juin 1757.

C'est un Jésuite qui n'en a que la robe; vous trouverez seulement qu'il parle un peu vite[1].

« Je prie mon frère de vous faire des visites absolument en mon nom. Il est heureux ; il vous voit tous les jours ; c'est encore moins que je n'y pense[2]. Je vous supplie de vouloir bien présenter mes hommages à toute votre famille. J'espère que Madame Bonhomme voudra bien m'adopter pour camarade et m'envoyer une cocarde. J'ai pris la liberté de lui envoyer un ouvrage sauvage ; il est de ma famille. Adieu, ma chère maman ; s'il en est temps encore, donnez-moi de vos nouvelles cet hiver par la voie de Louisbourg. Adieu, votre pauvre Iroquois vous aime de tout son cœur. »

Pendant ce long hiver de 1757-1758, Bougainville traîna son ennui, rongeant son frein avec plus d'impatience encore que l'année précédente. Le 10 septembre, il était parti de Montréal pour Québec. Le Mis de Montcalm voulait prendre ses dispositions pour veiller au maintien de la discipline, en perspective de la disette qui se préparait. Le général reçut, en février, par la voie de Louisbourg, avant de rentrer à Montréal, une lettre ministérielle de Moras qui le froissa profondément. Elle était « remplie de leçons sur la manière de se conduire avec les Canadiens et les sauvages; » et Bougainville, froissé comme son chef, écrivit aussitôt à sa chère maman, sur un ton plus vif que d'habitude. « A Dieu ne plaise, » disait-il, « que nous voulions disputer la valeur des Canadiens... Dans les bois, derrière les arbres, nulles troupes comparables aux naturels de ce pays. » Mais l'on ne pouvait nier les actions dont les Français avaient été

1. Parkman fait un grand éloge du P. Bonnecamp, hydrographe et mathématicien, dont il analyse le journal de route pendant l'expédition de Céloron de Bienville (I, p. 39-62). Malgré la singulière façon dont Bougainville présente ce Jésuite à une Parisienne, qui n'était pourtant point du camp janséniste, le P. Bonnecamp, différent en ceci du P. Roubaud, que nous avons déjà rencontré lors de l'affaire du fort Georges, resta fidèle à son ordre jusqu'à sa mort, en 1790, au château de l'amiral de Tronjoly, qui l'avait ramené en France. Seulement, le R. P. Sommervogel, qui a bien voulu nous communiquer ici quelques détails, place ce retour en 1759, tandis que la lettre de Bougainville le met en 1757.

2. J.-P. de Bougainville accompagnait souvent Mme Hérault tantôt à Séchelles, tantôt à Beaumont, où elle devait se trouver en ce moment, chez un de ses cousins, neveu de Moreau de Séchelles. A Beaumont, Bougainville avait cette petite chambre dont il rêvait au Canada. « Elle est pour moi la terre promise ; mais que le désert qu'il faut traverser est long !... C'est à ce Beaumont que nous vous revîmes, pour la première fois, à notre retour d'Angleterre. Un moment pareil ne reviendra-t-il jamais pour un malheureux expatrié que la seule idée de son retour fasse tressaillir? Il n'y aura donc plus de mauvaises plaisanteries sur le colombier?... Sérieusement, j'aimerais mieux aider à démolir ce fort des pigeons que ceux de Lydius et du lac St-Sacrement » (*A Mme Hérault*, 30 juin 1757).

témoins et qui eussent terni, pour peu qu'on les eût ébruitées, l'éclat des plus beaux noms de la colonie. « En voilà bien assez sur cette matière. Je souhaite que l'avenir ne fournisse plus d'exemple aussi malheureux et qui frappe enfin les esprits les plus prévenus[1]. » Le 22 février, il revint à Montréal, où il allait passer le reste de la saison, sauf une courte excursion chez ses frères du Sault-St-Louis, auxquels, ayant, dit Montcalm, « de l'argent de reste, » il voulut porter un cadeau de tabac et de vermillon[2]. « Il ne convient pas, » observe Bougainville, « qu'un chef aille voir ses guerriers les mains vides[3]. » Garoniatsigoa fut acclamé pâr les sauvages, qui lui déclarèrent qu'à l'avenir ils se considéreraient plutôt comme ses enfants que comme ses frères. Au retour, il faillit se noyer[4]; mais ce détail était de trop peu d'importance à ses yeux pour en parler dans son journal ou ses lettres[5]. Il gardait, au reste, d'excellentes relations avec ses frères de la Tortue. Quelques jours après, notamment, on eut à pleurer deux ou trois morts tués dans l'escarmouche du 14 mars avec les Anglais. Bougainville remplit son devoir en conscience, s'en fut chez les Indiens et prit sa part aux cérémonies funèbres. « Il m'a fallu pleurer, gémir, fumer dans le calumet des enterrements[6]. » Entre-temps, on échan-

1. *A Mme Hérault*, 20 février 1758; voir la réponse de Montcalm à Moras, 10 février 1758, dans Dussieux, p. 248-253.

2. *Montcalm à Bourlamaque*, 3 mars. — Ceci nous porte à croire que l'on exagère beaucoup sa passion du jeu. Avec une fortune médiocre (de 42,276 l. 9 s. 9 d., d'après le compte notarié du 31 décembre 1755, en l'étude de Me Dupré), avec un traitement insuffisant de 2,760 livres et la cherté colossale de la vie (Dépôt de la guerre, vol. 3540, *Mém.*, du 7 février 1759, *sur le traitement des officiers en Canada*), il nous semble difficile qu'un joueur acharné se maintînt toujours à flot. Or, jamais Bougainville ne se plaint d'embarras d'argent et jamais il ne paraît recevoir de subsides de son oncle d'Arboulin.

3. *Journal*, mars 1758.

4. *Montcalm à Bourlamaque*, 3 mars.

5. Quoique Bougainville ait pu accomplir des excursions dont il ne parle point, nous croyons que ni lui ni Montcalm, Lévis ou Bourlamaque, n'ont eu la curiosité de voir la chute de Niagara. L'état-major français ne paraît pas avoir dépassé le milieu du lac Ontario; encore ne s'y est-il engagé que pour les besoins du service. En leur qualité d' « hommes sensibles » et instruits, nos officiers s'intéressaient à tout, même à la géologie, comme Bougainville; mais, en leur qualité d'hommes d'action, ils ne s'arrêtaient guère à l'inutile contemplation de la nature. L'abbé Casgrain s'avance donc beaucoup, ce nous semble, en leur prêtant sa propre émotion devant tant de spectacles poétiques. Bougainville admire les rives du Saint-Laurent pour regretter qu'elles ne soient pas cultivées; et, de ce merveilleux lac Georges que Tocqueville appelle « un rêve, » il observe surtout que la correspondance des angles saillants et rentrants sur les deux rives confirme une théorie de Buffon.

6. *A Mme Hérault*, 21 avril 1758.

geait des souvenirs. En voici un qui ne manque pas de piquant :

« J'ai appris par des sauvages du Sault-St-Louis, qui entretiennent toujours correspondance avec leurs frères les Agniers, une assez bonne scène passée la campagne dernière. Tandis que nous faisions le siège du fort Georges, Johnson, le vainqueur de Dieskau, arrive au camp du fort Lydius, à la tête de 800 guerriers provinciaux, Agniers et Moraigans, espèce de sauvages abâtardis[1], mataché comme toute sa troupe, le casse-tête au côté, la pique à la main. Il propose au général Webb de marcher sur-le-champ aux lignes des Français. Webb dit qu'il n'en fera rien, qu'il ne veut pas s'exposer à une défaite entière dans des bois toujours arrosés du sang anglais. Johnson réplique que ces mêmes bords du lac St-Sacrement fatals à M. Dieskau le seront aussi à Montcalm, que les os français couvrent encore ce champ de bataille et que, pour lui, il jure, par sa pique et son casse-tête, de mourir ou de vaincre. Le général Webb n'est point ébranlé. Johnson alors prend à témoin le Lion Belgique, arrache une de ses mitasses [espèce de guêtres] et la jette aux pieds de Webb : « Vous ne le voulez pas ? » lui dit-il. — « Non. » — Arrache l'autre mitasse : « Vous ne le voulez pas ? » Jette son brayé [pièce de drap qui tient lieu de haut-de-chausse] : « Vous ne voulez pas ? » Jette chemise, casse-tête, pique, et part au galop avec sa troupe qui avait en tout imité son chef. Où est Homère, pour peindre ces scènes plus que grecques[2] ? »

Le *Journal* de Bougainville, durant cette saison, ne renferme que des détails sur la disette et la friponnerie dont la colonie était de plus en plus victime. « Je m'instruis toujours de la manière dont se font ces fortunes rapides qui n'ont d'autres exemples que celles de la rue Quincampoix[3]. » « Le sieur de M*** s'était chargé de faire à Québec un certain ouvrage pour 200 livres, et il l'aurait fait. Un officier de la colonie, qui fait ici fonction d'ingénieur, a demandé 18,000 livres pour le même ouvrage[4]. » Le clergé s'inquiétait d'une contagion qui prenait des proportions épidémiques. « M. de la Valinière, prêtre de St-Sulpice, » dit Montcalm, « prêcha hier contre ceux qui volent le Roi, avec plus de vérité que d'éloquence[5]. » « M. de Montgolfier, grand-vicaire, » écrivait Bougainville quelques jours auparavant, « m'a dit que la plupart des pénitents croyaient que voler le Roi est

1. D'après Kingsford (IV, 406-407), le nom de Moraigans serait une énigme, et l'on n'en connaîtrait guère que trois mentions dans les textes. En voici une quatrième, accompagnée d'une demi-explication. Du reste, Malartic parle également (1er juillet 1757, 9 juillet 1758) des « Moraygnans, » qu'il met au nombre des Cinq-Nations.

2. *A Mme Hérault*, 21 avril 1758.

3. *Journal*, 3 avril.

4. *Ibid.*, 1er octobre 1757.

5. *A Bourlamaque*, 15 mai 1758.

peccadille, et que le Roi fait présent à Pâques de ce qu'on lui a pris[1]. » Mais les abus, n'étant point réprimés, ne pouvaient qu'aller en croissant et provoquer de nouveaux scandales. *Si prohibita impunè transcenduntur*, concluait à sa façon l'incorrigible latiniste, *neque metus ultrà, neque pudor est* (9 mai).

Pour se détourner de ce spectacle monotone, Bougainville se replongeait dans le travail, quitte à saisir au vol les quelques distractions que pouvait lui offrir la colonie. Comme travail, outre les mémoires qu'il préparait de son plein gré pour le ministère, il avait la lecture de ses auteurs favoris, dont il était si pénétré qu'il leur emprunte fréquemment, on vient d'en juger, des citations heureuses. « Sans Montagne (*sic*), Horace, Virgile, Tacite, Montesquieu, Corneille, les conversations et les bontés de mon général, l'ennui m'aurait consumé[2]. » Et Montcalm lui-même était comme un classique supplémentaire à consulter.

« Il est bon que vous sachiez, Monsieur l'académicien, que M. le Mis de Montcalm est très savant et surtout dans le genre de l'Académie des belles-lettres. Il a prodigieusement lu et sa mémoire est étonnante ; on

1. 9 mai. — Puis, le 12, il met en anglais, après avoir raturé le début de sa phrase en français : « I am told, by surest way (*sic*) that there are only four officers to whom the King's affairs can be confied whitout (*sic*) any fear of rapine : Benoit, Repentigny, Lainé, Le Borgne. » Il en existait, sans doute, quelques autres. Ainsi, Montcalm signale un sieur Aubry, « homme désintéressé » (*A Bourlamaque*, 27 novembre 1758) ; mais il indique un Repentigny parmi les fripons (31 mars 1759). « Il n'y eût donc pas eu dans cette colonie de quoi sauver Sodôme, » poursuit quand même Bougainville. — « Les grands vicaires disent qu'aucun péché n'est aussi commun que celui de voler le Roi. Le peuple canadien dit : *Notre bon Roi remet tout à Pâques* » (Désandrouins, p. 134). — Désandrouins, qui confirme absolument, on le voit, le témoignage de Bougainville, ajoute que le peuple n'a « qu'une apparence de religion » et que cela tient à la faute du « gouvernement, qui a permis de construire des habitations fort éparses, » d'où la difficulté de catéchiser les paroissiens. La faute, au contraire, n'incombait pas au gouvernement métropolitain, qui avait toujours défendu cette dissémination, invoquant le besoin de se grouper pour se défendre et la nécessité de restreindre la dépense en diminuant le nombre des forts de refuge (Arch. des colonies, dépêches et ordres du roi, 1750-1751 ; cf. Dussieux, p. 65).

2. *A son frère*, 21 avril 1758. « On ne vit dans ce climat affreux que pour désirer de vieillir ; les jours ne sont beaux que lorsqu'ils sont passés, comme si le temps que nous traînons sur ces rives barbares nous devait être rendu et que le maître de la vie ne le mît pas en ligne de compte de la durée de notre existence. Vous me trouverez changé à beaucoup d'égards, mon cher frère. Mon humeur se flegmatise et, par conséquent, est plus sérieuse. Je me donne les airs de réfléchir. Je médite, j'approfondis même, je suis enfin une manière de philosophe. Quelle gaieté serait à l'épreuve de ce climat et de ses habitants ? »

la peut citer. Avec ces qualités et ce qu'il est, je pense qu'à son retour il ferait un excellent honoraire chez vous[1]. »

Sur quoi, Montcalm prend la plume et écrit en post-scriptum :

« On ne peut pas vivre avec Monsieur votre frère sans l'aimer... M. votre frère s'enthousiasme trop de son général, et je dirai avec bonne foi : *Domine non sum dignus,* ni à raison de la dignité ni du savoir. Si, dans vingt ans d'ici, des hasards heureux et l'ancienneté des services me faisaient arriver à la suprême dignité militaire à laquelle nous devons tous aspirer, alors il suffit [il suffira peut-être] d'avoir aimé les sciences et les lettres, estimé, considéré les gens de lettres pour pouvoir mériter d'être assis avec eux. Ah! si je n'avais pas eu le malheur (dont je ne me console jamais) d'avoir perdu mon frère, quel sujet pour la république des lettres! Lisez le supplément de Moréri à l'article *Candiac,* nom d'une terre de ma famille. »

Montcalm, du reste, voulant rendre service à Bougainville, négociait en ce moment auprès du Cte de St-Florentin l'obtention pour lui d'un de ces petits gouvernements, « lieutenances du roi, majorités, » qui n'astreignaient point à résidence et, comme « une bague au doigt, » valaient quand même au titulaire un traitement de 8 à 1,500 livres. Mais les circonstances ne permirent pas à la négociation d'aboutir[2].

Comme distractions, Bougainville n'avait guère que le jeu et le *flirt.* Du jeu, nous avons assez parlé pour n'y pas revenir; encore qu'il convienne d'observer qu'en temps de crise morale ou sociale, comme en temps de guerre, le jeu est un dérivatif presque nécessaire

1. « Nous faisions, il y a quelque temps, une réflexion, et cette réflexion est beaucoup plus vraie pour moi que pour lui, c'est qu'au sortir de l'Amérique notre conversation sera farcie de mots américains, de tournures barbares, d'expressions sauvages. Ici l'on est peu poli, et peut-on ne pas se ressentir de l'influence d'un air qu'on aura si longtemps respiré? Je vous prierai, mon cher frère, et je ferai la même prière à ma belle maman, de ne me rien passer à mon retour et de me traiter comme un écolier qui sort du collège : car, entre nous soit dit, le ton des troupes et des camps n'est pas très bon. »

2. *Ibid.* Dans un autre post-scriptum, assez important, à la lettre du 20 février de Bougainville à Mme Hérault, Montcalm rappelle qu'il faut lire ses propres lettres, même confidentielles, entre les lignes. « M. de Machault avait assuré M. de la Bourdonnaye, mon beau-frère, être content de mes relations. Dès que j'ai su M. de Moras en place, je lui ai écrit plus en détail et en confiance, comme à un Ministre à qui je suis très dévoué. S'il veut lire lui-même ma dépêche, quoique je lui écrive avec quelque réserve, il verra la vérité et devinera même ce que je ne veux pas dire. Mais, s'il s'en rapporte à ses bureaux, le vent qui souffle dans la colonie pour les troupes de terre et leur général soufflera dans ses bureaux » (cf. Dussieux, p. 135, lettre de Montcalm du 4 novembre 1757).

aux préoccupations maladives du moment[1]. « Bougainville recommence comme l'année dernière, on n'y comprend rien[2], » écrivait Montcalm, qui le chapitrait avec la douce gravité d'un homme assagi. « Avec de l'esprit et du talent, c'est, comme vous le dites, quelquefois une tête[3]. » Quant au *flirt*, les ressources étaient plus rares. Les Canadiennes, disait encore Montcalm, étaient toutes de même, « plus d'envie de plaire que d'aller au fait ; » et Bougainville, berné par les coquettes, obtenait « tout au plus, » ajoute l'impitoyable général, « quelques légères faveurs qui ne feraient que des péchés véniels[4]. » Cependant, si l'on en croit la chronique médisante recueillie quelques années plus tard par le Ch^er^ de Mun pendant son séjour à la légation de France aux États-Unis, Bougainville n'aurait pas complètement perdu sa peine; et telle Canadienne portant un nom connu dans la colonie aurait fait la preuve visible de cette vertu fragile que Shakespeare prétend être à l'ordinaire le plus sûr attribut de la féminité[5].

Dans ces relations désœuvrées, toutefois, il en est une qui fit passer un léger nuage entre Bougainville et Montcalm. La Cie des Indes était représentée à Montréal[6] par un certain Fleury d'Eschambault, proche parent du gouverneur[7], dont il partageait les sentiments con-

1. Cela explique comment le jeu a fait tant de ravages dans nos armées de la Révolution et de l'Empire. M. Proal (*le Crime politique*. Paris, Alcan, 1895, p. 132) l'attribue, en ce cas, au besoin devenu constant d'émotions violentes. Il se peut; mais notre explication n'en garde pas moins sa part de vérité, d'autant que nous tenons l'aveu de joueurs très intelligents et très actifs (cf. M^al^ de Castellane, *Mém*. Paris, Plon, 1895, I, p. 66). Ce sont là des nuances qui appellent un peu d'indulgence, mais qu'un ecclésiastique, comme l'abbé Casgrain, ne saisit pas facilement, — le clergé, suivant le mot de la Palatine, voyant trop souvent le monde comme « à travers le goulot d'une bouteille. »

2. *A Bourlamaque*, 6 avril 1758.

3. *Ibid.*, 1er juin 1757.

4. *Ibid.*, 6 avril 1758. — Il continuait aussi, par lettres, un *flirt* des plus innocents avec une Parisienne, Mme de la Fortelle, dont les couleurs qu'il portait lui donnaient, disait-il, « bien du courage. »

5. Encore ne faut-il pas exagérer plus sur le *flirt* que sur le jeu. Bougainville, arrivé de France dans un médiocre état de santé, s'était fortifié beaucoup depuis lors, malgré les fatigues de la guerre. « Je me suis assez bien porté cet hiver, grâce à un régime austère auquel je me suis scrupuleusement attaché... Que j'ai bien retenu les conseils de notre gros docteur [le Dr Morisot], sobriété et continence! Remerciez-le, je vous prie, de m'avoir dit ainsi le secret de la faculté » (*A son frère,* 21 avril 1758).

6. Le P. Charlevoix indique à diverses reprises la nature de ses opérations. Mais, depuis lors, en 1752, elle avait obtenu le monopole du ginseng, cette sorte de mandragore dont la racine, infiniment précieuse aux yeux des Chinois pour ses qualités aphrodisiaques et réconfortantes, se paie au poids de l'or (Ferland, I, 501; *Encycl. Britann.*, v° *Ginseng*).

7. La M^ise^ de Vaudreuil était une d'Eschambault.

traires à l'adresse des Canadiens et des Français. Montcalm se méfiait du ménage de M. et Mme d'Eschambault. Il prétendait que leurs sympathies extérieures pour le jeune aide de camp n'avaient d'autre but que de lui surprendre les confidences de son général. Bougainville avait d'abord protesté de la loyauté de leur commerce; mais, dans le second hiver, il finit par se laisser prendre aux soupçons de Montcalm et par convenir que l'on cherchait à lui soutirer des aveux indiscrets. Montcalm, pour couper court à tout inconvénient, lui interdit formellement de parler ni de sa personne ni de ses affaires aux d'Eschambault; et, quelques mois après, tombant à l'improviste chez le gouverneur, il surprit M. d'Eschambault en train de clabauder contre les officiers de l'armée française. Il s'ensuivit une scène que Montcalm raconte à Bourlamaque avec une verve qu'il faut savourer dans l'original[1].

Le 23 juin, l'heure était arrivée de rentrer en campagne. La guerre débuta par une nouvelle escarmouche entre Montcalm et le gouverneur. « Je vois avec douleur, » dit Bougainville, « la mésintelligence croître entre nos chefs. Le Mis de V. a remis ce soir, à dix heures, à M. le Mis de Montcalm des instructions obscures et captieuses[2]. Si notre général s'en fût chargé, elles étaient tournées de façon que tout événement malheureux lui pouvait être jeté aux jambes, quelque parti qu'il eût pris. Il les a rendues à M. de V., avec un mémoire justificatif de sa conduite à cet égard. Grande répugnance du Mis de V. à lui en donner d'autres nettes et simples[3]. » Malgré tout, les instructions furent changées, et le départ de Montcalm eut lieu le lendemain dès l'aurore[4]. Le 25 au soir, on était à Chambly, « le plus joli fort du

1. 18 mars, 4 mai, 9 novembre 1758.

2. Il est évident que le Mis de Vaudreuil avait attendu la dernière heure, le moment du boute-selle, pour jouer ce tour à son rival, car Bougainville recommence ici d'écrire son journal sur les petits cahiers de poche dont il se sert uniquement en campagne.

3. *Journal*, 23 juin 1758.

4. « On est péniblement affecté, » dit l'abbé Casgrain, « lorsqu'on lit la réponse de Montcalm au mémoire que Vaudreuil lui avait adressé à ce sujet. On y sent partout l'homme irrité qui ne prend plus la peine de dissimuler sa mauvaise humeur et son dédain. Ceci est d'autant plus frappant que le mémoire de Vaudreuil respire le calme, la dignité et la déférence » (I, 378). L'abbé Casgrain oublie négligemment que le mémoire de Vaudreuil, préparé à loisir, devait avoir une autre allure qu'une réponse faite sur-le-champ, à l'heure de minuit, dans le premier moment de la surprise et de l'indignation. Mais, pour y comprendre quelque chose, il eût fallu d'abord ne pas confondre les dates et ne point reporter cet échange de récriminations officielles au mois de janvier 1758, quand il est visiblement du mois de juin (*Lettres et pièces militaires*, p. 25-32). On remarquera d'ailleurs que la réponse de Montcalm est d'une

Canada » après celui de Niagara, où l'on fut rejoint dans la nuit du 26 par un courrier apportant l'annonce de l'investissement de Louisbourg. Bougainville, qui résume évidemment les commentaires de son entourage, montre ici dans son journal, au nom de l'état-major dont il est l'interprète, une sagacité remarquable et prédit exactement ce qui va se passer; — comment Louisbourg sera rendu par la friponnerie, l'avidité de l'ordonnateur et comment les partisans canadiens du sieur de Boishébert, envoyés pour harceler de dos l'ennemi, seront à peu près inutiles.

« Je dis l'avidité de M. Prévost [l'ordonnateur], et voici de quelle façon. Les magasins du Roi sont derrière un des points d'attaque. On en transporte donc presque tous les effets dans les magasins des particuliers. On rend la place plus tôt, afin d'obtenir par la capitulation que les habitants conservent leurs effets et puissent ou les faire passer en France ou les vendre aux assiégeants. Le commissaire ne fait inventaire que de ce qui se trouve dans les magasins reconnus au Roi lors de la reddition et ne fait aucune mention des effets répandus dans la ville, lesquels tournent à son profit. Ainsi fit M. B. [Bigot] en 1745. Il avait engagé les habitants à présenter au commandant une requête pour lui demander de se rendre; et le commandant se rendit en conséquence, sous le prétexte de ne pouvoir contenir les habitants soulevés avec une garnison aussi révoltée. M. Prévost, élève de M. Bigot, marche à grands pas sur les traces de son maître. »

Trente jours plus tard, Louisbourg se rendait, en effet, sur les réquisitions du sieur Prévost[1].

logique parfaite. — Dans un autre passage (II, 104), l'abbé veut encore opposer « la violence de paroles » de Montcalm à « la modération et la déférence que montrait Vaudreuil dans ses rapports » avec lui. Mais, outre que chacun suivait la pente de son caractère, — l'un indolent, l'autre impétueux, — on ne peut comparer ici l'allure quasi officielle des lettres échangées entre le gouverneur et le général avec le style relâché de la correspondance plus intime des trois commandants français entre eux. Aux lettres de Vaudreuil à Montcalm (19 et 22 juillet 1759), il faudrait opposer des réponses de Montcalm à Vaudreuil et non pas, comme le fait l'abbé, des lettres de Montcalm à Lévis (11 juillet 1759).

1. Ni le récit de Parkman ni celui de l'abbé Casgrain pour le siège de Louisbourg ne laissent entrevoir ce dessous des cartes. Aussi est-on surpris de lire dans les documents la colère du ministère de la guerre à la nouvelle de la reddition. Belle-Isle qualifie la capitulation de « honteuse » (*A Montcalm*, 19 février 1759). Il se peut que le commandant, le Ch^er de Drucourt, honnête et courageux pour sa part, eût fait tout le possible; mais il est certain qu'en France on n'en croyait rien et pas davantage sans doute à l'armée du Canada (cf. Désandrouins, p. 151). Bougainville, se trouvant au milieu d'août en parlementaire chez les Anglais, avait parié contre le Cap^e Abercromby que Louisbourg ne serait pas encore pris le 15 de ce mois (Désandrouins, p. 213, 219).

Arrivé le 30 à Carillon, Bougainville reçut son brevet d'aide maréchal des logis, quatre jours avant la bataille. Nous ne raconterons pas l'affaire d'après le récit qu'il en donne en bonne forme. Il fut blessé d'un coup de feu à la tête, blessure sans danger, dit-il, en s'inscrivant à sa place hiérarchique dans la liste des blessés, quoique, quinze jours après, la tête le fît encore beaucoup souffrir et que les médecins, qui le traitaient avec la pierre infernale, jetassent les hauts cris dès qu'il s'avisait de toucher une plume[1]. Mais, au tableau sérieux de l'affaire il ajoute en appendice quelques observations malicieuses. Il les accompagne, comme toujours, de citations classiques pour montrer l'importance à ses yeux de la victoire de Carillon et le risque personnel où se fût trouvé Montcalm s'il avait perdu la partie. « Dans cette occasion nous avons dû nous rappeler ce mot de César : « Jusqu'à présent, j'ai combattu pour la gloire, mais « aujourd'hui pour la vie. » Il n'y avait pour nous ni retraite ni quartier : ou vaincre ou périr. » Et plus loin :

« Tout homme qui aspire au commandement des armées doit, en entrant dans cette carrière, se bien graver dans l'esprit cette vérité parfaitement exprimée par Tacite : *Iniquissima hæc bellorum conditio est, prospera omnes sibi vindicant, adversa uni imputantur*[2]. »

Suivent quelques anecdotes.

« Au commencement de l'affaire, il a fallu que le sieur de T. fût tirer, de dessus le rempart de Carillon, sur un grand nombre de Canadiens

Le 3 septembre, Abercromby lui envoie une gazette de New-York, en date du 28 août, racontant la prise de la place. Bougainville refuse d'y croire. « Selon eux, Louisbourg s'était rendu le 26 [juillet] pour ainsi dire à discrétion et, suivant des lettres que nous en avons du 24, la place n'était encore battue que de 200 toises; on avait fait des coupures pour soutenir l'assaut; toutes les rues étaient barricadées, les maisons crénelées, le quai fortifié, tout enfin annonçait la résolution de vaincre ou de périr. » Bougainville ne s'avoua battu que le 6, après nouvelles reçues de Québec. Mais il n'en reste pas moins que son opinion sur Prévost concorde avec celle de Johnstone, de même que celle de Johnstone sur Drucourt et l'ingénieur Franquet s'accorde avec celle de Montcalm : « Je voudrais aussi y être à ce Louisbourg, ou un officier principal. Puis-je dire à la sœur du Ministre de la marine que je n'ai foi ni au gouverneur, ni au commissaire, ni peut-être même à l'ingénieur si vanté? » (*A Mme Hérault*, 13 septembre 1757). Ces détails expliquent, sans doute, l'opinion sévère qui régnait en haut lieu. — Pour la bibliographie du siège, voir Bourinot, *Historical and descriptive Account of the Island of Cape Breton*. Montréal, Foster Brown, 1892, app. IX et X.

1. *A Mme Hérault*, 23 juillet.

2. C'est pourquoi, sans doute, l'abbé Casgrain, trouvant intéressante « la légende de Ticonderoga, » racontée dans Parkman à propos de la bataille, *et*

qui fuyaient vers les bateaux. Un de ces fuyards fut blessé de la décharge et les autres retournèrent se cacher à l'abri de leur abattis ou demeurèrent tapis derrière des souches. Il est vrai que ces Canadiens n'étaient pas de la bonne espèce[1].

« A la première sortie ordonnée aux Canadiens et troupes de la colonie par M. le Ch^er de Lévis, le sieur Raymond, qui les commandait, demanda des gens de bonne volonté pour le suivre. Un petit nombre se présenta avec le sieur Nigon, officier venu de France en 1757, et placé dans les troupes de la marine. Ces gens de bonne volonté marchèrent; l'ennemi fit sur eux une décharge ; tout disparut. Le sieur de Raymond rentra seul et le sieur Nigon, blessé d'un coup de feu à la cuisse, trouva à peine qui le voulut ramener[2]. »

« Il en fut de même à la deuxième sortie : le sieur Denis La Ronde, lieutenant, fut le seul officier qui suivit M. Raymond. » Cependant, les troupes de la marine se montrèrent, en général, très courageuses et firent vaillamment leur devoir. Pendant ce temps, les spéculateurs qui avaient amassé fortune à Carillon songeaient à mettre en sûreté leur butin.

« Dès le début de l'affaire, l'ordre fut donné à un canonnier de tenir un bateau prêt à mettre à la voile et de le garder, sous le prétexte que le Mis de M. voulait envoyer des dépêches à Montréal. Peut-on savoir mauvais gré aux sieurs Mercier et de Lotbinière d'avoir pris cette précaution pour conserver à la colonie leurs talents qui lui sont précieux[3]? »

Depuis le débarquement des premières troupes anglaises, Lotbinière n'était plus occupé que de mettre son comptoir et ses affaires en ordre.

« On commençait à perdre cette vive confiance dans la spéciale Providence qui fait des miracles pour le Canada seul. La veille de l'action,

memorabilia sibi vindicans, se l'attribue, sans citer aucun de ses devanciers, — quoiqu'il n'y ajoute qu'un nom propre, — sous le prétexte qu'il la tient, comme Parkman, du Dean Stanley (Parkman, II, 433-436; Casgrain, II, 467-470).

1. Ceux « de la bonne espèce » étaient ceux du gouvernement de Montréal ; ceux de la mauvaise, du pays de Québec. Ainsi, à l'occasion de la singulière rencontre où fut pris le major Putnam, « une grande partie des Canadiens du détachement de M. Marin était de la mauvaise espèce, » dit Bougainville (*Journal*, 7 au 12 août). Rigaud, commandant des milices, « les lui avait donnés tels par jalousie de métier » (*Ibid.*; cf. Casgrain, I, 441).

2. Ces détails sont confirmés par Désandrouins (p. 182), qui ne décolère pas contre les Canadiens (p. 191-201).

3. On en fit une caricature. « On a depuis supposé un tableau dans lequel étaient représentés le fort, les retranchements, l'action, le mouvement des colonnes ; sur un des bastions est un homme qui, le bras passé dans le câble d'un bateau, examine l'affaire avec une lunette » (note ajoutée en marge).

les spéculateurs offraient l'eau-de-vie à 9 livres la velte ; elle se vend aujourd'hui 50 livres. Quand les Français eurent gagné la bataille, la confiance revint aux sieurs M. et de L. Ils reprirent leurs esprits canadiens et ne s'occupèrent plus que des moyens d'enlever aux troupes françaises la gloire d'une action qu'il paraît cependant difficile d'attribuer à d'autres. Mais il en est de l'envie comme de l'amour, qu'on dit ingénieux. Ces messieurs ont à cette occasion essuyé des propos que n'auraient, sans doute, pu entendre des gens qui ne seraient pas aussi pénétrés qu'eux des maximes de la patience évangélique. »

Mais le plus curieux était la fureur des Indiens, que le gouverneur avait empêchés de venir à Carillon parce qu'il projetait une expédition du côté de Corlar ou Schenectady[1]. Ils arrivaient maintenant en foule.

« Ils sont consternés de ne s'être pas trouvés à l'affaire. Beaucoup de butin manqué et l'occasion d'acquérir une grande renommée en levant une quantité prodigieuse de chevelures. Il y aurait eu de quoi en tapisser toutes les cabanes de leur village. Ce sont là leurs trophées, leurs obélisques, leurs arcs de triomphe[2].

« Tous ces sauvages sont désespérés de ne s'être point trouvés à l'affaire du 8. Quand une idée les occupe, elle les occupe longtemps et fortement. Ils la creusent ; ils y rêvent ; ils jonglent. Voilà une grande victoire remportée sans eux. On pense peut-être qu'on est en état de se passer d'eux ; et, de ce qu'on peut le croire, ils en concluent qu'on le croit, et ils en prennent de l'humeur. Les interprètes l'aigrissent encore et les exhortent toujours à s'en retourner[3]. »

Et c'est une occasion nouvelle pour Bougainville de déplorer l'impuissance des officiers de terre. Les sauvages, après quelque bouderie, se dédommagèrent sur les vivres de l'armée.

« Maringouins plus incommodes mille fois que les véritables, qui le sont horriblement. Guerre cruelle de leur part aux moutons, poules, vin, liqueurs et à tout ce qui en a l'air[4]. Étrange situation de l'officier

1. C'était un projet secret d'expédition dont tout le monde était instruit, à commencer par les Anglais, mais dont Montcalm ne savait rien officiellement. Le Gal Abercromby, dès le mois de juin, soutenait à notre parlementaire, le Cape Wolf, qu'il n'était pas possible que les généraux français vinssent à Carillon, puisqu'ils allaient prendre part à l'expédition secrète. Et les émissaires indiens, que Vaudreuil avait envoyés négocier secrètement avec les sauvages des Cinq-Nations, étaient revenus témoigner à « Ononthio, » en plein conseil, leur mécontentement du rôle ridicule qu'ils avaient joué, puisque partout on était au courant d'un projet qu'ils avaient caché même à leur confesseur, « leur père de la prière » (voir les détails dans le *Journal* de Bougainville).

2. 12 juillet.

3. 8 juillet.

4. 14 juillet.

français. Il lui est défendu de se préserver des rapines sauvages par les voies de fait qui seules les arrêteraient. Les sauvages le savent, en abusent, prennent toutes leurs provisions. Il faut le voir, ne rien dire et se réduire au lard et à l'eau[1]. »

En même temps, les scandales recommençaient ou éclataient de plus belle dans l'organisation militaire. Un nouvel ingénieur, M. de Pontleroy, arrivé de France, était venu relever de son poste le fameux Lotbinière; et, quand il avait pris connaissance de la situation, il avait été stupéfait des trafics honteux dont on lui proposait de continuer le commerce. Il serait trop long de noter ici tout ce que raconte Bougainville, confirmé comme précédemment par les récits déjà publiés de Désandrouins. En somme, dit-il, « si les gens en place tolèrent de pareils abus décisifs pour la perte de la colonie, il faut qu'ils leur soient profitables. S'ils les ignorent, pourquoi sont-ils en place[2]? » Nous ne choisirons qu'un joli trait de caractère. L'officier anglais envoyé comme parlementaire après Carillon pour traiter des questions d'échange « a redemandé un portrait de Mme Bever laissé sur le champ de bataille, son mari, colonel, ayant été tué. Il était entre les mains du sieur d'Obrespi[3], capitaine dans Béarn, qui le lui a rendu aussitôt. M. Rigaud de Vaudreuil, gouverneur de Montréal, frère du gouverneur général du Canada, né et baptisé ainsi que lui dans cette colonie, lui conseilla de vendre le portrait fort cher[4]. On ne sera pas embarrassé, en France, de la réponse que lui aura faite un homme de condition, officier et Français[5]. »

La vérité est que les idées des Canadiens et des Français sur la

1. 13 juillet. — Rigaud, qui disposait en chef des Indiens à sa guise, n'admettait même pas qu'un officier français, encore que naturalisé sauvage, prît, sur leur propre désir, le commandement de ses frères peaux-rouges. « C'est un attentat contre les droits de la colonie... C'est Catilina [Clodius] qui se déguise en femme pour entrer dans les mystères de la bonne déesse » (*Ibid.*, 24 au 31 août).

2. 31 juillet. « Titus disait qu'il avait perdu sa journée quand il l'avait passée sans accorder un bienfait. Un Européen a ici bien employé la sienne quand il la passe sans apprendre une concussion ou friponnerie nouvelle » (5 août).

3. D'Aubrespy.

4. Le « gouverneur de Montréal jouit d'un poste de traite qui lui vaut des sommes immenses. Cette partie ne sera jamais connue du ministre par la colonie. Les lettres de Paris disent qu'on destine ce M. de Rigaud à remplacer M. de Kerlerec à la Louisiane. Il faut donc que ce gouvernement n'ait besoin que d'une tête à perruque. Quel homme! L'intendant qui m'a dit cette nouvelle ne peut le croire » (*Montcalm à Mme Hérault*, 20 février 1758). En ce moment, Rigaud était en froid avec son beau-frère et associé de traite, le fameux partisan Marin (Bougainville, *Journal*, 7 au 12 août 1758).

5. 23 juillet.

guerre différaient totalement, et Bougainville s'explique sur cette divergence d'une façon très lumineuse[1].

« Certaines gens parlent beaucoup de retourner sur la natte. Jamais encore, avant 1755, on n'avait fait la guerre en Canada. Jamais on n'avait campé. Partir de Montréal avec un détachement, s'en aller à travers le bois faire quelques chevelures, revenir à toutes jambes quand on avait frappé : voilà ce qu'on appelait guerre, campagne, succès, victoire[2]. On assembla en un corps de , et l'objet de cette armée était de détruire les Renards[3]. C'est la première et la seule campagne du Mis de Vaudreuil. C'est où il s'est formé dans l'art difficile de Mars. Le succès fut brillant et instructif. On prit un vieillard qu'on mit au poteau et qui, suivant ce que j'ai souvent entendu raconter au gouverneur, faisait de fort plaisantes figures pendant qu'on le brûlait. Le Mis de V. en riait encore de souvenir[4]... Maintenant la guerre s'établit ici sur le pied européen. Des projets de campagne, des armées, de l'artillerie, des sièges, des batailles. Il ne s'agit plus de faire coup, mais de conquérir ou d'être conquis. Quelle révolution ! quel changement ! On croirait que les gens de ce pays, étonnés de la nouveauté de ces objets, demanderaient quelque temps pour y accoutumer leurs yeux ; quelque temps ensuite pour réfléchir sur ce qu'ils auraient vu ; quelque temps encore pour effacer leurs premières idées devenues idées fausses, dangereuses, préjugés de l'enfance ; enfin, beaucoup de temps pour apprendre des principes, tirer des conjectures, se mettre à l'école de l'expérience. Au contraire : bourgeois, financiers, marchands, officiers, évêques, curés, jésuites, tout cela projette, disserte, parle, déparle, prononce sur la

1. 29 juillet.

2. Cf. Kingsford, III, 305. — « Tel est le train de la colonie. Les sauvages viennent faire coup et s'en retournent. Les miliciens font de même : les officiers des troupes de la marine aussi. D'ici à quinze jours, ils viendront tous demander à partir, sous le prétexte de mauvaise santé, d'affaires, de traite, de négoce, de lettres de change. Ils auront fait trois semaines ou un mois de campagne. En vérité, cela est fort long » (Bougainville, *Journal*, 26 juillet).

3. Les expéditions contre les Renards, de leur vrai nom les Outagamis, avaient eu lieu surtout de 1730 à 1735. Peut-être s'agit-il ici de celle de 1734-1735, sous les ordres du commandant de Noyelles.

4. « On croit, en ce pays-ci, s'être immortalisé quand on a fait 200 lieues pour assassiner une femme ! » (Désandrouins, p. 278). Nous nous permettrons de rappeler que ce journal de Désandrouins confirme sur tous les points, et presque dans les mêmes termes, celui de Bougainville, sauf sur le massacre du fort Guillaume-Henry. « Si ces deux hommes de cœur et d'honneur portent le même jugement sur les Canadiens, » nous écrivait à ce propos, quelques mois avant sa mort, l'éditeur de Désandrouins, l'abbé Gabriel, « c'est que ce jugement était alors l'expression de la vérité. » — On y peut joindre comme nouvelle confirmation les nombreuses lettres de Doreil à Belle-Isle publiées par Dussieux. Doreil était un des caractères les plus intègres et consciencieux de l'armée.

guerre. Tout est Turenne ou Folard. Grand malheur pour ce pays; il périra victime de ses préjugés, de sa confiance aveugle, de la stupidité ou de la friponnerie de ses chefs.

« *Cet oracle est plus sûr que celui de Calchas.* »

Oracle ou non, il est de fait que les dissentiments dont le Canada était à la fois le théâtre et l'objet nuisaient énormément à sa défense. Pour conjurer cette mésintelligence de fâcheux augure, Bougainville, à moitié remis de sa blessure, fut envoyé quinze jours plus tard à Montréal négocier, au nom de Montcalm, un accommodement avec Vaudreuil. Prenant parti pour les sauvages, le gouverneur avait adressé au général une mercuriale topique sur sa rudesse envers les nations auxquelles la colonie devait son salut et qui, dans leurs plaintes contre lui, déclaraient qu'elles ne retourneraient plus en guerre de son côté tant qu'il y commanderait. Mais, notait Bougainville avec un scepticisme digne de l'antique, « il en est des sauvages et des interprètes comme des oracles du paganisme, auxquels leurs prêtres faisaient dire ce qu'ils jugeaient à propos... On a dit à quelques sauvages du Sault-St-Louis de se plaindre du général français : ils s'en sont plaints ou, du moins, l'interprète a, dans le Conseil, rendu des paroles de plainte. » Et, cependant, chose inouïe, ces sauvages si mécontents venaient d'opérer à l'armée de Montcalm deux ou trois expéditions de suite, sans retourner à leur natte dans l'intervalle. « Les faits sont de toute langue; mais leur langage ne s'entend pas, on le suppose tel que l'on veut[1]. » Le général comptait sur Bougainville pour en offrir une traduction fidèle. L'envoyé remplit consciencieusement sa mission « d'étouffer, s'il était possible, ce levain de discorde. » « Les apparences, » écrit-il au retour, « sont que mon voyage n'a pas été infructueux. Je souhaite que les faits y répondent. » Mais le moyen de lutter contre un pareil courant ! Ce fut à la suite de cette ambassade, où Montcalm avait « fait encore les avances[2], » qu'il réunit les officiers pour leur interdire « les propos indécents sur le compte de M. de Vaudreuil et de la colonie. » Mais, comme en ouvrant la séance on avait trouvé justement « sur la table une chanson des plus *mordicantes* contre le gouverneur général et tout ce qui est colon[3], » personne ne s'étonnera que le pauvre Montcalm en fût de nouveau pour ses frais de bon vouloir et de précaution inutile !

1. 6 août.

2. 7 au 12 août. — Dans l'intervalle, Bougainville avait écrit de Montréal à Belle-Isle pour lui donner avis du rétablissement de l'entente entre les deux généraux (Dussieux, app. n° XXII).

3. Désandrouins, p. 199 (14 août).

Malgré le désir du Mis de Vaudreuil de voir l'armée s'engager à la poursuite de l'ennemi ou se lancer dans de nouvelles opérations[1], la campagne était décidément close. Après une seconde visite parlementaire, cette fois au camp des Anglais, pour régler quelques points en suspens[2], Bougainville, accompagnant Montcalm, fut rappelé, le 9 septembre, à Montréal, où, après avoir délibéré de la situation en conseil, le gouverneur le désigna pour se rendre en France durant l'hiver, afin de réclamer des secours au gouvernement. Bougainville ne resta que trois jours à Montréal et revint à la suite de son général surveiller les derniers travaux avant l'hivernage. La situation était devenue intolérable. La cherté des vivres aidant, les officiers ne pouvaient plus se suffire avec leur solde[3]. « Tout le monde le voit, le

1. « Le 25 [juillet], nouvelles dépêches du Mis de V. Il compte toujours que les détachements, les convois coupés, les cris des sauvages, les marches canadiennes, le souvenir de leur défaite, la peur, la confusion feront abandonner aux Anglais leur position au fond du lac; qu'ils laisseront même, pour se retirer plus vite et parce que la colonie en a besoin, *vivres*, *berges*, *pontons*, *canons*, *mortiers*, *boulets*, *bombes*, *train d'artillerie et de campagne*, etc. Le Mis de V. est si assuré que cela doit être, qu'il mande au Mis de M. qu'il a différé le départ de la frégate qui doit porter la nouvelle de la victoire du 8, afin qu'elle porte en même temps celle de la fuite des ennemis. Il assure que cela fera au Roi un grand plaisir. Je ne sais à qui pensait La Fontaine quand il fit la fable du Pot au lait! Que n'est-il ici! Quel pot au lait! Et sur quelle tête! » — « Il n'y a que les novices, » dit avec dédain le maréchal de Moltke, « pour s'imaginer que la poursuite doit toujours suivre la victoire. »

2. Rentré le 13 août à Carillon, venant de Montréal, Bougainville en était reparti le lendemain pour le camp des Anglais (Malartic). — *Journal*, 12 au 16 août : « J'ai été reçu et traité avec la plus grande politesse. Les Anglais disent que les Canadiens sont plus cruels que les sauvages mêmes. » — Il est vrai que les coureurs anglais n'avaient sous ce rapport rien à reprocher aux Canadiens : « Ils ont bien l'air de n'être que de *la canaille* (*sic*), » écrivait Wolfe à Lord George Sackville (12 mai 1758). Et, lorsque l'année suivante, trois jours après le débarquement des Anglais devant Québec, les *rangers* revinrent d'une première escarmouche avec une demi-douzaine de scalps canadiens, ce fut un cri d'horreur de la part des officiers et soldats fraîchement arrivés d'Angleterre (Bradley, *Wolfe*, p. 152-153).

3. 4 septembre. — « Depuis que nous sommes en Canada, notre traitement a diminué de près d'un sixième. Au lieu de nous payer en argent, comme les premières années, depuis dix-huit mois, on nous paie en papier. On a retranché une partie de ce qu'on nous donnait en campagne. » Montcalm avait fait des représentations à l'intendant qui avait « refusé net » d'y souscrire. En octobre, Montcalm assembla les commandants de corps avec deux capitaines et deux lieutenants par bataillon, déclara hautement que les officiers, les lieutenants surtout, ne pouvaient pas vivre avec leur solde et ajouta qu'il en référait à la Cour. Un capitaine touchait par an 2,700 livres et un lieutenant 1,250; or, on leur demandait 400 livres de pension par mois, « encore en trouverait-on peu à ce prix » (du 1er au 11 octobre). Les miliciens n'étaient guère mieux traités, et Bougainville, malgré l'hostilité

sait, le cri est général. Qu'importe à ces concussionnaires qui se jouent de l'autorité! » Bougainville se répand alors en protestations virulentes contre ces Verrès impudents; mais cette éloquence justifiée, en raison de sa justification même, a produit un effet imprévu. Elle vaut à son auteur, de la part de l'abbé Casgrain, une algarade surprenante, à laquelle nous sommes obligé de nous arrêter, puisqu'elle met ouvertement en cause l'honneur du jeune aide de camp.

L'abbé Casgrain, qui n'a jamais éprouvé le besoin de rien dissimuler et qui se pique d'une parfaite franchise dans les procédés de son patriotisme aussi ingénieux qu'ingénu, le prend ici de très haut vis-à-vis de Bougainville, dont il s'érige en critique dans des conditions de loyauté que le lecteur appréciera.

« On reste consterné pour l'honneur de Bougainville, » déclare le singulier historien, « en apprenant qu'au moment même où il écrivait ces invectives saisissantes de vérité, et qu'il s'en allait dénoncer Bigot en France, il feignait d'être vis-à-vis de lui dans les termes de la meilleure amitié et lui demandait des faveurs pour son cousin de Vienne. A plusieurs reprises, il l'avait sollicité de lui procurer de l'avancement. Il lui avait même fait écrire par sa parente, Mme Hérault de Séchelles. Dans sa réponse, Bigot écrivait à Mme de Séchelles : « Il « suffit que vous vous intéressiez à ce qui le regarde [M. de Vienne] « pour que j'aie l'honneur de rendre compte à M. de Moras de son « mérite... Je loge à Québec, pour ainsi dire sous le même toit, avec « M. de Bougainville; cela nous donne occasion de nous voir très « souvent. C'est un aimable cavalier, rempli d'esprit et dont je cultiverai, autant qu'il me sera possible, l'amitié [1]. »

L'abbé brouille ici quelque peu systématiquement les dates. La dernière lettre où Bougainville recommande son cousin à Mme Hérault est du 9 novembre 1757 [2]. La date de la « Verrine, » qu'il écrit dans

qu'on lui prête, n'hésite pas à prendre leur défense. « Le munitionnaire a fait payer, à ceux qui n'avaient pas apporté leurs vivres avec eux, la ration 1 l. 10 s. « Et quoi, » disait l'habitant, « ce même munitionnaire ne nous a donné « tout l'hiver que 10 s. par jour pour la nourriture du soldat et il nous retient « 1 l. 10 s. pour cette même ration! » L'ordre du Mis de V. y était précis » (5 août). Il existe malheureusement dans notre journal une seconde lacune de quelques pages égarées du 11 au 18 octobre.

1. *Bigot à Mme Hérault*, 12 août 1758.

2. Voici cette lettre post-scriptum, qui fait suite à celle d'adieu du 8 novembre (voir plus haut, p. 93-97). « C'est encore moi, ma chère maman, et pour vous demander encore quelque chose. Mais pourquoi aimez-vous à rendre service? Je suis ici logé chez un parent dont, à coup sûr, mon frère vous aura parlé. Son moindre mérite est d'avoir de votre enfant des soins qui passent l'imagination. Il sert ici le Roi depuis vingt ans; et tout le monde attestera qu'il le sert bien et avec une probité d'autant plus louable dans ce pays qu'il résiste à l'occasion et à

son journal contre les fripons du Canada, est approximativement du 10 octobre de l'année suivante. Et, si Bigot ne répond qu'à la date du mois d'août 1758 aux recommandations de Mme Hérault, c'est, pour la raison généralement connue des Canadiens, que, le fleuve étant clos par les glaces durant l'hiver, les lettres et recommandations de France n'arrivaient qu'avec la débâcle, à la fin du printemps. De la sorte, onze mois s'étaient écoulés entre ces deux pages de Bougainville ; et nous savons, par des expériences récentes, combien en moins d'une année les idées peuvent changer sur la probité des gouvernants. Or, on peut s'en étonner, mais le fait, nous l'avons vu, paraît ressortir de la lecture attentive des pièces, — Montcalm et Bougainville avaient tout d'abord pris le Mis de Vaudreuil pour le chef de la « grande société. » Bougainville l'affirme expressément à deux ou trois reprises dans son journal et ses lettres. Quant à Bigot, sans ignorer qu'il gérait les affaires très à la grande[1], le général et l'aide de camp semblent avoir considéré qu'il n'avait qu'un rôle accessoire dans l'exploitation[2]. Ainsi peut-on s'expliquer seulement la lettre de Montcalm à

l'exemple. M. Bigot m'avait d'abord promis de demander pour lui cette année un brevet d'écrivain principal. La place qu'il occupe est augmentée de deux tiers de travail par notre arrivée et diminuée de deux tiers de revenu par l'établissement du munitionnaire général. Depuis, M. Bigot a changé d'avis, parce que la Cour n'a pas envoyé cette année les grâces demandées en 1756 et que ce retard semble défendre d'en demander de nouvelles. Mais il m'a protesté que, l'année prochaine, il solliciterait le brevet et qu'il vous adresserait pour le ministre [une lettre] à ce sujet. Un seul mot de vous, ma chère maman, à M. Bigot, qui lui ferait connaître que vous vous intéressez à de Vienne, le déterminerait à me tenir parole. S'il demande ce brevet, il l'obtiendra ; et, si vous lui écrivez que vous le désirez, il le demandera. Je le connais et j'ose en répondre. Pardon mille fois, ma chère maman ; mais le sujet pour lequel je vous prie de vous intéresser est un de ceux qui, dans sa rade, sert le mieux le Roi, et le bien du service exige qu'il soit avancé : M. Bigot me l'a dit cent fois. » — Précisément, dans sa réponse à Mme Hérault, Bigot, promettant son concours, ajoutait une phrase que supprime l'abbé Casgrain : « Je le ferai avec d'autant plus de plaisir que M. de Vienne remplit avec distinction l'emploi qu'il occupe et que c'est un très bon sujet. »

1. *Journal*, 10 au 22 septembre 1757. — « Du temps de M. Hocquart, lorsque les dépenses du Roi montaient à deux millions, le ministre était embarrassé pour y faire face ; et l'on fut obligé, une année, de suspendre à cet effet le paiement des rentes de l'Hôtel de Ville. Aujourd'hui, elles passent neuf millions, et la Cour n'en est plus étonnée. M. Bigot a su l'y accoutumer. »

2. C'est, croyons-nous, l'opinion de Garneau, II, p. 275. La première accusation positive de Bougainville contre Bigot est, croyons-nous aussi, celle du 26 juin 1758, que nous avons citée à propos de l'investissement de Louisbourg. Encore paraît-il hésiter plus tard entre l'incurie et la complicité, lorsqu'il s'agit d'établir la responsabilité des chefs de la colonie (voir plus haut, p. 108). — Même en ce mois d'octobre 1758, sur le point de prendre la mer, il écrit dans

Mme Hérault, du 13 septembre 1757, où ce dernier n'hésite pas à soutenir que Bigot mérite sa fortune et qu'il sert bien le Roi[1]. Rien n'empêchait donc Bougainville, qui sollicitait pour tout le monde, de solliciter aussi pour son cousin et d'écrire, cinq ou six semaines plus tard, à Mme Hérault de vouloir bien intervenir en sa faveur. Au reste, l'intimité de voisinage dont se targuait Bigot n'était point extraordinaire; elle venait simplement de la proximité de l'Intendance et de la maison de Vienne, où descendait Bougainville, l'une des plus belles de Québec, sur les bords du St-Charles. Mais ces intimités, comme le note Montcalm, qui en pratiquait d'équivalentes avec le ménage Péan[2], étaient une nécessité des circonstances et, souvent, une simple

son journal : « Le chef de la finance [Bigot], qui est ou l'auteur ou le complice de ces monopoles infâmes, n'a fait, ne fait ou ne fera aucun règlement pour les arrêter. » Mais, lorsqu'il termine auparavant l'exposé de la situation par un cri de colère : « Faudra-t-il donc qu'un seul homme épuise les finances de la France, insulte à nos dangers et à notre misère et compromette la gloire de la nation? », — il vise surtout le munitionnaire général, Cadet, chef authentique de la « grande société, plus puissante que le gouverneur général. »

1. L'abbé Casgrain, nous l'avons dit (p. 91), prend soin d'attribuer à Bougainville la lettre de Montcalm pour faciliter ici son accusation de duplicité (I, 336); pourtant, dès la première lecture, on voit que l'écrivain parle de son cordon rouge et qu'il s'adresse à la destinataire sur un ton de cérémonie que Bougainville ne prenait jamais à son égard. La phrase incriminée donne-t-elle l'opinion vraie de Montcalm, — ou, plutôt, est-ce un des cas où il faut lire entre les lignes ce que le général ne veut pas dire? Probablement, il dissimulait déjà le fond de ses doutes, car il écrivait à Lévis, le 14 octobre 1757 : « On crie beaucoup contre l'intendant et la grande société et je crois, entre nous, qu'on n'a pas tort. Moi, je me tais; mais j'ai un petit ami qui est homme à écrire la vérité et à la faire parvenir. » Du moins n'avait-il que des soupçons et point de données certaines. Le « petit ami » et sa « chère maman » étaient visiblement, pour Montcalm, le seul intermédiaire possible de la vérité, comme l'expliquait à la même heure Doreil au Mis de Paulmy, en déclarant que, devant le mauvais vouloir des bureaux, il ne convenait ni à Montcalm ni à lui-même de prétendre instruire Moras directement (octobre 1757; cf. Gaffarel sur Malartic, p. 158. Voir encore *Montcalm à Belle-Isle*, 12 juillet 1758, et *Doreil au même*, 31 juillet, dans Dussieux, p. 268-274). Les bureaux de la marine interceptaient jusqu'aux dépêches de Montcalm à son chef, le ministre de la guerre. Au surplus, ajoutait Montcalm, « ma naissance, ma place, mon caractère ne me permettent pas d'être l'écho des clameurs publiques, sur lesquelles l'habileté des intéressés ferait échouer les preuves juridiques » (Bonnechose, p. 101). Bougainville, de son côté, y mettant toute la discrétion convenable, ne parle qu'au dernier moment au ministre de la marine, mais il avait laissé pressentir ses doutes au ministre de la guerre dès 1757 (Gaffarel, p. 92). A tout prendre, il en avait dit assez, en termes généraux, sur les affaires du Canada pour que Moras, à la surprise de Dussieux (p. 128), surveillât déjà les comptes et les marchés de Bigot.

2. Il écrivait à Bourlamaque : « Je dis tant de bien de M. Pénisseault qu'on croit quasi que je songe à Madame » (27 juin 1757). — « Je suis beaucoup plus

« preuve de désœuvrement. » En admettant, d'ailleurs, que Bougainville dût, pour ses relations journalières, quelques ménagements à Bigot, devait-il étendre cette indulgence à toute la bande de forbans qui jetaient la colonie dans la famine et la misère[1] ? Finalement, on observera que Bigot n'était dans l'occasion que le simple représentant du gouvernement et que sa personne disparaissait devant sa fonction[2]. Jamais, que nous sachions, les gens scrupuleux, même dans le clergé, n'hésitent à traiter de leurs affaires avec un intermédiaire gouvernemental, quel qu'il soit, honnête ou taré[3]. Un citoyen accepté dans l'administration, dont l'entrée appartient à tout le monde, y possède aussitôt des droits à l'avancement, auxquels il serait trop naïf de renoncer, s'il attendait pour faire valoir ses titres de les soumettre à des gens d'une conscience irréprochable. L'essentiel est qu'il ne vende à personne sa liberté et ne recherche ni passe-droits ni faveurs en distribuant des pots-de-vin.

Somme toute, Bougainville n'avait, aux yeux de l'abbé Casgrain, le choix qu'entre deux attitudes : ou se draper avec une intransigeante superbe dans le manteau d'Alceste, en déclarant à son cousin qu'il le laisserait végéter, malgré son mérite, jusqu'au retour de la

cette année de la cour de Mme Péan ; cela prouve le désœuvrement » (*Journal*, 8 janvier 1759 ; cf. 17 janvier suivant). Quant au mari de « la sultane, » il ne se cachait pas de l'apprécier beaucoup (*A Lévis*, 16 décembre 1757).

1. Lévis, au contraire, n'épargna pas les démarches pour obtenir que Cadet fût remboursé de ses gains scandaleux (*Lévis à Berryer*, 10 novembre 1759 et 28 juin 1760). — Comparez l'attitude de Bougainville jugeant les marchés de Cadet avec sa droiture d'honnête homme et son savoir de juriste. « Si un particulier, » dit-il le 2 août 1758 à propos d'une opération du munitionnaire, « eût fait avec qui que ce soit un marché pareil à celui-là, la justice civile l'eût sur-le-champ interdit. C'est à la justice criminelle à jouer ici son rôle. »

2. Il est assez curieux que, sous l'Ancien Régime, la voie hiérarchique fût plus méthodiquement respectée qu'aujourd'hui. Le ministre de la marine, Moras, ne peut faire venir directement Bougainville en France ni avancer sur place de Vienne à Québec sans le consentement de leurs supérieurs, Vaudreuil ou Bigot. Mais, comme la faveur ne perd point ses droits, Bigot, pour avancer de Vienne, devra recourir à l'obligeance de Bougainville et à l'appui de sa protectrice (*Bigot à Mme Hérault*, 12 août 1758).

3. Au moment où nous lisions, pour la première fois, la diatribe de l'abbé Casgrain, un ancien secrétaire d'Alexandre Dumas publiait dans le *Figaro* (15 septembre 1893) un billet généreux du grand romancier, daté de septembre 1856. « Merci pour l'Élysée. J'y suis mal personnellement et désire rester mal. Tout ce que je voudrais obtenir de ce gouvernement, c'est la croix pour Maquet... Est-ce possible ? » Et dans le *Century Magazine* de janvier 1894 Mme Th. Bentzon, belle-fille du Cte d'Aure, raconte que George Sand faisait solliciter l'Impératrice Eugénie pour une bonne œuvre, alors que venait de paraître son roman de *Malgré-Tout*, dirigé, croyait-on, contre la souveraine. Pourquoi reprocher à Bougainville ce que l'on admire chez tant d'autres ?

probité triomphale dans le gouvernement du Canada; ou acheter le concours de Bigot par un imperturbable silence vis-à-vis de la Cour [1]. Cette dernière conduite eût été, ce semble, peu patriotique. Si étrange que cela paraisse, on va voir que l'abbé Casgrain lui donne indirectement la préférence, et ceci nous ramène au cœur de notre sujet.

V.

« Bougainville passe en France, » écrivait à cette date l'honnête Désandrouins, « selon l'aveu et même selon le désir du Mis de Vaudreuil. Il ne croit pas pouvoir confier en meilleures mains l'exposé au ministre de la situation de la colonie et la justification de ses fautes... Faire son avocat d'un homme dévoué à un concurrent, est-ce une saine maxime en politique? Oui, si le concurrent est homme d'honneur. » — « Et nous ajouterons, » dit le biographe de Désandrouins, « oui, si l'avocat est aussi un homme d'honneur. Or, tel était Bougainville. Pour ses ennemis comme pour ses amis, il était la franchise, la droiture, la loyauté personnifiées [2]. »

Le malheur est que la loyauté de Bougainville était précisément ce qui inquiétait le gouvernement de la colonie; et Désandrouins ne se doutait pas qu'avec des lettres de crédit ostensibles, Bougainville portait des lettres de discrédit fermées, où Vaudreuil conjurait le ministre de ne pas croire un mot de ce qu'il allait dire, non plus que son ami et compagnon Doreil [3]. Rien ne pouvait être plus désagréable

1. On ne peut guère soutenir que Bougainville jouât un vrai jeu double, car il allait dénoncer Bigot au nouveau ministre de la marine, Berryer, dont la femme, Mlle de Puysieulx, était justement nièce, à la mode de Bretagne, de l'intendant (*Montcalm à Bougainville*, 21 novembre 1758). Et il devait se douter que celui-ci, dûment prévenu, lui garderait rancune; ce qui ne manqua pas d'arriver (Casgrain, II, 74). Plût au ciel qu'en politique les « trahisons » fussent toujours aussi naïves! — Du reste, on verra plus loin que, même après le retour de Bougainville, Bigot continua de garder vis-à-vis de lui une attitude courtoise qui sauvait les apparences. Aussi ne faut-il point s'étonner qu'en ce moment déjà, quoiqu'il sût très probablement à quoi s'en tenir devant les protestations indignées de Montcalm, il écrivit sur un ton de parfaite et respectueuse aisance à J.-P. de Bougainville, pour ménager l'avenir : « Vous allez avoir le plaisir de voir M. votre frère et moi le chagrin de le perdre... Vous aurez su que les officiers que vous m'aviez recommandés avaient passé à Louisbourg. S'ils se fussent rendus ici, je leur aurais fait connaître avec grand plaisir combien vos recommandations me sont chères. Faites-moi la grâce de vous ressouvenir que je suis en Canada, si je peux vous être bon à quelque chose » (8 novembre 1758).

2. P. 226-227.

3. Parkman, II, 173; Casgrain, II, 8. Doreil ne revint pas au Canada. Malgré sa santé précaire, il alla servir à l'armée d'Allemagne.

aux Canadiens, chauvins ou fripons, que le dévoilement de la vérité toute nue. Pour les fripons, on conçoit toujours que le silence soit de premier intérêt. Pour les patriotes chauvins, il n'était pas d'un intérêt moindre dans l'occasion, car ils devaient craindre que la révélation de l'exorbitant coulage dont la colonie était victime jetât la Cour de Versailles dans la terreur et la décidât à couper court aux scandales en sacrifiant le Canada. Lorsque, l'année suivante, après la mort de Montcalm et la perte de Québec, on envoya le Ch^{er} Le Mercier en France, ce dernier ne dissimula pas qu'il allait essayer d'un autre système et que Bougainville avait peint d'une palette trop sombre les nuages qui déjà couvraient aux trois quarts le ciel[1]. C'est le point de vue que l'abbé Casgrain cherche à faire prévaloir. Il eût fallu, dit-il, comme ambassadeur un homme « qui se fût mis au-dessus des querelles des partis pour n'envisager que le bien général[2]. Bougainville songea avant tout à se faire l'avocat de l'armée au détriment de la colonie. Il commença par épouvanter la Cour par l'exposé des dépenses et des concussions trop réelles qui s'y faisaient. La Cour, qui ne cherchait qu'un prétexte pour abandonner le Canada, saisit avidement celui-ci. Qu'était-ce cependant que les dépenses? Qu'était-ce même que le péculat, quand il s'agissait de garder à la France un continent? Le budget de Mme de Pompadour était à lui seul plus considérable que celui du Canada[3]. »

Laissons de côté l'étrange grief qui, opposant l'intérêt de l'armée à celui de la colonie, semble prétendre que travailler en faveur de l'une était cabaler au détriment de l'autre. Demandons-nous seulement si les chiffres viennent appuyer la thèse que la France était tenue d'honneur à continuer de gorger, quand même, ce peuple de sangsues attaché à sa ruine pour la garde d'un continent problématique.

Le règne de Mme de Pompadour, d'après le relevé de ses dépenses

1. *Bourlamaque à Levis*, 2 novembre 1759.

2. L'abbé Casgrain, on le devine, indique Lévis, « incontestablement l'homme le plus complet, le caractère le plus remarquable qu'il y eût alors dans la colonie » (I, 170), comme l'ambassadeur de son rêve. On jugera si ce choix patriotique eût été heureux par la façon dont l'imperturbable Lévis accréditait les opinions les plus contraires. « Vous pouvez vous en rapporter à ce qu'il [Doreil] vous dira de notre situation; il est instruit et je l'ai prié d'entrer dans tous les détails » (*Au prince de Beauveau*, 28 octobre 1758). « C'est un officier intelligent [Le Mercier] à qui vous pouvez ajouter foi sur tout ce qu'il vous dira » (*Au même*, 10 novembre 1759). On se souvient que Le Mercier était un des plus illustres fripons de la colonie (cf. Gaffarel, p. 229).

3. II, 37.

que l'on conserve à Versailles[1], aurait coûté à la France, pour dix-neuf années de splendeur adultère, 37,000,000 de livres au maximum[2]. Les dépenses du Canada, qui, si nous prenons les chiffres admis généralement[3], ne dépassaient point 1,700,000 livres en 1749, s'élèvent aussitôt brusquement et, pour les dix années suivantes, montent au chiffre colossal de 122,690,000 livres, dont 104,000,000 pour les dernières années, à partir de 1755. Il faudrait aujourd'hui plus que doubler la somme si l'on veut se représenter le poids dont elle menaçait de charger les épaules du citoyen[4]. Et, comme la population de la France ne dépassait guère la moitié de ce qu'elle est aujourd'hui, nous ne serons vraisemblablement pas loin du compte en estimant que le contribuable français devait dépenser dans cette courte période une somme très supérieure à 400,000,000 de nos jours pour défendre une population d'environ 80,000 âmes[5], égale à celle d'une de nos

1. J.-A. Le Roi, *Relevé des dépenses de Mme de Pompadour, depuis la première année de sa faveur jusqu'à sa mort* (Mss. des archives de la préfecture de Seine-et-Oise). Sans lieu ni date [Versailles, 1853].

2. 36,924,140 livres. Ce chiffre est accepté par tous les Canadiens. Mais nous croyons qu'il est exagéré et que les calculs de M. Le Roi, établis sans critique suffisante, seraient à vérifier, parce qu'ils comportent plus d'un double emploi.

3. Nous reprenons ici les chiffres de *l'Espion dévalisé* (Londres, 1782, p. 128-129), déjà signalés par Dussieux (p. 126), et qui s'accordent assez bien avec d'autres renseignements. Si Bougainville écrit, en 1757, que déjà les dépenses « passent 9,000,000, » *l'Espion* les porte en effet à 11,300,000 livres pour 1756. Si Désandrouins écrit en 1758 que, « cette année, il y aura pour 24,000,000 de lettres de change » (p. 139), *l'Espion* indique 27,900,000 livres de dépense (p. 129). Et, quand Désandrouins annonce que le chiffre menace de s'élever l'année suivante à 34,000,000, il est confirmé par la verte réprimande de Berryer à Bigot, du 19 janvier 1759 (Parkman, II, 34). Malartic, chargé d'un travail sur les ordonnances, croit même qu'on en reçut pour 39,000,000, malgré le court délai pour les présenter à l'acceptation (31 octobre 1759). Donc, contrairement à l'affirmation très vague de l'abbé Casgrain, le budget annuel du Canada déjà coûtait plus qu'une douzaine de maîtresses rétribuées au taux de Mme de Pompadour et promettait d'éclipser bientôt, à lui seul, les dix-neuf années de la Marquise.

4. Nous doublons simplement les chiffres pour nous en tenir à l'évaluation générale de M. d'Avenel ; mais on sait que, d'après cet auteur, pour le troisième quart du XVIIIe siècle, il convient de multiplier les sommes par 2 1/3, ce qui donnerait ici 40,000,000 de plus.

5. 80,000 pour toute la Nlle-France, Louisiane comprise, dit au commencement de son livre l'abbé Casgrain (I, 14) ; 80,000 pour le Canada seulement, dit-il à la fin (II, 409), adoptant ici l'évaluation de Bougainville. C'est à ce dernier chiffre qu'arrive l'auteur du mémoire sur « la Colonisation française dans le continent de l'Amérique du Nord, aux XVIIe et XVIIIe siècles, » récemment couronné par l'Académie des sciences morales et politiques (*C.-R.*, 1894, t. II, p. 605). La Louisiane ne comptait guère que 5,000 âmes. — Garneau, qui rai-

villes de troisième ordre. Encore si cet argent n'avait servi réellement qu'à la défense du pays ! Nous savons malheureusement qu'il n'en était rien. Aussi ne peut-on s'empêcher de comparer ici les idées de l'abbé Casgrain sur le gouvernement des colonies aux conseils de Swift à l'adresse des cuisinières, qui doivent regarder les 25,000 livres de rente de leur maître comme destinées uniquement à entretenir la danse productive de l'anse du panier[1].

Que dire ensuite de l'espoir de conserver le continent, sinon que le rêve était chimérique ? Il n'était pas possible que les colonies anglaises, dont les esprits judicieux, comme Bougainville, prévoyaient le développement, ne se fissent point, tôt ou tard, un domaine aussi important qu'irréductible dans les solitudes de l'Amérique. L'Angleterre, prétend Lord Chesterfield, a dépensé deux milliards pour conquérir le Canada[2] ; mais elle a, du coup, perdu le territoire des États-Unis, puisque les impôts nouveaux exigés pour rembourser les frais de la guerre canadienne ont précisément amené le soulèvement des colonies anglaises[3].

sonne intelligemment au lieu de déclamer comme l'abbé Casgrain, objecte que la France n'a payé au total « qu'une très petite partie de la dépense... pendant qu'elle avait les armes à la main, » et que, si le clergé et la noblesse avaient voulu accepter leur part des charges générales, on eût pu suffire à l'occasion (voir, notamment, II, p. 381-382). Mais il est clair que les ministres ne pouvaient escompter la banqueroute ou calculer d'avance qu'ils ne paieraient jamais tous les frais de la guerre. Et, quant aux changements de la constitution fiscale, ce n'est point pour le Canada seul qu'on s'y fût prêté. Maintenant encore, dans « les pays à finances avariées, » nous voyons l'embarras des gouvernements à modifier le système des impôts, quoique les ministres actuels puissent invoquer des motifs infiniment plus graves.

1. Lorsque Montcalm écœuré s'écrie : « Pauvre roi ! » l'abbé ricane agréablement : « Quand on songe que ce pauvre roi c'était Louis XV, on est moins porté que Montcalm à s'attendrir sur son sort. Il aurait été plus juste de dire pauvre peuple ! » (I, 328). Il nous semble que voler Louis XV était toujours voler, et Montcalm, qui ne parlait pas encore le langage de 1789, ne manquait pas d'ailleurs d'associer la France, sa *cara patria,* à ses plaintes contre les voleurs (Ex. : *à Mme Hérault,* 20 février 1758). Puis, rassurons-nous : ce n'est pas du peuple de France que parle l'abbé, mais des habitants du Canada, auxquels « le prince fainéant qui siégeait à Versailles envoyait à peine de quoi ne pas mourir de faim ! »

2. Sans compter ce que dépensèrent pour leur part de la tâche les colonies de la Nlle-Angleterre (Casgrain, II, 37). Il ne faut pas oublier que Chesterfield trouvait à ce prix l'acquisition du Canada médiocre et qu'il lui préférait l'annexion de la Floride.

3. Il est édifiant de constater que le gouvernement anglais se rattrapait sur le détail de la dépense avec une mesquinerie paperassière digne de nos administrations successives. Rogers en fut pour 800 livres sterling de sa poche, — plus de 20,000 fr., — dans l'organisation de son corps de coureurs ; et Wolfe ne put

Au surplus, si l'on ne pouvait à cette heure décisive prévoir l'avenir et régler sa conduite en conséquence, il n'est pas moins vrai que l'opinion publique, qui pèse toujours plus ou moins sur les gouvernements même absolus, était résolument hostile à tout accroissement de dépense dans la vallée du St-Laurent. On critique impitoyablement aujourd'hui Voltaire pour sa phrase dédaigneuse sur les « quelques arpents de neige » que les puissances ennemies se disputaient au Canada[1]. Nous n'avons pas l'intention de réhabiliter outre mesure le patriotisme de celui que les colporteurs de Paris appelaient déjà « le fameux Prussien; » mais on eût trouvé, même à Londres, quantité de gens prêts à penser comme lui[2]. Et si, d'ailleurs, Voltaire n'a jamais varié dans son opinion sur le Canada, sur ces déserts glacés, peuplés « de barbares, d'ours et de castors, » dont les villes n'étaient que des agglomérations de cabanes, tandis qu'il y avait 15,000 carrosses à Mexico et davantage à Lima[3], — s'il souhaitait de bon cœur que le pays « fût au fond de la mer glaciale, même avec les Révérends Pères jésuites de Québec[4], » — il n'était point l'ennemi des entreprises coloniales et prêchait sans relâche en faveur de la Louisiane, dont il n'eût jamais compris l'abandon volontaire par la

jamais obtenir le titre ni le traitement de général en chef, qui lui eussent valu l'indemnité de 10 livres st. par jour, au lieu des 2 livres qu'il émargeait. Après sa mort, on refusa de verser les 75,000 fr. que sa mère réclamait de ce chef comme arriéré de solde (Kingsford, IV, p. 10, 47, 224, 301).

1. *Candide*, ch. XXIII. Il les appelle aussi « quelques arpents de glace » (*Lettre à Moncrif*, 27 mars 1757). — MM. Levasseur et Nourrisson, récemment, ont discuté l'opinion de Voltaire à l'Académie des sciences morales et politiques (21, 28 octobre, 4 novembre 1894; *C.-R.*, janvier 1895, p. 108-114). M. Levasseur, arguant de ce que la phrase de Voltaire dans *Candide* porte « quelques arpents de neige vers le Canada, » conclut que Voltaire entend seulement parler du territoire litigieux. En ce cas, peut-être; mais il a toujours été nettement contraire à l'occupation même du terroir.

2. Parkman, I, 3. — Lorsque Townshend partit pour rejoindre l'armée, la surprise fut générale à Londres. Murray pariait volontiers que les Anglais nous laisseraient le Canada « par raison de politique pour eux et pour nous » (*Malartic à Lévis*, 26 mai 1760); voir aussi *Holdernesse à Newcastle*, 30 juillet 1755, cité par M. Richard Waddington, *Rev. hist.*, mai 1895, p. 4.

3. *Essai sur les mœurs*, ch. CLI (id., Garnier, XII, 409); *Lettre à Mme du Deffand*, 15 octobre 1759.

4. *Lettre à Tronchin*, 5 mai 1758; *Siècle de Louis XV*, ch. XXXV. Quand d'Argental veut lui faire modifier sur ce point son histoire, il répond : « Le gouvernement ne me pardonnera donc jamais d'avoir dit que les Anglais ont pris le Canada, que j'avais, par parenthèse, offert, il y a quatre ans, de vendre aux Anglais : ce qui aurait tout fini, et ce que le frère de M. Pitt m'avait proposé? » — « Si j'osais, je vous conjurerais à genoux de débarrasser pour jamais du Canada le ministère de France » (*A Chauvelin*, 3 octobre 1760; *à d'Argental*, 28 août 1761).

France[1]. Du reste, à ses côtés, on rencontrait des économistes sérieux, — tel, par exemple, Forbonnais, — qui posaient alors la question des entreprises lointaines[2], comme on l'avait déjà posée dans la vieille Rome, comme on a continué de la poser tout le long de ce siècle, en France[3] et jusqu'en Angleterre, dans le parti libéral[4], et qui se demandaient, comme actuellement se demande en Italie, s'il est sage aux gouvernants d'aller courir des aventures outre-mer, lorsque l'agriculture du pays est aux abois, lorsque ses charges militaires sont écrasantes. Frontière bien ordonnée commence par se défendre elle-même. Et, si demain la nôtre était menacée, on imagine ce que pèserait dans les préoccupations du peuple la garde du Tonkin, de l'Algérie ou de Madagascar, surtout au prix où était alors celle du Canada[5].

1. *A Tronchin*, 5 mai 1758; *à d'Argental*, 24 novembre 1759, 1er novembre 1760. — Peut-être, on doit l'avouer, n'était-il pas nécessaire que Voltaire célébrât la chute de Québec comme le triomphe de la liberté sur le despotisme, ainsi que le raconte Garneau (II, 338) d'après le *Public Advertiser* du 28 novembre 1759. Il y aurait eu banquet suivi d'une comédie (*le Patriote insulaire*) et d'un feu d'artifice montrant l'étoile de St-Georges brillant au-dessus du Niagara. Reste à savoir si le fait est vrai, — non que Voltaire en fût incapable, — mais parce que l'on n'en voit pas trace dans sa correspondance et que le *Patriote insulaire* ne figure pas dans sa bibliographie par M. Bengesco.

2. « C'était alors [au XVIIIe siècle] un axiome en France, et même en Angleterre, que la conquête était incompatible avec le commerce » (Sir Alfred Lyall, *The Rise of the British Dominion in India*. Londres, Murray, 1893, p. 82). On peut dire que la Couronne seule a soutenu la politique coloniale et, de nos jours, on lui en fait plutôt un reproche. En septembre 1788, Arthur Young s'émerveillait des constructions que la munificence royale avait élevées à Lorient pour la Cie des Indes (*Voyage en France*, 15 septembre; Marion, *Machault d'Arnouville et le contrôle général*. Paris, Hachette, 1891, p. 439, 442-449; Léon Deschamps, *Hist. de la question coloniale en France*. Paris, Plon, 1891, p. 133 et suiv., avec les observations de la *Rev. hist.*, septembre 1892, p. 93, et de l'*Edinburgh Review*, avril 1893, p. 354 et suiv.).

3. Gailly de Taurines, « la Politique coloniale de la Restauration » (*Rev. des Deux-Mondes*, 15 septembre 1895). M. G. de Taurines a dernièrement étudié à part *la Nation canadienne* (Paris, Plon, 1894).

4. Consulter l'excellente édition du *Government of Dependencies*, de Cornewall Lewis, publiée par M. Lucas à la Clarendon Press d'Oxford, 1891, et aussi le ch. Ier de l'*Oceana* de Froude. Maintenant encore, les libéraux anglais ne sont point résignés à toutes les aventures (*Edinburgh Review*, « Mashonaland, » avril 1893, et « African Exploration, » avril 1894; voir aussi l'écrivain russe Novicow, *les Luttes entre sociétés humaines*. Paris, Alcan, 1893, p. 661-664 : cet auteur discute précisément nos pertes de l'Inde et du Canada).

5. M. Marcel Dubois critique, avec une tristesse inquiète, cette disposition d'esprit timide (*Systèmes coloniaux et peuples colonisateurs*. Paris, Masson et Plon, 1895, p. 272-277). Mais on ne saurait disconvenir que le président de la commission du budget de 1896, M. Lockroy, a bien quelque apparence de raison quand il proteste que la France n'est pas assez riche pour satisfaire

Il est donc impossible de ne pas se rallier à l'opinion de Sir Alfred Lyall, que les ministres de la France avaient d'excellentes raisons pour souhaiter avant tout d'équilibrer leur budget[1] et ne pouvaient en bonne justice, à l'égard du peuple écrasé d'impôts, persister dans une politique extravagante de dépenses et de guerres coloniales[2]. En tout cas, si les caisses de l'État étaient vides, le Canada pouvait, sans impôts ni subsides extraordinaires, trouver chez lui le nécessaire par la seule réforme de ses mœurs[3]. Toutefois, il eût fallu pour cette réforme du sens et du courage de la part du gouverneur. Or, Vaudreuil reculait devant un éclat; et l'abbé Casgrain, qui ne veut point mettre pour si peu un Canadien dans l'embarras[4], préfère jeter la responsabilité à la charge du gouvernement central. « Pour arrêter le torrent des abus, il aurait fallu ici, » nous dit-il, « une main de fer fortement appuyée par le roi et ses ministres[5]. » Mais le ferme appui

à toutes ses ambitions et qu'elle ne peut se donner à la fois le luxe d'une marine comme l'Angleterre, d'une armée comme l'Allemagne, d'une instruction publique comme les États-Unis, d'une expansion coloniale comme tout le monde, et d'un développement de travaux publics comme personne.

1. *Ibid.*, p. 75. — L'Angleterre a eu la rare fortune de rencontrer ici un ministre de génie, absolument indifférent aux questions de finances, Pitt, succédant à un ministre de talent dont l'économie était la seule préoccupation, Walpole (*Edinburgh Review*, janvier 1895, p. 118).

2. M. Gaffarel n'est pas loin d'en convenir et d' « excuser presque » les « déplorables » impertinences de Voltaire (p. 106), qui « ne faisait que traduire le sentiment général, » ajoute M. Barbé (*Rev. hist.*, juillet 1894, p. 321-322). Chez les Anglais, à l'inverse, l'opinion publique ne voulait pas de la guerre en Europe. Chaque peuple entraînait son gouvernement à contre-gré (Waddington, *Ibid.*, p. 8).

3. « Les seules pilleries de la plupart de ceux entre les mains desquels passent les effets du roi forment un article des plus considérables » (Désandrouins, p. 140). — « Si les sauvages avaient le quart de ce que l'on suppose dépensé pour eux, le roi aurait tous ceux de l'Amérique et les Anglais aucuns » (*Montcalm à Belle-Isle*, cité par Gaffarel, p. 169; *Doreil au ministre*, 31 août 1758, dans Dussieux, p. 282). Aussi Montcalm, Doreil et les gens clairvoyants demandaient-ils la paix à tout prix, si l'on ne voulait perdre le Canada qui était un gouffre sans fond, où le roi ne serait jamais dédommagé de la dépense énorme qu'un nouveau secours occasionnerait.

4. Vaudreuil avait commencé de gémir dès son arrivée, en 1755. « Malgré son antipathie pour Vaudreuil, Doreil convenait de l'impossibilité où il était d'arrêter le torrent » (Casgrain, II, 16). Doreil écrit en effet à Paulmy, le 28 octobre 1755, « je conçois qu'à moins d'un éclat ce sera toujours de même : *il veut se maintenir.* » L'abbé, pour faire croire que Doreil excuse Vaudreuil et contredit Bougainville, supprime tout uniment les quatre derniers mots (Dussieux, p. 208). — Et pourtant, disait Montcalm à ce propos devant ses officiers, « l'homme de guerre n'est pas celui qui sait seulement affronter le danger, mais celui qui sait encore se raidir contre les difficultés et les peines de tout genre » (Bougainville, *Journal*, 11 octobre 1758).

5. II, 15.

du roi et de ses ministres ne pouvait qu'être bien précaire. Et ce n'est pas quand on reproche à la centralisation d'avoir ruiné nos colonies, qu'il convient de lui reprocher son abstention relative[1]. Le plus énergique des ministres, comme Pitt, pouvait envoyer sur les lieux des troupes et de l'argent, mais non point lutter contre la corruption qui exigeait sa présence immédiate[2]; et l'on sait de reste qu'en Angleterre, sur son propre terrain, dans les étroites limites de Westminster, Pitt s'est trouvé vaincu par elle. On oublie, d'ailleurs, trop facilement que les gouverneurs jouissaient d'une grande indépendance naturelle vis-à-vis du ministre; et, si Vaudreuil, même sans débuter par un coup d'État brutal, s'était servi de toutes les occasions pour éclairer le gouvernement au lieu de s'ingénier à distraire sa vigilance, s'il avait profité des ressources que lui offraient les relations de Montcalm et de Bougainville pour faire connaître à la Cour la vérité pressante, il eût rencontré sans doute en haut lieu tout l'appui dont il avait besoin. Les reproches amers, déshonorants pour ainsi dire, qu'il lui fallut subir lorsque les voiles furent déchirés, témoignent assez que le concours du pouvoir métropolitain ne lui eût point fait défaut[3].

Telle était la situation où Bougainville allait se débattre dans son ambassade, et l'on ne s'étonnera pas qu'il dût y échouer, sans y être précisément « berné, » comme le prétend sympathiquement l'abbé Casgrain. Il était parti de Montréal, le 3 novembre, en compagnie de cinq officiers anglais, se rendant à Québec. Pour son début, il avait fait naufrage dans le fleuve, passant la nuit sur une roche élevée de

1. L'abbé Casgrain, tout en félicitant le ministère anglais d'intervenir le moins possible dans les affaires de ses colonies d'Amérique (I, 17), est obligé de convenir que le malheur des Acadiens vient en grande partie de cette inaction traditionnelle.

2. On se rappellera que, dans l'Inde anglaise, régnait en ce moment une concussion pareille à celle du Canada. Pourtant Clive allait en diminuer l'audace par son ferme vouloir; et, s'il n'y put mettre terme complètement, c'est qu'il dépendait, non de l'autorité royale, mais de l'honorable Cie des Indes, bande de marchands sans conscience et sans aucune élévation d'esprit (Malleson, *Clive*, Oxford, Clarendon Press, 1893, p. 163-164, 169-170).

3. Parkman prend sur ce point la défense de Vaudreuil, dont il n'a caché cependant ni la duplicité ni la faiblesse. « Vaudreuil avait servi le roi et la colonie, non sans habileté parfois, mais toujours avec un zèle infatigable. Il aimait son pays de naissance avec un dévouement jaloux qui rachète en grande partie ses misérables défauts. Le roi seul, et non les serviteurs qu'il abandonnait à leur sort, doit répondre de la perte de la N[lle]-France » (II, 376). Nous avons dit que Parkman, médiocrement au courant des derniers travaux sur notre XVIIIe siècle, a gardé tous les préjugés d'autrefois contre la politique et la royauté françaises. La seule chose qui ait sauvé Vaudreuil d'une condamnation, c'est qu'il semblait relativement innocent, n'ayant point bénéficié lui-même du gaspillage et des vols qu'il tolérait (Casgrain, II, 16).

six pieds au-dessus de l'eau. Le 11, il s'était embarqué sur un corsaire malouin nommé *la Victoire*, et son voyage très accidenté, qui ne dura pas moins de cinquante-deux jours, lui dicte des impressions où l'on n'entrevoit guère un futur navigateur. Deux fois on fut en danger de sombrer; deux fois l'équipage fit vœu d'aller nu-pieds, en chemise, faire un pèlerinage. Pour comble de mésaventure, le compas de route était si défectueux que l'on faillit se jeter dans la gueule du loup; et l'on s'aperçut au dernier moment qu'on entrait à pleine voile dans la Manche de Bristol, alors qu'on se croyait dans les parages de Belle-Isle. Il est inutile de s'arrêter aux incidents de l'ambassade[1].

« Mon voyage fut heureux pour moi, » dit-il, « puisque j'obtins un brevet de colonel et la croix de St-Louis. Cette dernière grâce me fut accordée par Sa Majesté elle-même, le maréchal de Belle-Isle ne m'ayant proposé sur la feuille que pour un brevet de colonel[2]. Mme de Pompadour me marqua les plus grandes bontés, et, comme elle était alors premier ministre[3], je travaillais souvent avec elle sur l'objet de ma mission.

1. Le *Journal* de Bougainville se termine, à son retour en France, par une courte note d'une douzaine de pages, dont nous nous servirons ici, — sa correspondance de voyage avec Montcalm et la famille du général étant déjà connue dans les détails essentiels.

2. L'abbé Casgrain s'empresse d'insérer ici les réflexions malveillantes des très malveillants *Mémoires sur le Canada :* « On ne sait ce qui mérita au sieur de Bougainville le grade de colonel, car il ne fit aucune action de remarque; on attribua son avancement à la faveur de Mme de Pompadour, ce qui tint lieu de mérite militaire » (II, 39). L'abbé Casgrain pouvait savoir mieux que l'auteur anonyme de ces mémoires à quoi s'en tenir, puisqu'il avait sous les yeux des lettres de Montcalm et du Mal de Belle-Isle, le premier demandant, dès 1757, pour son aide de camp la charge d'aide maréchal des logis, afin de le conduire au grade de colonel (voir plus haut, p. 92), et le second répondant que le roi avait hésité longtemps à accorder ce grade et ne s'y était décidé que sur les instances pressantes du général. Il est à noter que l'abbé Casgrain, tout en reprochant amèrement à Parkman de se servir de ces mémoires curieux, mais suspects, pour attaquer le clergé, n'hésite pas à s'en servir lui-même pour dénigrer ses adversaires. Ne serions-nous pas en droit de lui renvoyer sa phrase : « Que penser d'un historien qui ne discerne pas entre les pièces sérieuses et les diatribes des pamphlétaires, comme il s'en trouve dans tous les temps, qui même leur donne la préférence? Pourtant c'est dans cet esprit qu'a été écrite l'histoire de Montcalm et de Wolfe [disons Montcalm et Lévis] » (*Évangéline*, p. 377). Du reste, l'abbé se fait un devoir d'oublier que le Cher de Lévis courtisait aussi, comme tout le monde, la faveur de la Marquise (*Lévis à Mme de Pompadour*, 21 mai 1760).

3. Il est assez intéressant d'observer que les Canadiens, tout en gardant une violente rancune à la mémoire de Mme de Pompadour, savent parfois l'apprécier avec justesse. « Mme de Pompadour n'était pas seulement un premier ministre,

« Je ne réussis pas, à beaucoup près, aussi bien pour la cause commune que pour mes intérêts particuliers. M. Berryer, qui, de lieutenant de police de Paris, avait été fait ministre de la marine, ne voulut jamais comprendre que le Canada était la barrière de nos autres colonies et que les Anglais n'en attaqueraient jamais aucune autre tant qu'ils ne nous auraient pas chassés de celle-là. Ce ministre aimait les paraboles et me dit fort pertinemment qu'on ne cherchait point à sauver les écuries quand le feu était à la maison. Je ne pus donc obtenir, pour ces pauvres écuries, que 400 hommes de recrue et quelques munitions de guerre.

« J'avais proposé de n'envoyer en Canada que les secours nécessaires en munitions de guerre et de bouche ; et, comme on était informé que les ennemis le devaient attaquer au printemps de 1759, avec trois armées, par le fleuve St-Laurent, par le lac Champlain et par le lac Ontario, d'attendre que leurs trois armées fussent arrivées sur les trois frontières pour faire débarquer à la Caroline un corps de 4,000 hommes avec des armes de toute espèce pour un plus grand nombre. On eût, en arrivant, appelé à la liberté les Allemands, que les Anglais traitent en esclaves dans leurs colonies, après les y avoir attirés sous l'appât de concessions avantageuses. On en eût armé une partie ; on eût envoyé des armes et des munitions de guerre aux Cheraquis, sauvages de ces quartiers, ennemis implacables des Anglais ; on eût fait offrir la neu-

s'occupant des choses d'État, ou une frivole qui donnait le ton à la mode, elle s'intéressait à tout, peinture, sculpture... Sa bibliothèque était considérable... Elle trouvait moyen de consacrer chaque jour de longues heures à la lecture. Toutes autant de choses qui indiquent une intelligence raffinée qui, avec une éducation morale et d'autres conditions, eût pu faire grand. » J. Tassé, « Voltaire, Mme de Pompadour et quelques arpents de neige, » *Mém. et C.-R. de la Société royale du Canada*, 1892 (t. X, 1893. Ottawa, Durie et fils ; Londres, Bernard Quaritch ; p. 140). Malheureusement, M. Tassé a cru pouvoir se servir contre Mme de Pompadour des lettres apocryphes parues à Londres sous son nom, en 1772 (Owen et Cadell : M. de Goncourt donne de cet ouvrage un signalement inexact), et qui ne méritent guère plus de créance que les lettres similaires attribuées à Montcalm en 1777. L'écrivain canadien proteste vainement que ces lettres doivent refléter les vrais sentiments de la Marquise. En général, il est dangereux, à cause de l'irréflexion du public, de prêter aux gens incriminés des formules dont l'expression dépasserait la mesure de la pensée. Nous savons trop le parti que l'on a tiré, et que tire M. Tassé lui-même, de la fameuse exclamation, vraie ou fausse (nous n'avons pas retrouvé la lettre à Voltaire, où l'on prétend qu'elle se rencontre), arrachée à Mme de Pompadour par la perte du Canada : « Enfin, le Roi dormira tranquille ! » — Ce sont là des boutades d'énervement, toutes naturelles à la suite d'une longue anxiété, avec lesquelles il est trop facile de pendre un homme ou de vilipender une femme. Pourtant, si les Canadiens attachent quelque importance à ce recueil plus que suspect, ils y trouveront plutôt chez Mme de Pompadour le même sentiment que chez Voltaire et la plupart des Français : « On est prêt à céder le Canada aux Anglais : grand bien leur fasse ! Mais, pour les îles et Pondichéry, il faut les sauver à quelque prix que ce soit » (*Au duc de Nivernais*, 1762, t. II, p. 35).

tralité aux Pensylvains, peuple de la secte des Quakers, qui ne fait point la guerre par principe de religion, et l'on eût marché vers le nord. Cette diversion dégageait nécessairement le Canada. On eût soutenu les troupes qui la faisaient, suivant les succès qu'elles auraient eus. S'il avait été possible, on eût fait des colonies anglaises le théâtre de la guerre. Au pis aller, ces troupes avaient toujours une retraite assurée à la Louisiane, où, dès 1759, on aurait par précautions envoyé des vivres et formé des magasins de subsistance.

« Ce projet, proposé à Mme de P. et par elle dans un comité de ministres, fut agréé. Il ne fut plus question que de trouver les fonds nécessaires à l'armement. Les coffres du roi étaient vides. Mme de P. fit[1] son possible pour trouver deux millions, en s'engageant elle-même pour cette somme. Ses efforts furent infructueux et le projet nul. Le duc de Choiseul voulait que je fusse à la tête de l'expédition, bien que je m'en fusse excusé sur ma jeunesse et mon peu d'expérience. »

Ainsi, le manque d'argent éclatait à tous les yeux, et la Cour de France, non plus que Mme de Pompadour, n'y mettaient de mauvais vouloir[2]. N'en déplût à Bougainville, il restait un fond de vérité dans

1. Mot raturé, « écrivit de [son côté], » ce qui montre combien fut active l'intervention de la Marquise, quoique l'attiédissement du roi l'eût alors réduite à la dotation congrue et qu'elle fût parfois contrainte de vendre ses bijoux afin d'équilibrer ses dépenses. Pour comprendre la plausibilité de ce projet, il faut se rappeler les dissensions internes des colonies anglaises, dont Parkman a tracé le vivant tableau. Bougainville, à plusieurs reprises, indique dans son journal la possibilité de détacher les Quakers et de s'entendre avec les colons allemands. Il y avait, en outre, parmi les esclaves, surtout parmi les engagés blancs venus d'Europe et qui étaient l'objet d'une traite odieuse, des éléments de révolte dont on pouvait tirer parti (cf. Edw. Eggleston, « Social conditions in the colonies. » *Century*, octobre 1884). Toutefois, en Pennsylvanie, l'influence de Franklin nous était profondément nuisible, et l'on amnistie trop facilement en France les procédés dont il se servit pour enrôler ses compatriotes contre nous. De ce projet si peu connu, où Bougainville joue un rôle aussi intelligent que modeste, l'abbé Casgrain ne dit pas un mot, quoique le narrateur y fasse allusion dans sa lettre à Montcalm du 18 mars 1759 : « Projet contre la Caroline approuvé, non suivi faute d'argent. » Et c'est au moment où Bougainville a vu de la sorte échouer son plan que l'abbé Casgrain ajoute : « Bougainville, grisé par les honneurs qu'il avait reçus, quitta Paris avec l'illusion d'un beau succès » (II, 40).

2. Une autre idée fort intelligente de Bougainville, et qui marque, — si elle est de lui, — l'incessant éveil de son esprit, nous est révélée par sa lettre au ministre de la marine, du 7 janvier 1759 (coll. Faucher de St-Maurice, IV, 143-144; cette lettre est datée à tort de 1758). Bougainville demandait qu'on engageât « une troupe d'Écossais, ne fût-elle que de 60 hommes, conduite par un Mac Lean, ou un Mac Donel, ou par quelqu'autre de ces chefs de tribu dont les noms sont chéris et respectés par tous les montagnards. Ces derniers sentent bien qu'on ne les envoie en foule en Amérique qu'afin de dépeupler leur pays suspect au gouvernement et de les faire périr. Ceux que nous avons pris nous l'ont dit cent fois; et, s'ils voyaient dans notre armée une troupe de leurs com-

l'impertinente réponse de Berryer, à laquelle le jeune officier répondit, on le sait, plus impertinemment encore. Bougainville ne devait avoir guère d'illusion et n'eut point la peine de se laisser berner. Du reste, il n'éprouvait point de sympathie pour le ministre, dont on attribuait l'élévation à la Marquise. « Mme de P., » écrit-il en note, « en a dû rendre compte à Dieu. On dit que la cause de sa faveur auprès d'elle vient de ce qu'il lui servait d'espion auprès de M. d'Argenson, dont il était la créature. » Or, Bougainville demeurait fidèle au souvenir de d'Argenson. En tout cas, on se doute qu'il était entouré d'assez de conseils pour voir clair, au besoin, dans les manèges de la Cour[1]. Pendant toute la campagne, il était demeuré en communication fréquente avec le clan administratif que l'on rencontrait dans le salon de Mme Hérault; et, parmi ses correspondants habituels dont il devait compter sur l'appui et les lumières, nous avons déjà relevé le nom des Turgot, de Gournay, l'intendant de commerce, — l'auteur de la célèbre formule « Laissez passer, laissez faire, » — et d'autres également qualifiés, sans parler de ses alliés ordinaires, l'ancien ministre M. de Moras[2] et l'ancien lieutenant de police M. de Marville[3].

patriotes et un chef connu par eux, un grand nombre viendrait se ranger à son drapeau, et ce secours de 60 hommes en deviendrait un très considérable. » — En effet, le gouvernement anglais, toujours inquiet des souvenirs de Culloden, avait enrôlé quelques chefs des Highlands pour le service des colonies; et les hommes de leur clan continuaient de les suivre aveuglément, en cette aventure comme en toute autre, avec la fidélité canine des vieux temps féodaux.

1. La note de Bougainville est absolument confirmée par ses lettres à la Mise de St-Véran, qui appartiennent à son descendant, M. le Mis de Montcalm, et ne font point partie de la collection Lévis. Par exemple, à la lettre du 16 janvier 1759, que publie M. Gaffarel (p. 233), on en peut joindre une autre du 28 janvier suivant : « La joie de monsieur votre fils sera grande. Je puis même vous dire, Madame, et ceci pour votre seul intérieur, que, si on ne nous envoie presque aucuns secours en hommes, on nous en donne de grands en munitions de toute espèce, de guerre et de bouche; que monsieur votre fils aura lieu d'être content du ministère, dont les lettres lui donneront là-bas la plus grande considération, autorité même, et qu'il aura dans son exil tous les agréments qu'il mérite à tant de titres. » Ainsi, Bougainville eut bientôt aperçu ce qu'il pouvait obtenir et il l'obtint : des secours de vivres, l'indépendance de Montcalm, enfin la surveillance de Bigot qui même faillit être rappelé (Casgrain, II, 41), comme il le désirait au fond pour mettre sa fortune à l'abri, et qui ne fut maintenu que parce que sa rare intelligence pouvait encore être utile dans les misères de la dernière crise (Kingsford, IV, 83).

2. Moras, intelligent, intègre, mais indolent, avait donné sa démission pour se soustraire aux ennuis de sa charge. Il était partisan de la paix en Allemagne et de la concentration de nos efforts pour la défense du Canada (Dussieux, p. 131; Chabaud-Arnault, « la Marine française pendant la guerre de Sept ans, » *Rev. mar. et col.*, septembre 1892, p. 483-485).

3. Le premier commis de la marine, le sieur de la Porte, qui interceptait

Mais, si la Cour ne pouvait accorder de secours effectifs, elle se répandit en faveurs, car elle savait de quel prix était la conservation du Canada et, qu'une fois perdu, la France perdait tout espoir d'influence en Amérique[1].

« Le M^{al} de Belle-Isle accorda toutes les grâces demandées par le Mis de Montcalm pour sa petite armée et me dit en pleine audience que, s'il eût été possible de faire d'un maréchal de camp un maréchal de France, le Roi eût fait cette grâce au Mis de Montcalm.

« Je pris congé à la fin de février et me rendis à Bordeaux pour m'y embarquer sur la *Chézine,* frégate de 26 canons faisant partie d'une flotte de 23 voiles, que le sieur Cadet, munitionnaire du Canada, avait armée pour y apporter des vivres. Je fis à Blaye la revue des 400 hommes de recrue destinés à la colonie ; ils s'y embarquèrent sur la flotte du munitionnaire, et nous mîmes à la voile à la fin de mars.

« Huit jours après, je quittai la flotte et je fis route seul. Nous fûmes arrêtés 22 jours [du samedi saint au 4 mai] entre le cap de Raye et le cap de Nord, enclavés dans les glaces, et nous arrivâmes à Québec le 10 mai... Bientôt on eut nouvelles de l'armée navale des Anglais qui venait faire le siège de Québec.

« Comme les généraux étaient à Montréal, je m'y rendis sur-le-champ pour leur remettre les paquets et instructions de la Cour. »

Et, de Montréal, Bougainville écrivait en effet tout joyeux à Mme Hérault :

« Me voici encore en Canada, ma chère maman. Les Anglais ne me prendront jamais, m'ayant manqué cette fois. J'avais quitté la flotte à 200 lieues des atterrages de France... Le 10, je suis arrivé à Québec, et presque toute notre flotte trois jours après moi. On y mourait exactement de faim... On est ici très content de mon voyage, et ma peine en est trop payée, indépendamment de tout ce qu'il m'a procuré. »

En terminant, il envoie un dernier souvenir à son ami Hérault, qui se fait appeler désormais le Mis de Séchelles, et qui commande le régiment du Rouergue devant l'ennemi.

toutes les communications défavorables à Bigot dont il était l'âme damnée, devait être aussi le mari de cette demoiselle de Caumartin que Mme de Marville, belle-fille de Mme Hérault, mystifia d'une façon aussi plaisante qu'impertinente (Collé, *Journal*, I, 73).

1. Dussieux, p. 160. — En reproduisant la dépêche de Belle-Isle à Montcalm, du 19 février 1759, où le maréchal avoue qu'il est difficile de faire passer des troupes au Canada, à cause de la croisière anglaise, l'abbé Casgrain ose écrire : « Quoique cette conduite déliât les Canadiens de la fidélité qu'ils devaient à la France, puisqu'elle reconnaissait elle-même la supériorité absolue des Anglais en Amérique, pas un cependant ne parla de rendre les armes » (II, 46). C'est de quoi nous félicitons le Canada plus que son historien, lequel nous paraît tout acquis à la maxime, « la force crée le droit. »

« Mon camarade est maintenant à l'armée d'Allemagne, et l'inquiétude n'est pas propre à rétablir la santé. Donnez-moi, je vous prie, de vos nouvelles, ou m'en faites donner par toutes les occasions. Je le mérite, ma chère maman, et que vous m'aimiez[1]. »

Dans cette lettre, Bougainville annonçait que la campagne nouvelle allait être décisive et, de façon ou d'autre, le rendre au monde qu'habitait sa « belle maman. » Il ne se trompait guère. Les incidents militaires qui se déroulèrent autour de Québec durant l'été de 1759 sont aujourd'hui parfaitement et tristement connus. Bougainville, non plus en qualité d'aide maréchal des logis, mais de colonel à la suite des troupes de terre, « ce qui lui valait infiniment mieux, » fut chargé tout d'abord avec Malartic et Pontleroy, sitôt son retour à Québec, le 22 mai[2], de reconnaître les positions bonnes pour asseoir des camps[3], puis de commander les travaux au delà du St-Charles[4]. Lorsque l'ennemi parut, il eut à surveiller, avec le bataillon de Languedoc, l'exécution des ordres du Mis de Vaudreuil dans la partie qui s'étendait du ravin de Beauport à Québec[5]. Pendant cette première moitié de la campagne, son rôle fut de seconder le gouverneur[6]. « Je n'ai pas besoin de vous dire, » lui écrivait Montcalm le 14 juillet, « que, si vous n'étiez pas occupé vis-à-vis de vous et que nous fussions attaqués en règle, il faudrait faire un mouvement pour nous soutenir ou favoriser, en cas d'événement malheureux, notre retraite. » En même temps, Montcalm épanchait ses amertumes. « Vous n'ôteriez pas de l'esprit méchant et calomniateur du pays qu'il y a plus de poudre

1. Montréal, 16 mai 1759.

2. Malartic, *Journal*, 21-22 mai.

3. *Ibid.*, 24-27 mai. — Si le cap Tourmente ne fut pas défendu par des batteries, comme le souhaitait Montcalm, la faute en revint à Vaudreuil (Gaffarel, note sur Malartic, p. 235 ; Parkman, II, 206). Il en fut de même pour la Pointe-Lévis (Bradley, 151-152).

4. *Montcalm à Bourlamaque*, 11 juin. — « Le 3 juin, je fus détaché avec les cinq compagnies de grenadiers et cinq cents miliciens, pour construire des redoutes et des lignes depuis le Sault de Montmorency jusqu'à Québec. Mon camp fut augmenté successivement jusqu'au 28, que toute l'armée le vint occuper et que l'armée anglaise, arrivée depuis quelques jours, débarqua dans l'Isle d'Orléans. » (Bougainville, note du 21 sept. 1759.)

5. *Ordre de Montcalm*, 11 juillet.

6. « Je viens d'écrire à la ville pour que Bernier, Pontleroy et le Cher de Bernetz ne m'écrivent plus pour aucun détail, mais bien à vous, qui êtes le commandant de la droite sous M. le Mis de Vaudreuil, général de l'armée du Roi... Quand même vous apprendriez la ville emportée d'assaut, il ne faut pas m'en écrire, mais marcher, Languedoc à la tête, pour la reprendre, et ne m'écrire qu'après votre mouvement. » Billet de Montcalm non daté, mais postérieur à l'ordre ci-dessus.

que vous n'en accusez. Je ne puis ni ne veux le croire [1]... J'ai profité, hier au soir, sagement de ses avis [M. Dumas] pour la conciliation, pacification, insuffisance et sobriété des chefs de la ville. » Mais il n'avait pas une confiance sans limite dans la solidité des officiers chargés de défendre Québec : « Ne prenons pas le change en garnissant trop les hauteurs de Samos et en ayant trop d'inquiétude pour cette ville, que MM. de Ramzay et de Bernetz croiront toujours qu'on va emporter l'épée à la main, puisqu'ils y sont dedans, suivant le principe quasi universel de tout homme qui n'a pas un habit bleu, qui circonscrit toujours ses idées à son personnel [2]. » « Je suis persuadé que Wolfe, sagement, ne nous attaquera ni ne se compromettra pas, et attendra l'événement des pays d'en haut, et je compte le Canada pris en entier cette campagne. Avez-vous songé à la situation et à ce qu'il y aurait à faire si un courrier nous apprenait les ennemis ayant pénétré par les rapides et fait une pointe sur Montréal ? Quel parti prendre dans un pays où rien n'est préparé pour les mouvements vifs et brusques ? Cela vaut la peine d'y songer [3]. »

Le 1er août [4], au lendemain même du jour où les Anglais subirent le grave échec des hauteurs du Montmorency [5], pendant que Bougainville partageait la joie qui animait toute l'armée devant ce succès glorieux, il ne se doutait guère que les armes françaises subissaient un désastre à la même heure en Allemagne, et que son camarade « M. Bonhomme » tombait frappé à mort sous les murs de Minden. Il ne fut pas tué du coup, bien qu'on le prétende [6]. La blessure avait paru d'abord légère. Mais il s'y joignit une fièvre putride, trop naturelle en ce pays de marécages, et qui l'enleva le soir du 16 août ou le matin du 17. Les lettres du Mal de Contades au Mal de Belle-Isle, et celles qu'échangent à ce propos les autres officiers, tranchent, par les expressions de regret qui leur échappent, sur l'indifférence habituelle

1. Cependant, ajoutait-il avec une sévérité plaisante : « Il faut que vous songiez aussi, Monsieur, à ne pas tenir 180,000 cartouches dans la maison de la Canardière [poste de Bougainville], à moins que vous n'en vouliez faire un feu d'artifice. » 20 juillet, à midi et demi.

2. *Ibid.*

3. Non daté, 15 juillet probablement.

4. Quelques jours auparavant, le 24 juillet, Bougainville avait eu, avec l'adjudant-major général Barré, l'entrevue à laquelle nous avons fait allusion plus haut, où l'affaire du fort Guillaume-Henry avait été rediscutée à propos d'un échange de prisonniers (Malartic, 24 juillet ; Kingsford, IV, 258-259) ; et, le lendemain, il avait été détaché à St-Michel sur une fausse alerte (Malartic, 25 juillet).

5. Lors de cette affaire importante, le hasard se trouva réunir en présence Bougainville, le Cape Cook et le vaisseau anglais le *Centurion*, qui venait d'accomplir avec Anson le tour du monde (Garneau, p. 323).

6. Biographie Michaud, ve *Hérault* (*René*).

des correspondances militaires, en un temps où les défaites de gloire et les pertes d'hommes se suivaient sans arrêt[1]. « C'était le plus joli sujet du monde[2], » écrit M. de Cornillon. Il existait, du reste, un lien de sympathie personnelle entre le Mis de Contades et Mme Hérault, qui avait son contre-coup jusque dans les bivouacs du Canada, où Montcalm, à son tour, s'intéressait au maréchal et à ses ennuis de commandement. Ce fut Belle-Isle, encore meurtri d'un pareil coup reçu l'année précédente, tout endolori de la perte de son fils, le Cte de Gisors, qui alla porter en personne à la pauvre mère les condoléances du ministère et de l'armée.

Wolfe avait enfin réussi à faire passer quelques navires sous la forteresse de Québec, pour inquiéter les lignes françaises sur le haut du fleuve. Les magasins et dépôts se trouvaient à 18 lieues en amont de la ville, et, pour protéger la communication, Bougainville fut détaché le 5 août[3], avec un assez fort contingent. Trois jours après, il fut mis à l'épreuve.

« Le 8 août[4], après midi, les ennemis embossèrent vis-à-vis du débarquement de la Pointe-aux-Trembles [à sept lieues de Québec] une frégate de 22 canons et plusieurs carcassières qui battaient la grève. Le débarquement était une grève unie, sans hauteur qui l'escarpât ni retranchement : je n'avais pas eu le temps d'en faire. Leur premier débarque-

1. Dépôt de la guerre, vol. 3251. *Contades à Belle-Isle,* 16 août et 18 août; *Belle-Isle à Contades*, 22 août, etc. (pièces 10, 16, 17, 49, 109). Le Gal Thiébault, qui a parcouru le terrain quelques années plus tard, en fait une description lugubre (*Mémoires*, I, 77, 78) qui s'accorde assez bien avec les plans contemporains de la bataille, comme celui de Therbu.

2. Chevert, quatre ans plus tôt, disait de lui : « Il a beaucoup de talent et de volonté; il y joint du goût et de l'activité. C'est de quoi faire un colonel de distinction et qui veut aller au grand » (*Chevert à d'Argenson*, 23 septembre 1755).

3. Malartic dit le 6, à dix heures.

4. Kingsford (IV, 257) prétend que l'attaque eut lieu le 7 août, mais que ce ne fut à la Pointe-aux-Trembles qu'une fausse démonstration, le mouvement réel visant la Muletière, à une demi-lieue au-dessus de Jacques Cartier. Le 8, Murray aurait seulement pris pied à St-Antoine, sur la côte sud. Lévis indique aussi la date du 7 pour la Pointe-aux-Trembles dans son *Journal.* Mais la correspondance de Vaudreuil et de Bougainville réfute absolument cette version. Le 8 au matin, Bougainville écrit à Vaudreuil sans annoncer la présence de l'ennemi, et le commandant de St-Antoine n'en avait pas davantage connaissance ce jour-là à huit heures et demie du soir. La première lettre de Vaudreuil en réponse à la nouvelle du succès obtenu par Bougainville est datée du 9, quatre heures du matin. Elle complimente gaillardement un abbé qui avait pris part à l'action. « Je souhaite que la blessure de l'abbé Couillard soit légère. Il est bon gentilhomme et si ce n'était qu'un tonsuré et qu'il préférât le service, il serait bien fait pour y être placé. »

ment se fit à marée basse; leurs troupes, au nombre de 1,500 hommes, s'y formèrent et marchèrent à moi. La cavalerie[1] s'était avancée à ma droite et je pouvais avoir 300 hommes en bataille. Cette première attaque ne leur réussit pas, et ils se rembarquèrent. J'y eus mon cheval blessé. Ils revinrent une seconde fois à la charge à marée haute et furent encore repoussés avec perte de 300 hommes tués ou blessés[2]. »

Ce fut un concert de louanges, ainsi qu'on peut le croire, et quelques-unes se traduisent d'une façon à la fois amusante et familière, comme celle de M. de Blau, qui commandait à Jacques Cartier.

« Je vous envoie, Monsieur et très cher colonel, le chirurgien que vous demandez. Envoyez-moi, en revanche, les Anglais pour nous faire partager avec vous le plaisir de les repousser... Nous en déconfiturerons quelques-uns. Il ne serait pas juste qu'ils fussent deux fois chez vous et point chez nous. Si je le croyais, je leur enverrais un parlementaire pour négocier leur visite; mais cela serait trop affecté. Avec des gens aussi méfiants, je n'en obtiendrais à coup sûr pas ma demande[3]. »

Le 10, nouvelle alerte. « Les ennemis se campèrent vis-à-vis de moi à la côte du sud[4]. On augmenta mon détachement d'une compagnie de grenadiers et de 200 hommes de milice[5]. » Vaudreuil pro-

1. Volontaires aux ordres de La Rochebeaucourt.

2. Note détachée, « du camp de Lorette, » 21 septembre 1759. « Nous avons vu, par la déposition des prisonniers faits au sud, que vous avez fait plus de mal aux Anglais que vous ne comptiez » (*Bigot à Bougainville,* 16 août). — « Les déserteurs [que l'on venait d'amener du camp de la Pointe-Lévis] disent... qu'ils ont perdu, tant tués que blessés, jusqu'à ce jour, 1,300 hommes, que votre affaire leur en coûte 130 » (*Id.*, 17 août). — Kingsford avoue que l'ennemi fut repoussé « with much loss, » quoiqu'il estime exagéré le chiffre de 200 tués et autant de blessés indiqué dans le *Journal* de Panet (IV, 257).

3. 8 août, neuf heures du soir. — Il est, dès lors, évident que les Anglais n'avaient point paru le 7 dans le voisinage de Jacques Cartier. « Avez-vous gagé les Anglais ou encloué [leurs troupes] sur vos parages? » écrit-il encore le lendemain. « Ah! si un bon vent de nord-est me les poussait demain matin et que je pusse en jouer à la paume avec vous, au moins cela charmerait mon ennui. Mais! »

4. Ce fut leur installation à St-Antoine, dont le commandant s'était d'ailleurs replié dès la veille (*Hertel de Cournoyer à de Blau,* 9 août, onze heures et demie; *le même à Bougainville,* 10 août, midi et demi; *Vaudreuil à Bougainville, Thisbé de Belcour au même, de Blau au même,* 10 août; *Vaudreuil au même,* 11 août).

5. On lui envoya des Canadiens de la bonne espèce, des « Montréalistes » (*Marcel à Bougainville,* 14 août). — Cette partie des opérations, en amont de Québec, est, pour son importance moindre, généralement négligée des historiens. Parkman et l'abbé Casgrain en parlent sommairement. Parkman, du reste, n'avait pas à sa disposition la correspondance de Bougainville, et l'abbé Casgrain préfère, selon son usage, suivre Parkman. Cependant, indépendamment

posa même à Bougainville de profiter du passage de 800 hommes, qu'on envoyait à Montréal, pour essayer cette nuit même une descente, en face de Jacques Cartier, sur le côté sud, afin de prendre l'ennemi de flanc et l'obliger à se replier sur la Pointe-Lévis[1]. Mais l'opération n'eut pas lieu. A son tour, Bougainville proposait à Vaudreuil de faire attaquer les navires anglais par quatre de nos frégates; mais le gouverneur objectait que l'issue du combat semblait trop chanceuse[2]. Puis, on commençait à se débattre contre l'une des grandes gênes qu'allait éprouver la défense, la désertion des Canadiens. Ces braves gens, assurément, « ne parlaient point de rendre les armes, » — en quoi l'on n'aurait pas tenu compte de leur désir, — mais volontiers ils désertaient[3], et, nous le verrons bientôt, l'abbé Casgrain, sans scrupule, leur en donne l'absolution. Pris entre les Canadiens et les sauvages, le spirituel commandant de Jacques Car-

des renseignements que nous offre cette correspondance sur l'état d'esprit journalier des chefs de l'armée française, il reste quelques points à éclaircir; Parkman (II, 263) et l'abbé Casgrain (II, 197) racontent une seconde descente où les Anglais seraient tombés dans une embuscade de Canadiens. S'agit-il de la seconde descente du 8 à la Pointe-aux-Trembles? Mais il semble qu'elle ait eu lieu sur le même terrain que la première; or, l'abbé Casgrain met la sienne une lieue plus bas. Est-ce une opération différente survenue entre le 8 et le 19? Bougainville n'en dit rien. Nous ne voyons en ce genre que la descente des Anglais, dont nous venons de parler, le 10, près de la Pointe-aux-Bouleaux, sur la côte sud, descente que le commandant Hertel de Cournoyer raconte en ces termes : « A six heures du matin, » écrit-il dès midi et demi, « trente berges sont venues mettre pied à terre. J'ai disposé de mon mieux le peu de monde que j'avais. Je les avais divisés en trois corps. J'étais à celui du centre... J'avais bien recommandé à mes deux gardes de droite et de gauche de m'avertir, lorsqu'il [l'ennemi] se rendrait maître de la hauteur, afin de pouvoir avoir ma retraite sûre, ce qu'ils n'ont pas fait. Si, par un coup du ciel, je n'eus regardé à ma droite où j'ai aperçu environ 200 hommes qui s'en venaient nous prendre par derrière, je me serais trouvé enveloppé et prisonnier par conséquent. » Ce jour-là, du moins, s'il y eut embuscade, ce furent les embusqués que l'on prit au piège. D'autres se laissèrent envelopper dans une grange durant leur sommeil : « C'est bien de leur faute de dormir dans un temps où l'ennemi n'est qu'à portée de fusil. »

1. *Vaudreuil à Bougainville*, 11 août; *Montreuil à Bougainville*, même date : « Opérez si la chose est possible, mais je ne vous dis pas de faire ni de ne pas faire. »

2. *Vaudreuil à Bougainville*, 15 août.

3. Il est vrai que Montcalm ici confirme Garneau : « La moitié de cette milice sont des vieillards ou des enfants qui ne sont pas en état de marcher et qui n'avaient jamais été ni en détachement ni à la guerre; ainsi je commence à croire qu'ils font encore plus qu'il ne faudrait espérer » (*A Bougainville*, 15 juillet [?]).

tier, M. de Blau, qui se plaignait d'être en mouvement perpétuel, « même convulsif, » ne décolérait plus :

« Depuis trois jours, je ne fais pas autre métier que de parler, tenir conseil et promettre tout au monde pour leur [aux sauvages] faire tenir le soir leurs promesses du matin... Encore, et encore, et encore, je vais les disposer, si je peux, pour les faire partir dans 15 jours, un mois[1]... »

Et deux jours après :

« Si les ennemis viennent jamais m'attaquer ici, et qu'ils m'y forcent et me fassent déloger, je vous prends à témoin et prends acte de vous, puisque vous avez lu ma lettre au général, que je me plains que tout mon monde s'en va sans congé. Hier, après mon détachement de 80 hommes tirés, il devait de compte fait me rester 141 hommes, et je ne puis jamais trouver que 24 hommes pour en relever 48. Aujourd'hui, on vient de m'avertir qu'on n'en trouve que 20. Voyez, je vous prie, ma situation, et convenez avec moi que c'est une fort mauvaise commission que de garder un poste avec de pareils gens. Ces b...-là sentent bien l'origine des roués manqués[2] dont ils sortent, et je crois qu'il leur faudrait, à eux tout seuls, une nouvelle Rédemption pour effacer la tache de ce second péché originel[3]. »

Précisément, quatre jours plus tard, l'Anglais frappait dans son voisinage.

« Le 17, » continue Bougainville, « les ennemis firent dans la nuit une marche en berges et débarquèrent à Deschambault[4], sept lieues au-dessus de moi [trois lieues en amont de Jacques Cartier]. J'y marchai aussitôt avec mes deux compagnies de grenadiers, mon piquet de troupes réglées, 100 cavaliers et 60 miliciens et je les forçai de rembarquer. »

Bougainville, partout présent pour les empêcher de « prendre racine, » n'avait pas fait moins de 14 lieues dans sa journée[5]. Lorsque Montcalm, inquiet, accourut d'au delà de Québec, tout était fini.

1. *A Bougainville*, 13 août.

2. C'est-à-dire : « Se ressentent bien d'avoir pour origine des gens qui auraient mérité d'être roués... »

3. 15 août.

4. Le débarquement n'eut lieu en réalité que le 19. La note n'étant pas autographe, l'erreur doit être du copiste.

5. *Montcalm à Bourlamaque*, 24 août. — « L'ennemi a fait une incursion à Deschambault qui nous a coûté nos équipages [incendiés]; je n'ai jamais vu un meilleur ton et moins de regrets sur pareille perte. Bougainville, qui fit une marche de quatorze lieues, depuis sept heures du matin jusqu'à minuit, leur a empêché de prendre racine. »

« Vous faites, » lui disait Montcalm, « un métier pénible et instructif ; ç'a été le mien en 1745, du 15 juin au 15 décembre[1]. »

« Depuis, » ajoute Bougainville, « ils levèrent leur camp, se rembarquèrent et leur escadre descendit et mouilla vis-à-vis de St-Augustin[2], trois lieues au-dessous de la Pointe-aux-Trembles et quatre au-dessus de Québec. Je les y suivis ; la nuit suivante ils furent renforcés d'environ 1,000 hommes et revinrent m'attaquer depuis dix heures du soir jusqu'à minuit et demi. Ils firent grand feu de leurs vaisseaux et de mousqueterie, tentèrent un débarquement sans succès à ma gauche et n'osèrent jamais mettre à terre[3]. »

La correspondance de service, recueillie soigneusement par Bougainville jusqu'à la fin de la guerre, confirme tous les détails de ses notes et mémoires. Cette littérature militaire est d'une rare intensité de vie[4]. Mieux que les correspondances des généraux conservées au ministère de la guerre, ou les lettres intimes qu'échangeaient dans

1. 12 août 1759. — Le P. Sommervogel a publié quelques extraits des lettres de Montcalm pendant ses premières campagnes. Il serait à souhaiter qu'on les joignît aux lettres du Canada dans une édition accompagnée de notes et d'éclaircissements qui la rendraient aussi instructive pour les militaires que distrayante pour les gens de goût.

2. Le 22 août, il y eut encore une démonstration devant Deschambault. Une *Relation* inédite *du siège de Québec* indique le 21 ; mais les lettres de *Blau à Bougainville* du 22, et de *Vaudreuil à Bougainville* du 23, nous portent à croire que l'auteur anonyme de ce manuscrit se trompe d'un jour.

3. 29 août. — Nous n'avons pu nous procurer directement, ni rencontrer dans les bibliothèques publiques, la plupart des ouvrages documentaires parus au Canada sur le siège de Québec : les journaux complets de Johnstone, de Jean-Claude Panet, de la bibliothèque de Hartwell, etc. Mais nous avons sous les yeux trois relations manuscrites tirées des papiers de Bougainville : 1° un « *Journal abrégé de la campagne de* 1759 *en Canada*, par M***, aide de camp de M. le Mis de Montcalm. » Cet aide de camp serait-il Marcel, qui écrirait pour son compte, tout en continuant par ailleurs le journal de Montcalm (Casgrain, II, 237) ? Ce doit être plutôt un aide de camp intérimaire. 2° Un « *Mémoire abrégé sur les opérations des troupes françaises pour la défense de Québec en* 1759, par un officier d'un des bataillons de troupes réglées envoyées en Canada ; » ce mémoire est celui du major de Joannès, publié par Dussieux d'après le Dépôt de la guerre. 3° *La Relation du siège de Québec*, déjà citée, anonyme, écrite dans le sens canadien et accompagnée d'une note rectificative.

4. Elle est même plus vivante que la correspondance de Lévis publiée par l'abbé Casgrain, parce que, durant les autres opérations de la campagne, les généraux et commandants demeuraient à portée de la voix pour coordonner leurs mouvements ; et, dans les intervalles de paix, ils ne s'adressaient, vu l'éloignement, que des instructions générales, des notes de service ou des nouvelles mondaines. Au contraire, entre Bougainville et ses chefs, pour agir de conserve, le papier remplaçait alors le téléphone d'aujourd'hui sur une ligne d'environ vingt lieues.

leurs instants de loisir les chefs à tête mûre, elle nous fait pénétrer les préoccupations instantanées qui se succédaient autour de Québec durant cet automne de 1759; elle nous évoque au naturel l'esprit, les habitudes et, pour ainsi dire, la conversation de la jeunesse subalterne qui avait alors le commandement de nos armées. Avec un jeune colonel, hier encore leur égal et leur camarade, les formules de respect et d'amitié, toujours gouvernées par une courtoisie parfaite, se mêlent d'une amusante façon. Dans ces petits billets, griffonnés à toutes les heures du jour et de la nuit avec un insouci complet de l'orthographe et de l'écriture, mais avec la conscience de leur rôle, on trouve un fond de gaieté et de politesse mondaine qui répond bien au caractère sous lequel on se plaît à dépeindre l'officier de l'Ancien Régime. Parmi ces correspondants, il en était un, malicieux, qui appartenait au camp des Anglais et qui ne manquait aucune occasion de s'exercer à la langue de Versailles, en adressant des nouvelles à son « cher confrère. » C'était le capitaine James Abercromby, neveu du général Abercromby, l'inglorieux vaincu de Carillon. Bougainville avait déjà contre lui perdu un pari de vin de Champagne à propos de la prise de Louisbourg[1], pari dont le gagnant n'entendait point abandonner le bénéfice[2]. Et, depuis lors, les relations continuaient. Le jeune officier remplissait maintenant les fonctions d'aide de camp près du général Amherst, qui remontait vers le nord sur Montréal. Mais, par un hasard, prémédité peut-être, les lettres du Cap^e^ Abercromby ne renfermaient jamais que des nouvelles parfaitement désagréables pour l'armée française. Nonobstant, dans cette correspondance amicale qui s'échangeait, sous les yeux paternels des grands chefs, comme des billets doux entre fiancés[3], il y avait quelques passages de nature à effaroucher la politique et la morale. Abercromby *junior* n'avait-il pas l'impertinence de dire qu'il était « du même opinion (*sic*) que Voltaire sur l'inutilité des quelques arpents

1. Voir plus haut, p. 104-105. Nous conservons l'orthographe habituelle du nom, quoique la signature porte toujours « Abercombie. »

2. « Je viendrai les boire à Québec ou à Montréal, » 15 août 1759. — Déjà, le 2 octobre précédent, Abercromby, profitant d'un parlementaire anglais, qui allait traiter à Carillon de quelques détails en suspens après la capitulation de Frontenac, avait envoyé à son ami un panier de bière de Bristol, auquel Bougainville, avec un empressement où il entrait autant de système que de gratitude, avait répondu par un panier de vin de France, « nécessaire et bon exemple à donner à ce pays barbare, non seulement de l'humanité, mais de la politesse entre ennemis qui se font la guerre. » (*Journal*, 1er au 10 octobre.)

3. *Montcalm à Amherst*, août 1759; *Amherst à Montcalm*, 10 septembre 1759 (*Coll. Lévis*, III, 255-258).

de neige qu'on se disputait au Canada[1] ? » Et n'osait-il point prier son confrère de l'introduire « à quelque jolie brunette canadienne[2] ? » Les amis de Bougainville dans les rangs anglais n'étaient pas tous d'humeur si juvénile. Il entretenait cependant d'assez cordiales relations avec le brigadier Georges Townshend, neveu de Walpole, filleul de Georges Ier, dont il avait connu la famille pendant son séjour diplomatique à Londres[3]. C'était un grand seigneur intelligent et spirituel. Mais Wolfe, à qui des influences de cour avaient imposé sa présence, ne pouvait le souffrir, et le reste de l'état-major anglais ne lui était guère moins hostile[4]. On lui reprochait sa vanité, son indépendance de caractère et sa causticité, servie par un talent de caricaturiste impitoyable, qui avait même, dit-on, collaboré avec Hogarth pour ridiculiser le Duc de Cumberland[5]. En ce moment, il ne cachait pas son dédain pour la guerre américaine, et l'on pense s'il se trou-

1. « La paix me serait aussi agréable qu'à vous et le plus tôt le meilleur. Je suis du même opinion que Voltaire, dans *Candide*, que nous faisons la guerre pour quelques arpents de neige dans ce pays » (10 septembre 1759), « ce maudit pays » (15 août 1759).

2. 15 août 1759. — Aucun des deux Abercromby, l'oncle et le neveu, ne figure en titre dans l'excellent *Dictionary of National Biography;* mais il est probable que James Abercromby *junior* était frère de Sir Ralph Abercromby, le vainqueur d'Aboukir, et de Sir Robert Abercromby, plus tard commandant en chef de l'armée des Indes, qui servait alors aussi comme volontaire à l'armée du Canada. Si notre conjecture est exacte, James Abercromby *junior* fut tué à la bataille de Brooklyn ou de Long-Island, en 1776.

3. *Townshend à Bougainville*, 22 septembre 1759 : « Je serai toujours charmé d'entretenir le souvenir gracieux que vous paraissez conserver de ma famille. » Il ne faut pas confondre Georges Townshend avec un colonel Townshend, tué d'un boulet à Carillon, et qui était aussi des connaissances de Bougainville (*Abercromby à Bougainville*, 15 août 1759).

4. L'armée anglaise avait, du reste, ses tiraillements internes, dont le souci ajoutait à l'épuisement du général. Le colonel Barré en fit plus tard la confidence à Lord Shelburne, lui désignant Murray parmi les fauteurs d'indiscipline, malgré le choix flatteur que Wolfe avait fait de sa personne pour se l'attacher durant cette campagne. — Voir aussi Kingsford, IV, 227-228, 300-301.

5. Nous avons peine à croire l'anecdote, rapportée d'ailleurs sous réserve par M. Bradley (p. 177), qu'il aurait même brutalement caricaturé Wolfe à sa propre table, et que le général aurait mis le dessin dans sa poche en annonçant son intention de porter un jour l'affaire sur un autre terrain. On sait combien les traits de Wolfe prêtaient à la caricature; et, si l'on nous permet le rapprochement, il dut y avoir ici quelque gageure doublée d'un malentendu pareil à celui qui brouilla un autre caricaturiste mondain, Alfred de Musset, avec son charmant modèle, la Pcesse Belgiojoso. Mais, devenu, par la suite, Lord-Lieutenant d'Islande, Townshend se défendit rudement à coups de crayon contre la plume mordante de Philip Francis, l'auteur prétendu des *Lettres* de Junius, qui signait alors « Le Corrège, » pour se moquer de lui (Parkes et Merivale, *Memoirs of Sir Philip Francis*. Londres, Longmans, 1867, I, 149-155).

vait pleinement d'accord avec Bougainville, qui, exerçant toujours son influence sur les gens d'esprit, eut bientôt fait la conquête du personnage, malgré ses allures hautaines. Dans tous les cas, les excellents offices de Lord Townshend, à travers les difficultés présentes, ne manquèrent pas d'utilité pour les rapports d'avant-postes[1].

Pendant son commandement à la Pointe-aux-Trembles, Bougainville paraît avoir joui d'une entière indépendance et avoir exercé sa responsabilité à la grande satisfaction de ses chefs, même de Vaudreuil. Le quartier général ne lui adressait guère que des approbations. Pourtant, on en a pu juger déjà, sa tâche était lourde : contenir l'ennemi, chercher au besoin l'occasion de traverser le fleuve pour frapper sur la côte sud[2], prévenir la désertion des Canadiens qui disparaissaient des postes à l'envi, enfin régler et surveiller la marche des convois pour ravitailler Québec, dans des conditions particulièrement dangereuses. Il s'agissait, en effet, pour les bateaux transportant les vivres, de descendre sous le couvert de la nuit, mangés par l'ombre de la terre, en défiant la surveillance de l'escadre anglaise mouillée dans le fleuve, pendant qu'un corps de miliciens et de cavaliers longeait prudemment la côte à la même hauteur. Le caractère bien connu des Canadiens ne facilitait point la tâche. On ne savait comment les empêcher de parler et de battre le briquet lorsqu'ils

1. Durant cette guerre du Canada, les relations des deux camps paraissent avoir été fort courtoises, sans rien retrancher pourtant à la rigueur des procédés militaires. Seuls, Wolfe et Amherst se tenaient sur une plus grande réserve. Mais ils avaient moins, ce semble, l'antipathie des Français que celle des Canadiens. « Je ne suis ni féroce ni avide, » écrit Wolfe à Lord George Sackville, « mais je verrais volontiers piller et saccager la vermine canadienne, pour la payer en bonne justice de ses cruautés inouïes. Si My Lady George connaissait le fond de mes sentiments : « Homme brutal et sanguinaire ! » s'écrierait-elle. » — Nous avouons, toutefois, que le Dr Bourinot, comme l'abbé Casgrain pour Bougainville, attribue les opinions sévères de Wolfe à sa nervosité maladive (*Cape Breton*, p. 146). Mais, peut-être serait-il vrai de dire que le jeune général avait été formé, dans les Highlands, à la rude école du Duc de Cumberland contre les rebelles écossais. — Par ailleurs, en un temps où l'opinion publique, avec plus de justice qu'aujourd'hui, laissait chacun libre de suivre son inclination personnelle d'après sa conscience et son intérêt, souvent on se retrouvait naturellement entre compatriotes dans les rangs adverses, et l'on ne se scandalisait pas de rencontrer dans l'armée anglaise des réfugiés français huguenots, comme Ligonier ou Barré, tandis que des Jacobites comme Johnstone servaient sous le drapeau de la France. Mais nous ne citerons pas à ce propos Douglas, le commandant de Sillery, ainsi que le fait la *Revue canadienne* (IV, 855), parce que sa famille était établie en Touraine depuis des siècles.

2. *Vaudreuil à Bougainville*, 22 août; *Thiballier à Bougainville*, 11 septembre.

étaient par le travers des vaisseaux anglais[1]. Le jour revenu et le convoi passé, Bougainville n'était pas libéré de ses inquiétudes, car les Anglais avaient trouvé le moyen de mettre sa surveillance sur les dents. Ils suivaient l'impulsion de la marée, remontant avec le flot, descendant avec le jusant[2], obligeant les Français de vivre dans une agitation perpétuelle, énervante. Mais Bougainville ne perdait point courage. Il partageait avec toute l'armée la conviction que les Anglais, ne pouvant prendre pied sur la côte nord, allaient se résigner à repartir pour l'Angleterre le 15 septembre. Le calcul était juste. Malheureusement, Wolfe, par un coup de tête génial, fit une dernière tentative, sans grand espoir de succès[3]; et, deux jours avant le 15, la partie était à jamais perdue pour la France dans l'Amérique du Nord.

Ce fut justement un convoi de vivres qui décida la catastrophe, et, cette fois encore, l'abbé Casgrain prend à partie la mémoire de Bougainville de la façon la plus inique et la plus irréfléchie. Il ne s'agit de rien moins que de mettre à sa charge la perte de Québec et du Canada.

« Depuis quelques jours, » déclare brutalement notre auteur, « il semblait frappé d'aveuglement. Malgré les ordres les plus formels de Vaudreuil, lui enjoignant de garder sur les hauteurs d'Abraham le régiment de Guyenne pour se porter en peu d'instants aux endroits menacés, il l'avait laissé partir pour le camp de Beauport. Il avait également négligé de suivre les conseils du gouverneur, qui, après lui avoir fait remarquer que le poste du Foulon n'était pas assez gardé, lui avait dit d'y ajouter 50 hommes de la compagnie de Repentigny. « Bougainville, » dit le Ch^er^ Johnstone, « avait un grand fond « d'esprit, de bon sens et de bonnes qualités... Mais à une très grande « bravoure se joignait chez lui beaucoup d'ignorance de l'art mili- « taire, qu'il n'avait jamais étudié. » Grâce à des influences de cour et à la faveur de Mme de Pompadour, il était passé de simple aide de

1. « M. Dumas me fait une peur infinie; il prétend que les Canadiens qui mèneront le convoi par eau no pourront s'empêcher de parler et de battre le briquet, lorsqu'ils seront par le travers des vaisseaux anglais » (*Bigot à Bougainville*, 17 août).

2. « C'est pourquoi... il [l'ennemi] était tantôt à six lieues et plus au-dessus de Québec, et, à la marée baissante, il ne faisait que se laisser dériver jusqu'à un quart de lieue de cette ville » (Joannès, *Mémoire abrégé*).

3. L'abbé Casgrain lui-même publie la lettre de Bigot racontant, d'après les officiers anglais, que Wolfe « n'avait pas compté réussir » (25 octobre 1759; cf. Casgrain, II, 218, et Parkman, II, 272-273). Mais il ne comprend pas que ce sentiment bien connu de Wolfe, qui osait à peine développer son plan devant ses officiers, excuse en grande partie l'erreur des généraux français, qui ne crurent au débarquement des Anglais qu'après l'événement devenu irrémédiable.

camp au grade de colonel, au grand mécontentement de plusieurs officiers plus anciens et plus méritants que lui. Le soir du 12, il avait envoyé dire, contre toute apparence, que l'armée anglaise était rentrée au camp de la Pointe-Lévis. Puis, au lieu de suivre la flotte sans jamais la perdre de vue, comme il en avait l'ordre formel, il resta inactif au Cap Rouge, avec tout son détachement. Pourquoi ne se rapprocha-t-il pas des hauteurs d'Abraham comme les manœuvres des Anglais le lui indiquaient? Pourquoi ne renvoya-t-il pas les grenadiers et les volontaires qui sont l'âme de leur régiment? Pourquoi, après avoir informé Vaudreuil et Montcalm ainsi que les postes de Rumigny, de Douglas et de Vergor qu'il enverrait cette nuit même des bateaux chargés de provisions, n'a-t-il pas averti de son changement de résolution pour qu'ils ne les attendissent plus? « Tout cela, « conclut Johnstone, est inexplicable. »

« Mais, ce qui était impardonnable de la part de Bougainville, » continue l'audacieux réquisitoire, « c'est d'avoir, au mépris des avertissements du gouverneur réitérés dans la lettre où il lui donnait *carte blanche sur les moyens*, changé ou du moins laissé partir, trois ou quatre jours après, le commandant du Foulon et laissé le poste aux mains de Vergor, cet officier mis en jugement peu d'années auparavant pour avoir livré presque sans résistance le fort de Beauséjour. L'armée, comme les généraux, se reposait entièrement sur lui. L'avant-veille encore, Montbeillard lui écrivait de Beauport : « Nous « passons ici les nuits au bivouac et nous avons grand tort, c'est vous « qui veillez pour nous. » Durant tout l'été, il avait eu sous les yeux l'infatigable vigilance de Lévis, qui, placé dans la même position que lui sur la rivière Montmorency, n'avait jamais été mis en défaut. Mais Lévis n'était plus à Québec[1]. »

Nous venons de reproduire dans son entier la première partie de l'acte d'accusation. Voyons la part invraisemblable, — par convenance, nous ne voulons point dire impudente, — de négligence et d'imagination qui s'y trouve.

Tout d'abord, nous savons ce qu'il faut penser du mérite militaire de Bougainville; lui-même convenait de fort bonne grâce qu'il n'était qu'un apprenti[2]. Il n'avait encore vu de la guerre que deux sièges et

1. Casgrain, t. II, p. 226-228.

2. L'abbé Casgrain, d'ailleurs, qui traite Johnstone d' « esprit mal balancé, inquiet et peu réfléchi » (t. II, p. 101), était médiocrement venu à le choisir pour témoin. Mais le pauvre Johnstone n'avait pas sous les yeux les documents confiés à l'abbé Casgrain, ce qui rend la conduite de celui-ci absolument unique en son genre.

un assaut contre un camp retranché ; et, pour la première fois qu'il avait à manœuvrer devant l'ennemi, il le faisait sous sa propre responsabilité, dans des conditions si douteuses, qu'on était obligé de lui donner carte blanche et que, leurs lettres le prouvent, gouverneur et général lui répétaient à l'envi qu'il devait « faire la guerre à l'œil. » Il est tout simplement ridicule de comparer ici le cas de Lévis sur les bords du Montmorency, puisque ce commandant n'avait qu'une ou deux lieues de front à surveiller[1], avec la certitude que les Anglais ne s'éloigneraient jamais beaucoup de leur flotte, contre les dix-huit lieues dont Bougainville formait la couverture en présence de cette même flotte, se transportant d'un point à l'autre pour le mettre avec ses troupes hors d'haleine. La vérité est que les chefs de l'armée ne savaient à quoi s'en tenir et, qu'au lieu d'avoir des instructions formelles, Bougainville n'en recevait que d'indécises ou de contradictoires. Vaudreuil, dans les derniers jours d'août, lui écrivait que les mouvements des Anglais ne devaient être qu'une feinte pour attirer des troupes au-dessus de la ville[2] et le félicitait de ne point se laisser prendre à la ruse. On pensait bien que l'ennemi devait encore risquer un coup avant que de lever l'ancre ; mais il y avait des chances pour que ce fût une seconde représentation de l'affaire du 31 juillet, à cette différence près que, Bougainville étant détaché de

1. Moins encore. L'abbé Casgrain ne compte « que deux milles du fleuve au passage » guéable de la rivière, défendu par des épaulements (II, 103) ; et cette courte distance formait le champ naturel où s'exerçait la surveillance de Lévis (ibid., 109). En outre, il était à portée du quartier général pour recevoir des ordres ou des renforts à la première alerte.

2. « Le détail que vous m'avez fait de la manœuvre de la goélette, du bateau et des sept à huit berges anglaises n'a pas laissé que de m'intriguer. J'ai bien pensé comme vous que ce n'était qu'une feinte et j'ai vu avec plaisir que, bien loin d'y donner, vous vous êtes inviolablement occupé du dépôt de la Pointe-aux-Trembles » (*Vaudreuil à Bougainville*, 23 août 1759). — « Si le camp de St-Antoine se repliait ou diminuait, bien loin de vous augmenter dans cette partie, il faudrait que vous fissiez descendre quelques troupes. C'est à vous à faire la guerre à l'œil » (*Ibid.*, 25 août). — « Je vous ai déjà mandé, Monsieur, qu'il a déjà passé cinq bâtiments... Depuis, j'ai fait les réflexions suivantes : ce peut être une ruse pour nous faire passer beaucoup de monde au-dessus de Québec et nous faire demain une attaque générale. Je m'y attends et je me tiens sur mes gardes. 2° Si ce sont des vaisseaux ou frégates, les démarches qu'ils ont faites hier et avant-hier n'auront été qu'une feinte pour vous rappeler et profiter de votre absence pour s'établir dans la communication. Ce peut être aussi pour tâcher de passer le Richelieu et aller s'emparer de nos frégates et de nos vivres. C'est à vous, Monsieur, à faire la guerre à l'œil, et, quoique je vous aie demandé les équipages, vous pourriez ne m'en renvoyer que la moitié » (*Ibid.*, le 27 août, dix heures du soir).

l'autre côté de la place avec une partie des troupes, l'armée française se trouvait affaiblie d'autant[1].

Cependant, remarque Bougainville, ces efforts continus de la part des Anglais « prouvèrent qu'ils en voulaient à notre communication, objet essentiel, mais d'une garde difficile, étant obligé de suivre à pied, avec des forces bien inférieures, les mouvements et marches rapides de leurs vaisseaux et de leurs berges. » Aussi, malgré leur conviction première qu'ils se trouvaient au poste le plus menacé, les généraux du camp de Beauport commençaient-ils à éprouver pour la sûreté du haut fleuve une certaine inquiétude, sans marquer pourtant à son égard une alarme sérieuse[2].

On était ainsi au vif de l'attente, lorsque, le 5 septembre à midi[3], l'ennemi dessina un mouvement plus menaçant que tous les autres. « Les Anglais levèrent... leur dernier camp de la Pointe-de-Lévis, marchèrent en colonne au nombre de 5,000 hommes vers le haut du fleuve, ce qui indiquait une descente générale au-dessus de Québec, d'autant qu'ils avaient passé 30 berges pendant la nuit qui furent joindre les bâtiments mouillés à Sillery[4]. » Sur-le-champ, Vaudreuil et Montcalm expédièrent au-delà de Québec le régiment de Guyenne et prévinrent Bougainville par des lettres instantes et réitérées qui sont le nœud de l'accusation.

« Le mouvement des ennemis, mon cher Bougainville, » avertit Montcalm, « est si considérable que je crains qu'il ne passe la rivière des Techemens [Etchemins] et qu'il ne cherche à nous dérober une marche pour couper la communication ; *de sorte que je fais marcher le régiment de Guyenne en entier, sauf un capitaine, un lieutenant et 50 soldats des moins ingambes pour garder leurs drapeaux, tentes et équipages, sauf à*

1. *Montreuil à Bernetz*, 3 septembre 1759, transmise à Bougainville.

2. Vaudreuil, en effet, écrit encore le 1er septembre à minuit : « Voilà donc les vaisseaux anglais au Cap Rouge. Ils pourraient bien tenter à y faire une descente et la combiner avec une attaque au camp et peut-être à la ville. Les Anglais donneraient lieu de se méfier par leur manœuvre au Sault [du Montmorency], ayant beaucoup déblayé aujourd'hui. » Mais Montcalm, voyant les choses un peu différemment, ajoute à deux heures et demie de l'après-midi : « Je viens de communiquer ma lettre à M. le Mis de Vaudreuil qui approuve. Il y a trop d'affectation de leur part. »

3. L'abbé Casgrain croit que Bougainville eut sa dernière entrevue avec Montcalm le 3 septembre, au manoir de Salaberry, où était établi le quartier général des lignes de Beauport (II, 209).

4. *Relation du siège de Québec*. « Ce corps, qui était d'environ 3,000 hommes, comme nous l'avions pu juger... » (*Journal abrégé* par un aide de camp de Montcalm).

les leur faire passer par la suite[1]. C'est à vous, mon cher Bougainville, à les emmener avec vous ou de les laisser dans la communication du Cap Rouge, à l'anse des Mers, pour relever les postes, ce qui nous conviendrait le mieux pour être à même de rappeler ce régiment s'il était besoin dans notre partie.

P.-S. — « Quand même vous préféreriez d'emmener le bataillon de Guyenne, vous ne pourriez rien faire de mieux que de charger M. de Fontbonne [son Lt-colonel] du commandement des postes du Cap Rouge. »

A quoi Montreuil, major général de l'armée, ajoute de sa main en second post-scriptum :

« M. le Mis de Montcalm m'a chargé de marquer à M. de Bougainville que le régiment de Guyenne serait en réserve sur le grand chemin derrière l'anse St-Michel ou Sillery pour être à portée de secourir la gauche et la droite. *Il m'a chargé encore de lui dire d'être toujours de l'avant des ennemis, c'est-à-dire plus haut qu'eux :* vous êtes le maître de disposer du régiment de Guyenne. »

Ainsi, le régiment de Guyenne n'est détaché, le 5, en réserve que pour l'occasion[2], quitte à demeurer sur le terrain si cette occasion se prolonge, et, pour Bougainville, la seule instruction formelle sera de rester toujours en amont des ennemis, tant qu'ils navigueront au-dessous du Cap Rouge, afin de secourir aisément les postes situés plus haut sur le fleuve[3]. La perplexité de Montcalm apparaît encore mieux dans une seconde lettre de ce jour, à quatre heures du soir.

« *Vous ne sauriez, Monsieur,* » écrit-il en effet, « *donner trop d'avance, au cas que le mouvement vous regarde.* Pour moi, je crains toujours un mouvement rétrograde sur la ville ou sur le camp. Malgré cela, je fais toujours partir le piquet de Béarn avec 60 hommes de Repentigny. Envoyez-leur au-devant, si vous voulez qu'ils restent en arrière, sinon ils vous joindront.

« A l'égard du piquet de Royal-Roussillon et 60 hommes de Repentigny, je les laisse à la porte St-Jean, et vous pouvez leur envoyer ordre de marcher à vous, *ou tirer les 100 hommes de Québec et Montréal com-*

1. Nous soulignerons les passages les plus importants des pièces qui suivent.

2. Et non le 4, à tout hasard, comme l'affirme l'abbé Casgrain (II, 209). Ce jour-là, Guyenne avait été seulement rapproché des ponts, mais non point expédié sur les hauteurs d'Abraham (Malartic, 5 septembre).

3. « M. le Mis de Montcalm m'a chargé de vous dire que, *pourvu qu'on oppose quelques coups de fusil où les ennemis se présenteront, ailleurs qu'à St-Augustin et à la Pointe-aux-Trembles, ils ne débarqueront jamais* » (*Montreuil à Bougainville*, 1er (?) septembre au soir). L'abbé Casgrain dissimule adroitement ces instructions positives.

mandés par M. de Vergor[1] et d'un officier (*sic*) et deux cadets et faire remplacer par les 100 commandés par un Cap^e de Royal-Roussillon... Au reste, veillez beaucoup au dépôt de vivres que vous savez que nous avons au Cap Rouge. Prenez garde à la manœuvre des berges. *Je suis persuadé que leurs bâtiments chercheront à canonner quelque part pour faire prendre le change et que les berges iront débarquer plus haut*... Je vous ai marqué le grand mouvement de quasi tout ce qui est au camp de Lévis, marchant par la gauche, c'est-à-dire vis-à-vis de vous. M. Wolfe est bien homme à rétrograder dès ce soir...

P.-S. — « Vous connaissez les heures de marée mieux que nous; d'ailleurs, elle varie. Faites attention que la marée commence à monter à une heure. Ils resteront mouillés à Sillery, feront canonner par là, feront remonter leurs berges jusques au jour pour vous dérober une marche. »

Et Montcalm termine par un second post-scriptum annonçant que, d'après un renseignement venu de la ville, l'ennemi semble emporter ses équipages, auquel cas Bougainville devrait se rapprocher du camp de St-Antoine pour tenir les Anglais en observation.

« Je n'ai pas besoin de vous dire, Monsieur, » écrit à son tour Vaudreuil, « que le salut de la colonie est en vos mains, que certainement le projet des ennemis est de nous couper la communication en faisant des débarquements au nord. Il n'y a que la vigilance qui puisse y parer. J'écris à M. de Fontbonne de se mettre en mouvement à la pointe du jour et de poursuivre jusqu'au Cap Rouge, et plus loin s'il le faut, pour côtoyer les ennemis. Je vous enverrais bien davantage du monde de l'armée; mais je craindrais que vous ne fussiez embarrassé pour les nourrir. »

Suivent des indications sur la répartition des forces dans les postes le long de la côte, parmi lesquels, aux 100 hommes de Vergor, entre l'anse des Mers et l'anse au Foulon, s'ajouteraient 50 hommes amenés, dès le lendemain matin, par Repentigny. Samos aurait ses 30 hommes; St-Michel, 50; Sillery, 50 au lieu de 100; le Cap Rouge,

1. Montcalm savait donc que Vergor occupait le poste du Foulon. Il semble que son opinion ait varié sur ce personnage : « Conseil de guerre cet automne pour Beauséjour et Gaspareau, » écrit-il à Bourlamaque dans sa lettre du 27 juin 1757, que l'abbé classe à tort parmi les pièces de l'année suivante. « Je serai le conseil pour sauver ceux de Beauséjour, perdre le commandant de Gaspareau. C'est mon avis, ne devant pas être juge. » Mais, le 24 octobre suivant, il dit à Lévis : « Entre nous, c'est, des deux commandants, celui [de Gaspareau] qui est le moins coupable; mais on voulait le sacrifier. » Dans tous les cas, Vergor une fois acquitté et réintégré dans son grade, il n'appartenait point à Bougainville de l'empêcher de marcher à son tour de service. D'ailleurs, Lévis, deux ans auparavant, l'avait employé aux avant-postes de Carillon, où Vergor commandait un camp (*Lévis à Vaudreuil*, 19 juillet 1757).

200; et Bougainville conserverait la disposition de 2,100 hommes, non compris les sauvages, pour garnir les autres postes ou frapper en masse.

« *Il est vrai que, sur cela, il vous est absolument nécessaire de garder, chemin faisant, St-Augustin, la Pointe-aux-Trembles et Jacques Cartier.* Je crois, Monsieur, qu'avec cela et un peu de bonheur, vous ferez de la bonne besogne.

« Je n'ai pas besoin de vous recommander Mrs de Guyenne, de donner un commandement convenable à M. de Fontbonne et d'établir le régiment de Guyenne dans le point central, sauf à en tirer la compagnie des grenadiers et des piquets. Je leur enverrai, d'après votre réponse, avec 50 hommes qu'ils ont ici, leurs tentes avec leurs marmites et leurs drapeaux. Ce ne sera aussi que d'après votre réponse que je ferai partir aussi M. de Repentigny avec 250 hommes, *dont il laissera en passant 50 à Vergor* et en amènera 200 avec lui au Cap Rouge pour remplacer Beaubassin, jusqu'à ce que les circonstances vous permettent de le faire revenir dans son poste.

« Comme la subsistance vous embarrassera peut-être, *en ce cas, tâchez de vous passer des 250 hommes de M. de Repentigny* et laissez-moi les postes garnis suivant le tableau ci-dessus[1].

P.-S. — « Vous pouvez, Monsieur, prendre quelques barils de lard à la rivière du Cap Rouge, suppléer par des bestiaux, moyennant certificat et commander des charrettes partout dès que vous en aurez besoin... *En un mot, carte blanche sur les moyens.*

« ... *Prenez garde qu'avec ces démonstrations les berges ne finissent par se porter plus haut. Donnez toujours de l'avance à la cavalerie et à vos volontaires.* Ils vous feront des pétarades dans tous les postes et vous feront filer à la marée montante, c'est-à-dire d'une heure à deux. Faites attention que, passé une heure, vous n'avez plus rien à craindre pour la ville, car il faudrait qu'ils y vinssent contre marée et vent. »

Cette lettre de Vaudreuil confirme absolument celle de Montcalm. Les troupes sont mises en mouvement pour l'occasion; si l'ennemi rentre, elles rentreront. Le vrai danger serait dans le haut du fleuve, et Bougainville doit toujours rester en amont de la flotte. Quant au poste de Vergor, qui le commande au vu et au su des généraux, on le pourrait fortifier de 50 hommes, mais ce renfort dépend des facilités de subsistance. Rien, en définitive, ne désigne spécialement cet endroit à l'attention[2].

1. Il y a quelque léger désarroi dans les idées du gouverneur. Si Repentigny et ses 250 hommes ne marchent point, on ne voit pas comment Vergor aura les 50 hommes de renfort qu'indique le tableau et auxquels tient tant l'abbé Casgrain.

2. L'abbé Casgrain a très perfidement analysé cette pièce (II, p. 208-211), ce qui nous oblige à la reproduire presque en entier. Il veut faire croire qu'en pro-

Comme l'avait deviné Montcalm, Wolfe, après avoir mis les Français en émoi, rentra le soir même dans ses cantonnements. Et Montcalm d'écrire à dix heures du soir : « Il est certain, mon cher Bougainville, que je me perds sur la manœuvre de l'ennemi. » Le lendemain matin[1], la nuit ayant porté conseil, Vaudreuil dicte cette lettre à l'adresse de Bougainville :

« Voici, Monsieur, réponse à vos deux lettres, l'une de dix heures et demie du soir et l'autre de quatre heures et demie du matin. Après avoir conféré avec M. le Mis de Montcalm, *j'approuve fort de laisser dans les mêmes postes de la communication,* depuis l'anse des Mers jusqu'au Cap Rouge, *les mêmes officiers qui les connaissent* et en voici le détail :

« *Anse des Mers et du Foulon, M. de Vergor, qui a remplacé M. de St-Martin, avec 100 hommes*[2].

posant d'augmenter de 50 hommes le poste du Foulon (qui comporte aussi celui des Mers), Vaudreuil aurait donné l'ordre formel de le surveiller à part, comme le point le plus vulnérable. Il espère montrer ainsi que Vaudreuil, seul, a vu clair dans la défense de Québec et que Bougainville, aveuglé par sa haine contre le gouverneur canadien, a négligé l'axiome de Montluc :

« Si le fol un conseil te donne,
N'en fais refus pour sa personne. »

Bien entendu, l'historien évite, à propos de l'anse du Foulon, de prononcer dans cette analyse le nom de Vergor, pour donner lieu de penser que ni Vaudreuil ni Montcalm ne soupçonnaient à ce poste la présence d'un pareil officier. Il dit même, nous l'avons vu, que Vergor n'en prit possession que trois ou quatre jours après.

1. 6 septembre, onze heures. — L'abbé Casgrain passe complètement sous silence les pièces qui suivent.

2. On voit que Bougainville est tombé d'accord avec Vaudreuil et Montcalm sur le chiffre de garde pour ce poste. Et, puisque l'état-major admettait ses raisons, l'abbé Casgrain n'a pas à les réclamer. Montcalm, en juillet, avait déclaré ce chiffre très suffisant et Parkman l'approuve (II, 276; cf. Garneau, II, 329; Casgrain, II, 209). Encore fallait-il que les 100 hommes s'y trouvassent et ceci regardait Vergor. « Malheureusement, » dit la *Relation* canadienne *du siège de Québec,* « la garde de la première anse n'était que de 60 hommes et celle de la seconde de 30. » A quoi la note rectificative adjointe et conçue dans le sens français de Bougainville répond sèchement « il n'y avait que 60 hommes en tout aux deux anses. » — D'après l'auteur, toujours un peu suspect, des *Mémoires sur le Canada,* Vergor aurait permis aux Canadiens de son poste d'aller travailler à leur récolte, à la condition qu'ils travaillassent ensuite sur ses terres (Casgrain, p. 231). Le fait est possible. Il faut se rappeler, néanmoins, que l'une des grandes préoccupations du quartier général, en cela conformes aux ordres de la Cour, était de permettre aux miliciens de s'occuper de leurs récoltes dès que les exigences du service l'autoriseraient. De plus, la veille même, 11 septembre, Thiballier écrivait de la Pointe-aux-Trembles à Bougainville : « Plusieurs Canadiens de mon piquet, du camp de M. de Repentigny, se trouvent sans équipage. Ils me demandent d'aller chercher de quoi

« Batterie de Samos, 30 hommes.

« St-Michel, M. Duglas [Douglas], 50 hommes.

« Sillery, M. de Remini [Remigny][1], 100 hommes.

« Cap Rouge, M. de Beaubassin, 250 hommes.

« Il est question maintenant de vous faire un corps léger qui puisse se porter partout sans dégarnir vos postes. »

Suit le détail de ce corps dans lequel devaient rentrer les hommes de Repentigny laissés « à demeure » aux ordres de Bougainville, pourvu qu'il les acceptât. Le total des postes, de l'anse des Mers au Cap Rouge, serait alors de 500 hommes; le corps ambulant devait en compter 1,085. Restaient St-Augustin, la Pointe-aux-Trembles et Jacques Cartier, défendus par 570. Mais « *je ne compte pas sur ces 570 hommes. Vous ne sauriez les retirer de ces postes et vous ne sauriez avoir trop d'attention sur ceux de St-Augustin et la Pointe-aux-Trembles, sur lesquels vous ne sauriez trop veiller.* »

Cette fois, l'indication du gouverneur général est formelle. Là est le vrai péril. Tous les autres postes, y compris le Foulon, sont de simples vigies que l'on peut dégarnir au besoin.

Pour le régiment de Guyenne, le cas n'est pas moins clair[2]. Mais nous devons encore citer tout au long.

« Si vous vous croyez assez fort avec ces dispositions, comme cela vous paraît, *nous retirerons le régiment de Guyenne pour le faire rentrer dans son camp.* Ce corps s'écraserait et aurait bien de la peine à pouvoir se prêter à vos courses. J'attendrai cependant la réponse à cette lettre pour tout disposer de suite. Suivant cet arrangement à faire rentrer Guyenne qui ne ferait plus d'autre service avec l'armée que de se tenir en mesure pour secourir l'anse des Mers, la ville et la Canardière et de fournir le soir un bivac avec la ville[3]...

P.-S. — « *Si cet arrangement vous convient, pour accélérer envoyez un ordre à Guyenne de rentrer dans son camp, en observant de ne le faire qu'en détail par petits pelotons de 30 ou 50, pour que cela n'ait pas l'air d'un mouvement aux yeux de l'ennemi, qui, sans doute, observe autant que nous,* et envoyez en même temps un ordre à Repentigny... de marcher avec ses 250 hommes...

changer. Si vous trouvez à propos que j'en envoie quelques-uns pour porter les leurs et ceux de leurs camarades, j'attends sur cela vos ordres. » On sait que le gouverneur voulait mettre des hommes de Repentigny dans le poste de Vergor.

1. Ce commandant signe très lisiblement « Remigny » et non « Rumigny, » comme l'appelle l'abbé Casgrain.

2. L'abbé Ferland (II, 577) attribue à Montcalm, « qui ne pensait pas qu'il y eût danger de ce côté, » le rappel du bataillon de Guyenne. On va voir que le vrai coupable est Vaudreuil.

3. La phrase est incomplète.

« Si vous pensiez cependant, Monsieur, qu'il fût bien décidé que leur mouvement [aux Anglais] fût par en haut, il faudrait bien nous laisser Guyenne et leur faire passer [à Guyenne] leurs équipages. Songez seulement que c'est un corps pesant qui ne peut pas faire le métier de courir dans votre communication. A la vérité, vous pourriez en établir une moitié à St-Augustin, une autre à la Pointe-aux-Trembles et en retirer des détachements. Nous anéantirions ce bataillon. Si, une fois, il est décidé qu'il monte là-haut un gros corps, je ne craindrai pas de me dégarnir ici.

« A l'égard de laisser Guyenne à l'anse des Mers, cela ne se peut, parce qu'il n'y a pas de bois[1]. »

Que pouvait répondre Bougainville, sinon « gardez Guyenne et envoyez Repentigny? » Ainsi fut fait. Et quelques heures plus tard, le même jour, Vaudreuil reprenait la plume.

« Voici, Monsieur, réponse à votre lettre datée d'aujourd'hui à une heure et demie. Guyenne est rentré, M. de Repentigny vous marche[2]. »

Le lendemain 7, Bougainville fut attaqué au Cap Rouge. C'était, paraît-il, une fausse démonstration ; mais le poids de l'attaque serait bientôt retombé sur lui, s'il n'avait été suffisamment en mesure de faire bonne contenance[3]. Le Cape Knox, à bord de la flotte anglaise,

1. Ainsi, c'est Bougainville qui propose d'établir Guyenne à l'anse des Mers, et c'est Vaudreuil qui refuse, parce que la troupe y manquerait de chauffage. On juge alors de l'indicible stupéfaction avec laquelle nous lisons dans l'abbé Casgrain, énumérant les causes de la catastrophe : « *Premièrement, le régiment de Guyenne, posté sur les plaines d'Abraham, avait été retiré contre toute raison, dans la soirée même du* 12, d'après Vaudreuil (*Lettre au ministre*, 5 octobre 1759). SECONDEMENT, IL L'AVAIT ÉTÉ A L'INSU DE VAUDREUIL, SANS QUOI CE GOUVERNEUR AURAIT INSISTÉ A LE FAIRE RENVOYER !!! » (p. 234).

2. Malartic note aussi la rentrée de Guyenne le 6 septembre. Voir encore *Montreuil à Bougainville*, 6 septembre. Vaudreuil insiste, dans sa seconde lettre, sur ce qui est à ses yeux l'essentiel. Ce régiment ne marchera que si le mouvement de l'ennemi est « décidé d'une façon irrévocable. » Et alors « ce serait un corps à faire rester à St-Augustin ou à la Pointe-aux-Trembles, comme je vous l'ai mandé ce matin. » — « Si les ennemis se portent en force vers St-Augustin, » répète Montreuil en sous-ordre, « on vous enverra, sur le compte que vous en rendrez, le regt de Guyenne avec armes et bagages, que vous partageriez à St-Augustin et à la Pointe-aux-Trembles, ou ensemble à votre choix. » On voit si le gouverneur se préoccupait de maintenir irrévocablement Guyenne à portée du Foulon.

3. On conçoit aisément que, s'il pouvait se passer du régiment de Guyenne, ce n'était pas une raison pour qu'il se dégarnît tout à fait et renvoyât, en outre, « les grenadiers et les volontaires qui sont l'âme de leurs régiments. » Du reste, il n'avait, ce semble, que quatre compagnies de grenadiers (*Montcalm à Bougainville*, 7 septembre, midi), et non cinq, comme Vaudreuil l'écrit au ministre le 5 octobre (Casgrain, 265).

raconte l'opération dans son journal et nous montre sous des couleurs et dans un mouvement pittoresques la petite armée de Bougainville qu'il traite avec le dédain supérieur d'un véritable Anglo-Saxon[1]. Le matin de ce jour, à huit heures, Montcalm écrivait encore au jeune colonel :

« Il est certain que la conduite des ennemis est aussi embarrassante qu'équivoque... J'aurai toujours une partie de mon monde plus haut que moi, à une lieue en avant, pour les faire filer dès que les navires appareilleront pour monter (?) la descente à la droite du Cap Rouge[2], plus facile que la gauche. Je n'en sais pas davantage : activité, prudence et bonheur. »

Personne, décidément, ne croyait à une descente aux portes de Québec[3]. Mais, dans cette partie d'échecs, comme l'appelait Montcalm, où les Français pleins d'inquiétude se gardaient contre toute surprise, tandis que les Anglais ne pouvaient trouver le joint de la cuirasse qui s'étendait des hauteurs du Montmorency à Deschambault, les deux

1. Parkman, II, 278-279. — Ce fut le surlendemain de ce jour que Wolfe dicta au colonel Barré sa fameuse lettre de désespoir à Lord Holdernesse. « A bord du *Sutherland*, devant le Cap Rouge, 9 septembre... Je suis assez remis pour m'occuper de ma tâche; mais ma santé est absolument ruinée, sans la consolation d'avoir pu rendre un vrai service à l'État et même sans aucune chance de pouvoir lui en rendre » (*Quart. Review*, avril 1875, p. 400; Casgrain, p. 216).

2. C'est donc toujours avec cette réserve que Bougainville devait entendre la seconde lettre que Montcalm lui écrit encore le 7, à midi. « *Le point important*, mon cher Bougainville, *est de bien suivre le mouvement du corps que vous avez par eau vis-à-vis de vous.* Toutes les fois que vous arriverez à temps pour leur débarquement, j'en ai bonne opinion; quand même vous n'arriveriez pas avec tout votre monde, vous les contiendriez assez pour que la queue joignît. » C'est ce que fera ponctuellement Bougainville, le 13, à la première nouvelle de la descente; il partira sans réunir son monde, laissant la queue joindre comme elle pourra. — Bougainville, le 7 au matin, croit encore que l'ennemi n'attaquera sérieusement que les lignes de Beauport et craint de ne pas assister à l'affaire. Montcalm le rassure en lui donnant des renseignements nouveaux sur les mouvements des Anglais, que l'on peut suivre ainsi dans le plus grand détail, grâce à cette précieuse correspondance.

3. L'abbé Casgrain cite (p. 209) une lettre de Montcalm à Bougainville le 10 septembre. « M. de Vaudreuil a plus d'inquiétude que moi pour la droite. Aussi, je n'ai pas voulu insister au sujet des trois compagnies. Si les choses se civilisent, alors comme alors. » Mais, dans la même lettre, Montcalm conseillait de prendre garde à Deschambault; et Vaudreuil, deux jours auparavant, avait exprimé la vraie nature de ses craintes : « L'ennemi ne peut avoir que deux objets, la diversion ou s'établir en haut. A vous dire vrai, je crois plutôt le premier, et le second ne leur réussira qu'autant qu'ils vous préviendront » (*A Bougainville*, 8 septembre).

partenaires, d'égale force, risquaient d'être contraints de « faire pat. » Wolfe en finit par un coup d'audace[1].

Le 12 septembre, Cadet avertit Bougainville de la nécessité de faire passer, malgré la surveillance de l'ennemi, un convoi de farines arrivé, deux ou trois jours auparavant, de Montréal dans le voisinage de la Pointe-aux-Trembles[2]. On sait comment ce détail facilita le dénouement de la crise, les troupes de Wolfe ayant descendu le fleuve à la place des farines annoncées. Voici la seconde partie du réquisitoire de l'abbé Casgrain, dont nous avons reproduit et réfuté le début : « Bougainville, » dit-il, en parlant de la lettre désolée que celui-ci adressa, le 18 septembre, à Bourlamaque pour lui raconter les événements, « dans cette lettre, cherche à excuser sa conduite et à rejeter sur autrui, selon ses propres termes, « la perte de la plus belle « position du monde et [je dirai] presque de notre honneur. » C'était cependant sur lui avant tout autre que retombait la responsabilité de ce désastre. C'était lui qui, chargé de veiller jour et nuit, s'était le premier laissé surprendre[3]. De son propre aveu, il fut averti à huit

1. Il serait intéressant de savoir si la lettre suivante de Remigny, commandant du poste de Sillery, se rapporte à la dernière reconnaissance de Wolfe le long du fleuve, le 10 septembre, qui lui fit choisir décidément l'anse au Foulon. « Hier, à trois heures après midi, trois [quatre] berges descendirent à marée basse devant le poste de la petite maison. La première pouvait porter 30 hommes. Les deux autres n'en avaient que 14 chacune, sans officiers ; mais la plus chargée était composée de 50 hommes armés et beaucoup d'officiers vêtus de plusieurs couleurs. Il y en avait un qui, dessous un surtout bleu, était fort galonné. Ledit surtout avait ses boutonnières en or, un chapeau de point d'Espagne. Tous ces messieurs montèrent jusqu'à la plus haute des maisons qui sont sur le grand chemin. Et, après avoir divisé leurs troupes en petits pelotons, en manière de garde, ils reconnurent le terrain, plantèrent quelques janelons (*sic*) et s'en retournèrent à bord de leurs chaloupes à la marée montante. Il était alors six heures du soir. Vous avez dû voir cette allée et venue de votre camp, Monsieur... Je pense à présent que c'est un nouveau camp qu'ils ont marqué. Je ne prévois pas autre chose » (11 septembre, matin). Peut-être y avait-il dans ces manœuvres et ces jalons une ruse de Wolfe.

2. *Cadet à Bougainville*, du camp de Beauport, 10 et 12 septembre 1759. « Je vous prie, Monsieur, de vouloir bien faire passer les bateaux cette nuit, s'il y a de la possibilité, sans quoi je serai obligé de faire passer demain des charrettes pour aller chercher ces vivres, parce que j'en ai absolument besoin ; mais, s'ils venaient par eau, cela nous épargnerait bien de la peine. Je vous suis très obligé de l'escorte que vous voudrez bien donner à ces bateaux. J'ai l'honneur d'être avec respect, Monsieur, etc., J. Cadet » (*Lettre du 12 septembre*).

3. Qu'est-ce que l'auteur entend par là ? Il y avait eu surprise chaque fois que l'ennemi avait pu faire passer ses navires sous le canon de Québec. « Je pense, » écrivait Vaudreuil le 12 août, « qu'ils profiteront de la nuit sombre que nous allons avoir. Nous ferons de notre mieux pour les en empêcher. »

heures du matin[1]. Joannès affirme même qu'il le fut par les fuyards et par conséquent plus tôt[2]. Quoi qu'il en soit, il savait dès huit heures, par la lettre de Vaudreuil, la descente des Anglais au Foulon[3]. Il se mit immédiatement en marche; mais, au lieu de voler au

Montcalm admettait parfaitement la possibilité d'une surprise dans la situation de Bougainville et donnait ses ordres en conséquence (*Montcalm à Bougainville*, 6 septembre).

1. Dans la lettre du 18 septembre à Bourlamaque, telle que l'imprime l'abbé Casgrain, Bougainville écrit, en effet, huit heures. Mais, dans le mémoire qu'il a dicté au camp de Lorette le 21 septembre, il dit formellement neuf heures.

2. Pourquoi l'abbé Casgrain supprime-t-il la seconde moitié de la phrase dans le mémoire de Joannès? « M. de Bougainville ne fut averti que par les fuyards du débarquement des ennemis, *les vaisseaux lui ayant donné jalousie, faisant mine de tenter un débarquement devant lui.* »

3. L'heure de neuf est, ce nous semble, plus exacte. La lettre de Vaudreuil est datée de « sept heures moins un quart. » Or, l'abbé lui-même estime (p. 245) qu'il fallait un peu moins d'une heure et demie à un cavalier pour faire les trois lieues qui séparent le St-Charles du Cap Rouge et remettre à Bougainville « l'ordre d'accourir au plus vite. » Mais le courrier devait aller d'abord à la recherche de Montcalm, prendre en passant ses instructions et, par conséquent, éviter ensuite l'ennemi, au lieu de se mettre immédiatement en route; puis, les chemins étaient abominablement défoncés par les pluies d'automne (*Bigot à Bougainville*, 9 septembre, cité par l'abbé Casgrain, p. 214). En tout cas, Bougainville ne pouvait être officiellement prévenu dès huit heures du matin. Quant aux fuyards dont parle Joannès, il devait naturellement s'en méfier comme s'en méfièrent à Beauport Montcalm et Vaudreuil, qui prirent la descente pour une fausse attaque (Casgrain, 238). D'après la note rectificative, « avant quatre heures du matin, MM. de Vaudreuil et de Montcalm étaient avertis... M. de Vaudreuil avant M. de Montcalm, puisqu'il était plus proche et que d'ailleurs toutes les ordonnances lui étaient adressées. » Or, il est visible qu'en écrivant deux ou trois heures plus tard à Bougainville, Vaudreuil ne croit pas encore sérieusement au danger. Voici le texte complet, original, de cette lettre, — dont l'abbé supprime les phrases soulignées par nous, — qui n'est rien moins qu'un « ordre d'accourir au plus vite » et qui prouve combien peu Vaudreuil regardait l'anse au Foulon comme le point spécialement vulnérable. « 13 septembre 1759. *J'ai reçu, Monsieur, la lettre que vous m'avez fait l'honneur de m'écrire, avec la déposition du prisonnier ou déserteur qui y était jointe. J'ai fait passer le tout à M. le Mis de Montcalm.* Il paraît bien certain que l'ennemi a fait un débarquement à l'anse au Foulon. Nous avons mis bien du monde en mouvement. Nous entendons quelques petites fusillades. *M. le Mis de Montcalm vient de partir avec* 100 *hommes du gouvernement des Trois-Rivières pour renforcer. Sitôt que je saurai positivement ce dont il sera question, je vous en donnerai avis.* Il me tarde bien d'avoir de vos nouvelles et de savoir si l'ennemi a fait quelque tentative de votre côté.

« J'ai l'honneur de vous souhaiter le bonjour.

« A sept heures moins un quart. — *Votre courrier verra M. de Montcalm en passant et il pourra vous donner de ses nouvelles.*

« Vaudreuil.

« Les forces de l'ennemi paraissent considérables. Je ne doute pas que vous secours de Montcalm, il s'arrêta à Sillery, où il se mit en tête de prendre d'assaut une maison en pierre où les Anglais s'étaient fortement retranchés. Il y sacrifia inutilement les braves volontaires de Duprat, dont plusieurs se firent tuer avec M. de Brignolet, lieutenant de la Sarre. Il y fut repoussé et perdit un temps précieux. C'était au moment même où Montcalm, prêt à livrer bataille, s'écriait : « Est-il « possible que Bougainville n'entende pas cela ? » Bougainville entendait distinctement la fusillade et le canon des deux armées, puisqu'il n'était qu'à une demi-lieue des plaines d'Abraham ; mais l'aveuglement qui s'était emparé de lui depuis la veille le poursuivait encore et il semblait cloué au sol. Ce ne fut que vers midi qu'il ouvrit les yeux en apprenant la perte de la bataille[1]. »

Avec ce que nous savons déjà de ses instructions officielles, il n'est pas difficile de rétablir les sentiments ainsi que la conduite de Bougainville dans la fameuse nuit et matinée du 13 septembre 1759. Des insinuations calomnieuses, des injures audacieuses déversées contre lui dans ces deux volumes pleins de fiel, nous ne retenons qu'un reproche : encore nous inclinons-nous devant les seules apparences pour laisser la part belle à l'accusateur, car au fond, sur ce point, nous ignorons ce qui s'est réellement passé.

Bougainville avait-il vraiment contremandé le convoi sans avertir les postes de garde[2] ? On le dit ; nous n'en savons rien. Le fait se peut, puisque les factionnaires, s'y trompant, laissèrent passer la flottille de Wolfe[3], et que, d'autre part, on ne voit pas que le convoi

ne soyez attentif à ses mouvements et à les suivre. C'est sur quoi je m'en rapporte à vous.

« V. »

Vaudreuil était alors installé dans la maison du cousin de Bougainville, de Vienne, dont la famille fuyait en ce moment vers Montréal (*Blau à Bougainville,* 11 septembre; *Vaudreuil au même,* 17 septembre). S'il avait eu des appréhensions réelles du côté de l'anse au Foulon, ne devait-il pas craindre, à la première nouvelle, que la descente de l'ennemi fût décisive, et n'était-ce pas son devoir à lui-même d'accourir aussitôt? (Hart, 116).

1. Casgrain, II, 263-264.

2. Au début, les convois circulaient sans mot d'ordre. C'est seulement le 23 août, à cause des sauvages, que Vaudreuil avait prescrit dorénavant de « donner un signal ou un mot de reconnaissance et d'en avertir les commandants des postes » (*A Bougainville,* 23 août).

3. Ceci donnerait une légère apparence de plausibilité à l'excuse que l'on invoqua plus tard en faveur de Vergor, qu'il avait reçu lui aussi le mot d'ordre et que la surprise était normale (Gerald Hart, p. 105). On dit, en effet, que deux déserteurs du régiment de La Sarre, échappés du camp de Bougainville, avaient prévenu les Anglais du passage des vivres à destination de Québec et que, s'il y eut contre-ordre, ils n'en furent pas informés, pour s'être évadés trop tôt. Mais le plus curieux est que Wolfe aurait commis la même faute que

de vivres soit venu se jeter à la traverse. Si cela est, nous accorderons, faute de connaître les raisons qui le firent agir, qu'on a le droit de lui reprocher sa négligence. Mais nous ne pouvons consentir davantage. Une chose certaine est que la flotte anglaise resta vis-à-vis de lui jusqu'à l'arrivée du jour pour lui offrir le change et que les berges seules, glissant dans l'ombre, transportèrent les troupes anglaises à l'anse au Foulon[1]. Bougainville, prévenu formellement par Montcalm et Vaudreuil de rester toujours en amont et de se persuader qu'il ne pourrait survenir de débarquement sérieux qu'à St-Augustin ou à la Pointe-aux-Trembles, à quatre ou sept lieues de Québec, voire même à Deschambault, ne s'écartait ni de l'esprit ni de la lettre de ses instructions, en évitant de suivre les Anglais par crainte d'un nouveau piège[2]. « La nature inaccessible de la côte, à l'est du cap Rouge, » dit Kingsford, « supprimait la possibilité d'une tentative au-dessous de ce poste. » Et, dans le cas très invraisemblable d'une démonstration, « il n'était point déraisonnable pour Bougainville d'imaginer que, si près de la place, la garnison et les piquets avancés suffiraient à garantir de tout risque[3]. »

Bougainville. N'ayant pas jugé nécessaire de communiquer son dessein à tous ses capitaines de navire, l'un d'eux, le Cap[e] Smith, qui avait précisément à son bord les deux déserteurs, aurait pris la flottille anglaise pour le convoi canadien et failli la canonner au passage (Mante, 262-263). — De cet imbroglio, il ne faut, pensons-nous, retenir qu'une chose, c'est qu'à la guerre les chefs doivent toujours se garder comme si le hasard le plus invraisemblable devait leur être hostile et ne jamais tabler sur les chances ordinaires des probabilités.

1. « Il ne vint aucun bâtiment mouiller à l'anse au Foulon que le 13, à cinq et six heures du matin. Il n'y eut que les berges qui descendirent la nuit. » (*Note rectificative.*) Un détail, qui peut avoir son importance, est que les longues-vues manquaient au Canada, et Bougainville n'en possédait point à lui. « Monsieur, par le secours d'une mauvaise longue-vue que j'ai empruntée dans le voisinage de la Pointe-à-la-France... » (*Thisbé de Belcour à Bougainville,* 10 août 1759). « Je reçois dans l'instant la lettre que vous m'avez fait l'honneur de m'écrire ce jour, par laquelle vous voulez bien m'apprendre que l'escadre anglaise est réunie vis-à-vis chez vous, mais que, faute de longue-vue, vous n'avez pas pu reconnaître la force de ces bâtiments. Je suis bien mortifié que la mienne soit à bord de M. Canon, car le porteur eût été chargé de vous la remettre » (*Cadet à Bougainville,* 29 août, neuf heures du soir). — M. Gerald Hart, président de la Société hist. de Montréal, en reproduisant avec d'autres portraits dans son intéressant volume la gravure de Boilly, qui représente Bougainville avec une longue-vue, commet donc une sorte d'anachronisme, — d'autant que le dessinateur, étant né seulement en 1761, n'aurait pu exécuter cette planche « à l'époque où Bougainville était au Canada. »

2. L'abbé Casgrain écrit par distraction : « Bougainville, convaincu qu'elle [la flotte] remonterait avec le jusant, comme aux autres marées, ne jugea pas à propos de la suivre » (p. 226). Il veut dire « avec le flot. »

3. II, 275, 281. — « Bougainville was simply *out-generaled.* » — Mieux vau-

Lorsque, enfin, la nouvelle certaine du désastre parvint à Bougainville au Cap Rouge, il était environ neuf heures du matin. Il lui aurait fallu sans doute quelque délai pour réunir en toute hâte le reste de ses troupes disponibles échelonnées en amont. Cependant, sans hésiter, il se mit en route avec 900 hommes seulement[1]. Y eut-il néanmoins du temps perdu, comme l'affirme naturellement l'abbé Casgrain? Ce n'est guère probable. Lorsqu'il se mit en route, la bataille d'Abraham allait s'engager et, dès avant son entrée en ligne, elle ne pouvait qu'être perdue[2]. La maison de St-Michel à Sillery, l'une de celles qu'occupait un fort détachement du régiment d'Anstruther pour

drait dire, ce semble, qu'il fut « *humbugged,* » suivant l'expression de Wellington, qui faillit être victime d'une manœuvre semblable en 1815, — à cela près que Bougainville avait des raisons meilleures de se laisser mystifier.

1. Lévis (*Journal*, p. 208) dit que Montcalm, n'ayant pas eu le temps d'avertir Bougainville, comptait qu'il l'aurait été par ses postes, et par suite attendait d'apprendre qu'il fût à portée pour attaquer l'ennemi; mais il n'osa pas attendre au delà de dix heures. En ce cas, le courrier de Vaudreuil ne l'aura point rencontré au passage, et Bougainville n'eut point d'ordre précis pour accourir. Montcalm se trouvait pris dans ce dilemme : ou Bougainville arriverait avec les premières troupes qu'il aurait sous la main et n'opérerait peut-être pas une diversion sérieuse, ou il chercherait à réunir tout son monde, et ne pouvait alors déboucher que tard dans l'après-midi.

2. Il serait intéressant de contrôler tous les témoignages pour établir l'horaire de cette matinée tragique. Un premier désaccord porte sur l'heure du débarquement au Foulon, qui varie de deux heures du matin aux premières lueurs de l'aube. Nous avons heureusement un moyen de repère. Nous savons par les lettres de Vaudreuil et de Montreuil (voir plus haut, p. 144 et 145) que, le 5 septembre, la mer commençait de monter devant Québec à une heure de l'après-midi; et, normalement, le flot ne devait se faire sentir au Cap Rouge que trois quarts d'heure plus tard. Par suite, dans la nuit du 12 au 13, la mer n'a dû commencer de renverser devant le poste de Bougainville que vers deux heures du matin : et c'est ce que dit très exactement Parkman (II, 284). C'est aussi l'opinion qui paraît aujourd'hui généralement admise. Avec la brise favorable (Parkman, ibid.) et le courant très fort (Bradley, 188), la flottille put franchir rapidement les dix kilomètres qui la séparaient du Foulon. Dès lors, on peut établir que le débarquement dut avoir lieu entre trois et quatre heures; et Vaudreuil fut probablement averti entre quatre et cinq heures. Enfin, comme semble l'écrire le gouverneur à Bougainville, Montcalm aura franchi le St-Charles vers six heures et demie.

Il conviendrait de chercher ensuite à quelle heure nos troupes se trouvèrent prêtes et combien dura l'attente avant d'engager le combat. L'abbé Casgrain, avec d'autres auteurs, fait arriver Montcalm sur le terrain dès avant sept heures, et le Cape Knox dit qu'à sept heures nos troupes étaient déjà en ligne. La *Relation* canadienne affirme au contraire que « M. le Mis de Montcalm ne fut en état de faire défiler ses troupes qu'à six heures et il en était huit au moins lorsqu'elles se présentèrent vis-à-vis des ennemis. Mais le fort de l'action n'eut lieu que vers dix heures. » On sait d'ailleurs qu'elle ne se prolongea pas beaucoup au delà. — « Bougainville, » écrit Montreuil au ministre, « n'arriva en présence lui barrer la route et qu'il fallait bien enlever si l'on voulait tenir le passage libre pour les petits détachements de la communication qui chercheraient à rejoindre en hâte le corps principal, ne put l'arrêter longtemps, puisque les Canadiens, suivant l'usage, lâchèrent pied dès le début et que sa marche dura précisément ce qu'elle devait durer[1].

des ennemis que deux heures après la perte du combat, qui commença à dix heures » (Dussieux, p. 311). Mais ce passage ne doit pas s'entendre au pied de la lettre; car, en supposant que le combat n'eût commencé qu'à dix heures, il aurait dès lors été perdu aussitôt qu'engagé, si Bougainville apparut vers midi, comme le veut l'abbé Casgrain. Cependant, la lettre de Montreuil est, à cela près, un clair témoignage de la brusquerie du dénouement. La prétendue bataille d'Abraham, si décisive dans l'histoire et qui « ne fut qu'une sanglante escarmouche » au point de vue du nombre (Casgrain, II, 267), ne fut pas beaucoup plus importante comme durée : quinze minutes environ, estime M. Justin Winsor (p. 401). Malartic paraît aussi convenir que, longtemps avant midi, tout était terminé. On peut l'admettre facilement, sans aller jusqu'à prétendre, avec l'effronterie de Vaudreuil et de Bigot, que l'armée française fut mise en déroute à la première décharge (Dussieux, p. 172).

1. « 100 volontaires seulement de ce corps avaient été chargés d'attaquer une maison occupée par un détachement de l'armée ennemie, en arrière de la ligne. Les deux officiers qui commandaient ces 100 volontaires ont été abandonnés par la plus grande partie de leur détachement et, restés seuls avec 18 soldats, furent écharpés et pris prisonniers » (*Journal d'un aide de camp du Mis de Montcalm*). « M. de Bougainville, n'ayant pu se rendre maître de ce poste, prit le parti de le masquer » (Lévis, *Journal*). L'abbé Casgrain devait se douter que Bougainville ne pouvait guère passer outre sans échanger des coups de fusil, puisque lui-même raconte qu'une partie du régiment d'Anstruther avait pris « position *dans les maisons échelonnées sur la route de Sillery* » (II, 233). Ces troupes étaient sous les ordres du Col. Howe, l'un des meilleurs amis de Wolfe, celui-là même qui venait de conduire l'escalade sur les pentes du Foulon (Bradley, 188, 192). — « Bougainville, prévenu à huit heures, en marche à neuf heures, » suivant le calcul de l'abbé Casgrain, « aurait pu, en hâtant le pas, signaler son approche dès onze heures » (p. 245). Prévenu tard, dit Lévis, vers neuf heures, selon nous, il est aux approches du champ de bataille vers midi, de l'aveu de l'abbé Casgrain; cela revient exactement au même. Il ne faut pas oublier que Bougainville avait deux lieues et demie (six milles) à parcourir, avec des troupes harassées par une nuit d'alerte, sur un terrain détestable; et, si l'on accepte le calcul de Montreuil ou de l'abbé Casgrain, eût-il gagné une heure sur sa marche, il n'en fût pas moins arrivé trop tard. Évidemment, on ne saurait essayer ici que des calculs très approximatifs, les circonstances ne se prêtant point à un itinéraire normal et les témoins, dans leurs dépositions, ne s'attendant pas à subir un contre-interrogatoire 150 ans après. On observera toutefois que les Anglais, bien placés pour savoir la vérité et très désintéressés dans la question, s'accordent à faire intervenir Bougainville beaucoup plus tôt que ne le racontent les Français. Le Cap[e] Knox assure qu'il aurait pris contact avec l'armée anglaise et forcé la seconde ligne, malgré son peu de troupes, si son ami Townshend, par une habile disposition, n'y eût mis

Mais, en arrivant à portée de combattre, il apprit la déroute des Français. Il ne réussit qu'à protéger la retraite de l'armée qui se retirait affolée, abandonnant « tout tendu » son camp de Beauport, avec ustensiles et bagages.

« Toute l'armée anglaise, » dit-il dans sa note du camp de Lorette, « s'avança pour m'attaquer. Je fis ma retraite devant elle et me postai de façon à couvrir la retraite de notre armée, à me joindre à elle et à remarcher aux ennemis si on le jugeait à propos. M. le Mis de Montcalm mourut le lendemain de ses blessures. Il avait fait une campagne digne de M. de Turenne et sa mort fait nos malheurs. On crut devoir... se retirer derrière la rivière de Jacques Cartier, à onze lieues de Québec, dont nos ennemis formèrent le siège. Je ne sus rien de ce parti que quand il fut exécuté. Je pris sur moi (et le Mis de Vaudreuil l'approuva) de rester avec mon corps au Cap Rouge et à Lorette. J'y rassemblai les débris de notre [armée] et fis entrer des vivres dans Québec. »

Dans ce moment, en effet, l'activité, la décision de Bougainville finissent par arracher un éloge à son éternel critique[1]. En même

bon ordre. Seulement, il place l'arrivée de ce secours pendant la bataille, dont le fort aurait eu lieu, aussi suivant lui, vers dix heures. D'autres historiens anglais, comme Mante, semblent dire également que Bougainville arriva presque durant l'action. M. Bradley le fait même apparaître dès le début; mais il a bien voulu nous avouer que ce devait être seulement ses avant-postes qui auraient marché au canon et qui furent repoussés par le 60e régiment ou Royal-Américain. Entick fixe l'instant de son apparition au moment où Townshend venait de prendre le commandement et de reformer les troupes anglaises qui se désorganisaient dans la poursuite. Or, Townshend dut être avisé sitôt la mort de Wolfe, qui expira lorsque les Français venaient de commencer à prendre la fuite (Entick, *General History of the Late War*. Londres, Dilly et Millan, 1763, IV, 120; Mante, 257; Gerald Hart, 108).

1. « Depuis la journée du 13, celui-ci avait tâché de réparer par sa belle conduite ce qu'il avait eu à se reprocher dans les derniers événements » (p. 281-282). Pendant que l'armée recule le 14 à la Pointe-aux-Trembles et le 15 à Jacques Cartier, Bougainville, en effet, couvre la retraite; et, du Cap Rouge où il est naturellement rentré le 13 au soir, il remonte le 14 à St-Augustin et le 15 à la Pointe-aux-Trembles, d'où il envoie sa cavalerie sur Québec. Le 16, déjà, par le côté de Beauport, elle donne des espérances de secours aux assiégés (Joannès). Le 17, jour où Lévis arrive prendre le commandement, Bougainville en route, de lui-même, sous une pluie battante, passe la nuit à l'embranchement des chemins de Ste-Foye et de Lorette, tandis que ses cavaliers pénètrent dans la ville. Le 18, il se porte par Bourg-Réal sur Charlesbourg, où sont les dépôts de biscuit pour ravitailler la place, et, le soir, en approchant de Québec, il apprend la capitulation (*Vaudreuil à Bougainville*, 17 septembre; *id.*, 17 septembre, deux heures après midi). Bougainville n'avait pas seulement à faire entrer des vivres dans Québec, mais à retirer du camp de Beauport et des magasins de Charlesbourg le nécessaire pour l'armée, surtout des chaus-

temps que, suivant les instructions de Vaudreuil, il facilitait le passage des vivres fournis par M. de St-Rome, il écrivait au commandant de la place, Ramzay, pour lui indiquer plusieurs endroits de la ville où l'on pourrait trouver des farines recélées par les particuliers. Malheureusement, ni ce gouverneur ni les habitants n'inclinaient à la résistance.

« Rien n'est mieux, Monsieur, » écrit à Bougainville le 17 septembre le Cher de Bernetz, « que les promesses de vivres et de prochains secours que vous promettez à M. de Ramzay et à la garnison de Québec. Votre arrivée ne peut être trop prompte, et c'est avec la plus vive douleur que je vous apprends que tous les miliciens sont sans courage et sans volonté. La plupart ont jeté leurs armes, les batteries sont presque sans servants. Une désertion affreuse; plus de vivres, à peine pour quatre jours. Le peuple, les enfants crient famine. Au fait, je ne vois de vrai remède à ceci que de jeter dès ce soir dans la ville 300 hommes de troupes réglées pour réchauffer les cœurs des habitants sur lesquels il n'est plus possible de compter... Les officiers de milice ont déserté et les marchands ne veulent plus prendre les armes. »

D'ailleurs, le commandant de Ramzay, interprétant à sa façon l'ordre de Vaudreuil de ne point se laisser emporter d'assaut, était déjà décidé à la reddition[1]. « Mon cher camarade, » griffonne à la hâte sur un chiffon de papier La Rochebeaucourt qui, avec le Cape de Belcour, s'était montré brillamment au milieu de ce désordre pour introduire des vivres et des espérances de prompt appui dans Québec, « je suis arrivé à la ville dans le temps que M. de Joannès faisait

sures. Lévis et le gros des troupes, ayant couché le 18 à la Pointe-aux-Trembles et le 19 à St-Augustin, où parvint la nouvelle de la reddition de Québec, rentrèrent le 21 à la Pointe-aux-Trembles et le 24 à Jacques Cartier. Bougainville resta le 20 au Calvaire de St-Augustin et s'installa le 24 à la Pointe-aux-Trembles, avec ses avant-postes à St-Augustin (*Lévis à Bougainville*, 23 septembre; *id.*, *Journal*). Lévis dit que le gouverneur repartit le 30 pour Montréal; cependant, Vaudreuil, dans une lettre du 28, annonce son départ pour le lendemain grand matin.

1. Gaffarel, sur Malartic, p. 291. — « Il faut observer que les milices de la ville de Québec sont en général très mauvaises, étant composées d'ouvriers de toutes espèces, négociants, n'allant jamais à la guerre. D'ailleurs, guidés par leurs intérêts personnels. On peut juger de quel secours pouvait être pour une ville assiégée un essaim de combattants de cette espèce » (*Journal d'un aide de camp*). « Le jour de l'affaire d'Abraham, » dit Joannès, « après quelques pas en avant, le petit bouquet de bois qui s'allongeait sur la droite servit de retraite aux Canadiens, du moins à bon nombre d'entre eux, et, lorsqu'ils furent enfin obligés de sortir de leurs broussailles..., c'est dans cet endroit qu'il y en eut quelques-uns de tués et d'autres faits prisonniers » (Dussieux, p. 306). « En

signer les articles de la capitulation [1]. Quelques espérances que M. de Ramzay m'a données m'ont fait laisser mon biscuit; mais je vois bien par le mouvement de l'ennemi que tout est fait. Bonsoir, mon cher camarade. »

Au moment où la garnison se rendait, Bougainville n'était plus qu'à trois quarts de lieue de la place et « se jetait dedans la nuit suivante avec un corps d'élite qui l'eût pu sauver [2]. »

s'enfuyant dans la direction du camp de Beauport, » raconte Joseph Trahan, dans ses curieux souvenirs que citent tous les historiens à propos de Montcalm, « sur le chemin était une boulangerie, dont le boulanger avait fait ce jour-là une fournée de pains. Quelques-uns des fugitifs épuisés lui demandèrent à manger, ce qu'il refusa. Alors, l'un d'eux, dans un accès de rage contre une telle inhumanité, lui trancha la tête de son sabre, et cette tête sanglante fut déposée sur la pile de pains. La faim m'arrachant tout sentiment, je saisis un pain tout couvert de sang, et, avec mon couteau, je fis disparaître la croûte et je dévorai la mie avidement » (publiés par J. Le Moine, *Revue canadienne*, t. IV).

1. La Rochebeaucourt est entré dans Québec le 17, pendant que Joannès débattait les articles de la capitulation; mais celle-ci ne fut signée que le 18. L'abbé Casgrain, qui n'aime point Joannès, semble lui faire un reproche singulier : « Le « petit » Joannès, ce joueur effréné, à qui sera réservé le triste honneur de conclure la capitulation de Québec... » (I, 87). Pauvre Joannès ! Sans doute il dut remplir cette triste mission à raison de son grade. Mais tout le monde accorde, y compris l'abbé, qu'il fit de son mieux pour empêcher le désastre, fouaillant de son épée les officiers canadiens, « lesquels ne menaçaient de rien moins que d'abandonner leur poste et de le faire abandonner à leurs troupes, » conseillant à Ramzay de laisser la ville basse et de se retrancher dans la ville haute. Mais « cet officier, » dit-il, « qui n'a jamais vu faire la guerre que dans un bois, ignorait la façon de défendre un poste. Il y a du moins lieu de le présumer » (Dussieux, p. 309-310). M. Kingsford et M. Bradley adoptent ici les explications de Ramzay; mais la correspondance de Bougainville, surtout les billets de La Rochebeaucourt, ne laissent à ce commandant aucune excuse. Il est faux que les secours ne soient entrés dans Québec qu'après la capitulation. Bernetz, dans sa lettre du 17, rappelle des ordres qu'il vient de donner à Belcour. Il est faux que les vivres apportés ne fussent que de quinze à vingt sacs, ou même de 60 quintaux, comme l'écrit Malartic à la date du 18; La Rochebeaucourt parle toujours de 100 quintaux. Au billet publié par l'abbé Casgrain (II, 280), qui annonce l'envoi de Belcour et l'entrée des 100 quintaux le soir même, on peut joindre celui-ci qui est de la veille (non daté, 16 septembre) : « Mon cher camarade, me voici bientôt au dépôt des vivres de Charlesbourg et je serai sûr de bonheur si je peux entrer dans la ville. J'ai 100 chevaux avec moi. Je peux porter 100 quintaux. Voyez si vous voulez que je profite de la marée de demain matin. Faites-moi réponse promptement. Je m'arrange pour exécuter ce projet avec le plus de sûreté possible. Mandez-moi au juste comment sont les marées le matin. Je les crois basses. Je vous envoie un maréchal de logis bien sûr. Bonsoir, mon cher camarade. »

2. *A Mme Hérault*, 22 septembre.

VI.

La chute de Québec fut le signal de la grande débâcle canadienne. Dans la ville, les habitants ingouvernables avaient pillé les magasins du roi[1]; dans la campagne, ils avaient enlevé tout ce qu'ils pouvaient du camp de Beauport, que les Anglais avaient respecté[2]. De ce moment à la fin de la guerre, il n'est plus question que de désertions, et l'on éprouve toutes les peines du monde à maintenir les miliciens sous les armes. De part et d'autre, les chefs des armées régulières aspiraient au repos pendant la durée de l'hiver. Dans les premiers jours qui avaient suivi la prise de la ville par les Anglais, Bougainville avait dû plusieurs fois intervenir comme parlementaire pour régler différents points relatifs à la capitulation. Vigoureusement secondé par le commissaire des guerres Bernier, ancien aide de camp de Dieskau, il avait d'ailleurs rencontré les plus grandes facilités d'accueil près de son ami Townshend[3]. Il lui fallait s'occuper en

1. « Les effets du Roi pillés dans le moment de la reddition de la place, ils [les Anglais] l'ont su, ils l'ont vu et ont laissé chacun jouir de sa rapine! N'en pouvaient-ils pas faire la recherche et vexer tous les particuliers sous ce prétexte? » écrit Bernier pour montrer la modération des vainqueurs (*A Bougainville*, 5 novembre 1759). L'abbé Casgrain dit que la ville « était devenue le rendez-vous des filous, des gens sans aveu. » Mais, comme il ajoute que « chacun cherchait son bien et, ne le trouvant pas, prenait celui de son voisin » (p. 312), il faut bien en conclure que le pillage était général. Les lettres de Bernier, pour les commencements de l'occupation, manquent dans les papiers de Bougainville, parce que ce dernier les transmettait à Lévis et à Vaudreuil.

2. « Le camp de Beauport était resté tout tendu sans que les ennemis eussent osé descendre pour y entrer; les habitants des environs le pillèrent... D'autres pillaient dans les campagnes, sans qu'il fût possible d'arrêter ce désordre » (Lévis, *Journal*, p. 212-214). Déjà, au mois de mars précédent, Montcalm écrivait à Bourlamaque que le Cap^e^ Benoist, un des rares officiers honnêtes du Canada, « las des voleries, » avait fait passer trois miliciens par les verges. « C'est très bien, il en a le droit. Si je l'eusse fait, on eût écrit contre moi et demandé mon rappel » (18 mars). — Lévis y mit moins d'hésitation. Bougainville ayant sauvé ce qui restait : « Vous avez très bien fait, » lui dit-il, « de faire retirer les munitions de guerre et de bouche qui étaient à Lorette et à Charlesbourg. Par ce que vous me mandez, j'espère que vous parviendrez à finir ce déblai. Beaucoup de fermeté et de châtiment militaire contre les Canadiens qui ne seront point obéissants et qui voudront se soustraire à notre domination. J'approuverai tout ce que vous ferez à cet égard » (6 octobre).

3. Les Anglais s'étaient montrés fort réservés dans leur occupation de Québec. Bernier ne leur reprochait que « deux seuls cas griefs » où la capitulation eût souffert de leur part. Et encore « Grotius aurait décidé en leur faveur. » Ils avaient mis les Jésuites hors de chez eux pour loger leurs troupes; et, dans le premier besoin, ils avaient abattu des maisons inhabitées pour en brûler le bois

détail presque de chaque prisonnier de marque, soit pour obtenir son maintien à l'hôpital, soit pour qu'on l'autorisât à revenir, neutralisé sur parole, passer l'hiver à Montréal. Il lui fallait s'occuper aussi de l'hôpital même, dont l'énergique et brave supérieure, la mère de St-Claude, lui écrivait des lettres éplorées qui méritent la palme de l'inorthographe, où elle conjurait celui qu'elle appelait tour à tour son « cher Boutiensville » ou « Boubienville » de « donner un coup d'œil aux pauvres blessés » et de suivre le mouvement de son cœur compatissant pour trouver des ressources inconnues. On manquait de bois principalement, et l'excellente religieuse comptait sur le jeune colonel « plus que sur tout l'univers » pour mettre à la raison les Canadiens, qui, sur l'ordre de Lévis et de Bernier, venaient offrir leurs services, commençaient par demander des vivres et disparaissaient sans plus de besogne. Puis, le gouverneur soupçonneux ne voulait autoriser l'hôpital qu'à recevoir deux jours de subsistances, pour que l'armée française ne fît point de ce dépôt, situé en dehors de la ville, un objectif d'opérations[1]. Mais ces désaccords n'amenaient pas

(*Bernier à Bougainville*, 5 novembre). Townshend fut d'une complaisance parfaite, allant visiter les blessés français prisonniers à bord des navires pour les faire transporter, sur parole, à l'hôpital, où « j'espère, » disait-il, « que l'attention de ces dames leur sera plus avantageuse que celle de nos matelots, » intervenant pour procurer des passe-ports ou des embarquements à ceux qui souhaitaient et pouvaient passer en France, et même offrant de continuer à son arrivée prochaine en Angleterre tous les bons offices qu'il pourrait (*Townshend à Bougainville*, 22, 26 et 28 septembre, 2 octobre). Il renvoya les papiers et l'argent trouvés sur le corps du colonel de Senezergues et s'employa jusqu'à recueillir des fonds à Québec pour les officiers et les soldats français. « M. Monckton m'a dit qu'il était prêt à donner à l'hôpital général tout l'argent disponible. En ce moment, notre trésorier n'en a pas assez pour nos troupes. Les besoins de votre armée, sous ce rapport, ne sauraient être plus urgents que les nôtres. C'est pourquoi j'ai la mortification de vous envoyer si peu. Mais, quand je vous affirme que j'ai dû recueillir la somme des boutiquiers à mesure qu'ils vendent leur marchandise et point des gens en place dont aucun n'a d'argent de reste, j'ose espérer que vous attribuerez le déficit au malheur des temps plus qu'au manque de soin pour accomplir vos ordres » (7 octobre). « Je suis désolé que vous croyiez devoir vous excuser sur cette question d'argent. C'est à moi de m'excuser de n'avoir pu vous en procurer davantage » (12 octobre). On échangeait des cadeaux et des présents de table. Bougainville, avec le concours de Lévis, envoyait, comme une rareté, des poulets. Le Gal Monckton, qui en faisait précisément chercher jusqu'à Boston, offrait aussitôt du peu qui lui restait dans sa cantine, et Townshend ripostait par du chocolat, quitte à demander la permission de donner sa part de volaille à un jeune ménage canadien qui en avait plus besoin que lui (*Lévis à Bougainville*, 10 octobre; *Robert Monckton au même*, 13 octobre; *Townshend au même*, 2 et 12 octobre).

1. *Mme de St-Claude à Bougainville*, 16 octobre, 2 novembre.

trop de froissements. Néanmoins, les échanges de bons procédés et de courtoisie ne se continuèrent pas tout d'abord avec autant d'aisance sous le successeur de Townshend et de Monckton, le brigadier Murray, qui allait devenir le premier gouverneur anglais du Canada. Le commissaire Bernier trace de ce général un portrait assez curieux qui n'est pas sans quelque prétention amusante au don d'analyse psychologique. A propos de certaines tracasseries dont le maître d'hôtel de Vaudreuil et le domestique de Bigot avaient été l'objet « par des raisons politiques, » Bernier ajoute :

« Je m'expliquerai mieux en temps et lieu ; mais je crois que le meilleur est de laisser tomber la chose et que M. le Mis de Vaudreuil ne réponde point sur cet article. Un ton haut ou modéré produirait des effets également mauvais... L'homme est jeune, bouillant, fier de ses forces, décidé dans ses idées, chargé d'une province à laquelle il ne devait pas s'attendre, avide de figurer. Bon par le caractère, méchant ou à craindre par opposition, prompt à s'allumer et dans ces moments prêt à tout faire ; et, un moment après, cherchant à faire du bien mille fois plus qu'il n'a fait de mal. Devant lui, chacun des siens craint que le pied ne lui glisse. J'avais prévu de longue main quel il serait, et j'agis en conséquence. Quand vous vîntes ici, il opina pour vous y faire rester. Il opina encore sur un avis dont vous avez dû être instruit, pour lequel vous eûtes une insomnie[1]. Cependant je vois, de la résolution à l'exécution, beaucoup d'intervalle par l'intermédiaire de ceux qui le suivent. Le mal est qu'ils ne s'y trouvent pas au premier moment. On vous présentera sans doute d'autres faces ; mais je ne m'arrête que sur celle qui est politique et qui me regarde. M. et Mme Daine[2] peuvent vous en dire plus, mais le meilleur est d'en parler moins[3]. »

Nonobstant, tout finit par s'arranger au mieux et l'on se prépara

1. Il s'était passé quelque chose, entre Bougainville et les Anglais, dont la clé nous échappe. « With respect to your commission to colonel Murray, I will take the first opportunity of delivering it to him. It is a peice (*sic*) of justification for which there was no occasion. The name and character of Monsr de Bougainville is too well known amongst us to be lightly charged with the errors in the disposition of your army » (*Townshend à Bougainville*, 26 septembre). Quelques jours plus tard, on voulut, paraît-il, le retenir prisonnier, durant son passage à Québec (Malartic, 3 octobre). « I flatter myself, » dit alors Townshend, « I need not after this [Bougainville venait de lui offrir un très beau fusil] endeavour to describe how thoroughly concerned I am at what has happened. But, as you must be sensible, Sir, that in my situation it does not become me to discuss this point, you must give me leave to subscribe myself, with the greatest regard, your most obediently humble servant, » etc. (*Ibid.*, 2 octobre).

2. Daine était lieutenant de police et maire de Québec.

3. *Bernier à Bougainville*, 3 novembre.

volontiers à l'hivernage[1]. Murray lui-même, recevant Bernier qui prenait congé de lui, insinua qu'il ne serait point fâché de voir les généraux français se tenir tranquilles jusqu'au printemps et qu'il se proposait pour sa part de se clore dans la place[2]. Bougainville remit le poste de Jacques-Cartier à Dumas, sur l'ordre de Vaudreuil, et vint s'installer à Montréal[3]. « Il est temps de prendre un peu de repos, »

1. Avant de s'embarquer, Townshend écrivait à Bougainville : « Malgré les nombreux amis que vous avez en Angleterre, je vous demande de me faire l'honneur d'employer mes services pour vous et vos connaissances. » Un autre officier de l'état-major anglais, John Spital, blessé à la tête dans l'affaire du 13 septembre, et qui allait chercher dans la N[lle]-Angleterre un climat plus doux, lui écrivait de son côté : « Ce que je puis vous dire, c'est que tout le monde croit que nous aurons la paix cet hiver... Je serai très heureux de vous voir au printemps à New-York; et, comme vous paraissiez exprimer l'année dernière le désir de visiter le sud de ce continent, si vous êtes encore dans les mêmes intentions, je suis tout prêt à vous accompagner » (*Spital à Bougainville,* 13 octobre).

2. *Bernier à Bougainville et Lévis,* 10 novembre. — « En somme, par dégoût et par inutilité de personnage ici, j'ai tout disposé pour mon départ. Je fais partir mes petites affaires, et, la veille, je dois aller manger la soupe de Son Excellence, en qualité de particulier; et en cette qualité il m'a dit qu'il me conseillerait d'user de mon pouvoir pour insinuer à nos généraux un peu de tranquillité pour l'hiver, après tant de mois de fatigues; que, pour lui, il se clorait si bien dans la place, qu'en dépit de la saison et de toute autre raison, il en jouirait. »

3. L'abbé Casgrain, toujours obligeant, ne manque point d'écrire que « les preuves d'inexpérience données par Bougainville au cours du siège de Québec le firent reléguer au second rang par Lévis... Avant de quitter Jacques-Cartier, il remit le commandement de ce poste avancé à un soldat éprouvé, le major-général Dumas » (t. II, p. 311). Or, Lévis écrit à Bougainville, le 5 novembre, à la Pointe-aux-Trembles où il se trouvait : « Je vous prie, mon cher Bougainville, de vous donner la peine de venir ici demain matin. J'ai reçu un courrier de M. de Vaudreuil; je voudrais vous voir pour nos derniers arrangements. M. de Vaudreuil désire que j'aille le joindre à Montréal et que vous restiez ici jusqu'à l'arrivée de Dumas. » Ce n'est donc point Lévis qui le relève brusquement de son poste, mais lui-même qui demande à se reposer et Vaudreuil qui le prie de rester encore quelques jours, jusqu'à l'arrivée de son successeur. Bourlamaque aussi lui écrivait le 25 octobre : « Mandez-moi où vous comptez passer l'hiver. » Si Bougainville, qui n'était rien moins qu'un sot et auquel l'abbé Casgrain prête un détestable caractère, se fût aperçu de quelque mauvais procédé, il n'eût point écrit quatre jours plus tard à Mme Hérault : « Je trouve dans M. le Ch[er] de Lévis les mêmes bontés et la même confiance dont m'honorait notre infortuné général » (9 novembre 1759). Enfin, l'abbé Casgrain lui-même reconnaît que Bougainville était exténué et avait dû prendre le lit avant de quitter la Pointe-aux-Trembles (t. II, p. 236). Cf. *de Caire à Bougainville,* 1er novembre. « Je pense que vous aurez quelqu'un à qui vous pourrez dicter [une lettre]... Je ne suis pas surpris de l'état où vous vous trouvez. » De Caire était ingénieur (Casgrain, II, 91). L'abbé lit à tort Decaux pour le signataire de cette lettre (ibid., p. 326).

écrit-il à sa chère maman; « j'ai passé près de 80 nuits blanches, souffert des fatigues incroyables et des misères d'un genre inconnu en Europe. » Avec le repos du corps, il cherchait le repos du cœur. Six semaines auparavant, le 22 septembre, dans les quelques lignes qu'il adressait à Mme Hérault, par l'intermédiaire du major de Joannès repassant en Europe, malgré sa douleur de la mort de Montcalm et ses appréhensions de toute nature, il avait eu le temps de lui dire : « Ma chère maman, votre enfant a rompu les liens qui vous déplaisaient, et mérite au moins que vous le plaigniez. » — « J'espère, » ajoutait-il cette fois, « que vous serez contente de votre enfant. Dix-huit jours passés dans les glaces auraient amorti des feux plus violents. Je suis maintenant comme l'oiseau sorti de la cage et je ne crois pas que l'on m'y rattrape[1]. » Il ignorait encore la mort de son camarade et se flattait de le revoir, en même temps que de faire la connaissance de sa charmante femme. On comprend avec quel douloureux serrement de cœur la pauvre mère dut lire l'expression de cette joyeuse espérance déjà démentie par l'événement.

Un souci commun aux fidèles amis de Montcalm était d'éviter pour sa mémoire tout ce qui pouvait offrir l'apparence d'un blâme. Lévis avait dû commencer par tenir tête nettement à Vaudreuil, qui souhaitait mettre la main sur les papiers du général[2]. « On impute à M. de Montcalm, » écrivait-il au M^al^ de Belle-Isle, « d'avoir trop divisé l'armée et d'avoir attaqué trop tôt les ennemis, sans avoir rassemblé toutes les forces qu'il aurait pu avoir. Je dois à sa mémoire, pour assurer la droiture de ses intentions, de dire qu'il a cru ne pouvoir faire mieux; mais, malheureusement, les généraux ont toujours tort quand ils sont battus[3]. » C'est à peine si, entre eux, ces braves cœurs osaient discuter la responsabilité du désastre. « J'ai su dans le temps le détail, mais non les causes de nos malheurs, » avait écrit Bourlamaque à Bougainville le 30 septembre. « On parle d'un poste surpris. Cependant, de toutes parts, j'entends dire que l'armée mar-

1. *A Mme Hérault*, 22 septembre et 9 novembre. — L'abbé Casgrain (II, 322) arrange ainsi la phrase, en l'enchaînant à une phrase précédente : « Si la paix se conclut cet hiver, au nom de Dieu! procurez-moi mon rappel et ne me laissez pas dans cet exil éloigné de vous et de tout ce qui m'est cher... Je suis maintenant comme l'oiseau sorti de la cage, etc... » Avec cette ingénieuse et morale coupure, on voit que l'oiseau, loin d'être sorti de la cage, demande précisément à en sortir.

2. *Lévis à Vaudreuil*, 10 octobre 1759.

3. 1er novembre 1759 (p. 244-245). « Tout le monde murmurait de ce que M. de Montcalm n'attaquait pas l'ennemi avant qu'il fût plus en force. Et ici on se plaint qu'il a donné trop tôt. Il faut bien dire quelque chose » (*Note rectificative*, déjà citée).

chait sans découvreurs, quoiqu'on sût l'ennemi débarqué. Je respecte la mémoire d'un homme que je regretterai toute ma vie, et je crains qu'on ne cherche à la ternir... Je serais inconsolable qu'on eût réellement quelque chose à lui imputer. » — « J'approuve fort votre façon de penser pour M. de Montcalm, » disait Lévis. « Mais vous pourriez faire une relation et dire du bien de tout le monde. Personne n'est plus en état que vous de la faire, et je vous prie d'y travailler[1]. » Au fond, ce n'était point le manque d'éclaireurs qui avait fait tort à l'armée française, mais la précipitation de l'attaque, que Montcalm avait d'ailleurs eu de bonnes raisons de croire nécessaire d'engager au plus vite[2]. Quant à la retraite encore plus précipitée qui avait mis les Français en si médiocre passe, les critiques étaient malheureusement trop d'accord. Lévis la qualifiait de « honteuse » dans sa lettre au ministre de la guerre et Bourlamaque indiquait point par point ce que l'on aurait dû faire pour remédier au premier échec[3].

A la fin de mars 1760[4], au moment où recommencèrent les opérations, Bougainville fut envoyé relever M. de Lusignan dans le com-

1. *Lévis à Bougainville*, 18 octobre.

2. Kingsford estime que Montcalm ne pouvait se dispenser d'attaquer. « Chaque heure augmentait l'effectif de l'ennemi et le rendait plus formidable. Déjà, pendant la bataille, les marins anglais amenèrent sur la hauteur de l'artillerie et des munitions. Les navires portaient une troupe de réserve importante, que l'on pouvait mettre à terre en peu de temps » (IV, 279-280). Montreuil, qui d'abord avait fait des représentations sur l'inconvénient d'attaquer trop tôt, reconnaît que, si l'on eût « tardé d'un instant à marcher aux ennemis, ils eussent été inattaquables par la position favorable dont ils allaient s'emparer, ayant même commencé des retranchements sur leurs derrières » (Dussieux, p. 311 ; l'abbé Casgrain supprime cette dernière phrase). M. de Bonnechose et le P. Martin citent une étude du colonel anglais Beatson, qui donne complètement raison à Montcalm. Hart, il est vrai, cite au contraire le Gal Smythe, *Precis of the wars of Canada*, qui blâme toutes les opérations de Montcalm, y compris son retranchement dans la plaine de Beauport ; mais il est difficile de prétendre qu'à Beauport Montcalm ait échoué contre Wolfe. En somme, l'événement justifia le calcul de l'état-major anglais dans la note du 29 août signée des trois généraux de Wolfe : « Si nous parvenons à nous implanter sur la côte nord, le Mis de Montcalm sera obligé de nous combattre dans les conditions que nous voudrons, *on our own terms* (Mante, p. 252).

3. « Votre manœuvre était bonne. Il fallait détacher un corps pour garder Jacques-Cartier, si le Cap Rouge eût paru trop près ou mauvais à garder ; déblayer le camp de Beauport ; jeter des vivres dans Québec, quand on eût dû jeûner pour cela. Votre troupe eût couvert cette retraite au moyen de la petite rivière et puis par les bois. M. le Cher de Lévis, amenant des renforts et marchant aux ennemis, les aurait embarrassés. Peut-être seraient-ils rembarqués à présent » (*A Bougainville*, 30 septembre).

4. Pour ses autres déplacements durant l'hiver, cf. Malartic, 13 novembre 1759, 23 février et 17 mars 1760.

mandement de l'île aux Noix, à la sortie du lac Champlain. Le poste avait été occupé pendant tout l'été et l'hiver précédents par Bourlamaque. Mais, celui-ci promu au second rang de l'armée par la mort de Montcalm, il était naturel que Bougainville, passant au troisième rang, prît sa place. Encore Bourlamaque avait-il soin de demander que, si Bougainville était blessé, on le renvoyât commander cette partie[1]. Lévis, en effet, ne laissait pas d'être très préoccupé de ce côté, car il ne s'agissait de rien moins que d'arrêter le plus longtemps possible, durant la campagne prochaine, avec de très faibles moyens, l'armée du général Amherst qui descendait sur Montréal. Pendant cette première partie de la saison, Bougainville n'eut à s'occuper que de ses préparatifs. Il n'eut point à se mêler de la campagne qui aboutit à la bataille de Ste-Foye et au second siège de Québec. Mais il avait trouvé dans Bourlamaque, qui, depuis la mort de Montcalm, avait reporté sur lui sa meilleure amitié[2], un correspondant plein de sens et d'esprit. Bourlamaque lui donnait, avec plus d'un grain de malice, des nouvelles du quartier général, auxquelles il ajoutait volontiers celles de l'Hôtel des Indes, demeure de Mme d'Eschambault, dont l'affection pour Bougainville n'avait rien perdu de sa force depuis que semblait éteinte, sur le terrain d'Abraham, la longue querelle de Montcalm et de Vaudreuil[3]. Bourlamaque, du reste, paraissait avoir hérité

1. *Bourlamaque à Lévis*, 22 août 1760. — Au mois d'octobre précédent, Vaudreuil avait voulu y envoyer Lévis, et celui-ci n'avait refusé que pour empêcher l'ennemi de tomber en son absence sur Jacques-Cartier, et aussi parce qu'il ne croyait pas que les Anglais pussent alors s'emparer de l'île ni passer outre sans la prendre (Lévis, *Journal*, 19 octobre). Les papiers de Bougainville comprennent un beau plan de l'île aux Noix avec ses défenses.

2. Les deux amis paraissent n'avoir pas été fort intimes au premier abord. « Bourlamaque s'est très bien conduit, » écrivait Montcalm à Lévis, au lendemain de la prise de Chouaguen, « et, pour vous le prouver, Bougainville en convient » (17 août 1756). Mais Désandrouins explique que Bourlamaque avait commis à l'ouverture du siège deux ou trois grosses fautes qui avaient justement excité la surprise et la critique de Bougainville (p. 53, 57). Montcalm, de même, au début, n'appréciait qu'à demi son second lieutenant (*Montcalm au ministre*, 1er novembre 1756; Dussieux, p. 216). Plus tard, il lui rendit pleine justice.

3. Lévis lui communiquait les nouvelles de Bougainville. « L'intérêt, sans doute, que votre général sait que je prends à ce qui vous regarde lui a donné l'envie de me faire part de vos projets, et, en cela, il n'a pas tort, puisqu'ils me seront toujours chers, sans autre motif que de vous savoir content » (18 juillet 1760). « Le pauvre Cornier [ami intime de Bougainville] n'est plus; ainsi, vous me restez seul et Dieu par dessus tout à qui je me confie [pour] qu'il vous conserve » (21 juillet). Au milieu de ces effusions et d'autres encore qui relèguent un peu au second plan M. d'Eschambault, il est question d'un projet de fiançailles dont « il y a bien la moitié de fait, » quoique l'on soit dans

la verve du général, pour juger les prétentions du gouverneur. Bougainville avait avec lui le fameux ingénieur Lotbinière, dont les idées agréaient particulièrement à Vaudreuil.

« Vous voyez, mon cher Bougainville, qu'il y aura correspondance entre le gouverneur général et votre ingénieur en chef. Je vous félicite d'avoir avec vous l'homme de confiance, d'autant plus que cela ne vous empêchera pas d'aller votre train... M. de Lévis veut partir le 15. Je souhaite qu'il le puisse; il est bien temps[1]. » — « Nous sommes au moment de notre départ. Il est encore incertain si M. de Vaudreuil se mettra à la tête des troupes. Le général de terre agit comme s'il devait être en chef. Les femmes disent qu'il est bien animé et que sûrement il réussira. Je le crois, et, quand il aura réussi, je prodiguerai l'hommage et la vénération qui sont dus *rebus in arduis*[2].

« Je ne vous ai donc pas trompé sur l'ennui qui doit accompagner l'honneur d'avoir avec vous un prince du sang et ne suis pas trop fâché qu'à votre tour vous y essuyiez les longues et fastidieuses dissertations du personnage... Nous partons demain. Je prends les devants. Je souhaite que tout se mette en mouvement comme nous l'espérons[3]. »

Arrive la bataille de Ste-Foye; et Bourlamaque, sur le désir de Lévis, en envoie à Bougainville un récit qui n'était peut-être pas tel que Lévis l'eût souhaité[4], mais qui confirme assez bien la narration de Parkman.

« A Ste-Foix, le 3 mai, pour vous seul... M. le chevalier de Lévis me mande de vous faire part des opérations. J'ai déjà raconté jusqu'au 27 au soir[5].

une position « un peu critique pour en parler » et qui intéresse vivement le cœur de Bougainville; mais nous ne savons ce dont il s'agit.

1. 7 avril 1760.

2. 11 avril.

3. 19 avril.

4. C'est pour cela, sans doute, que l'abbé Casgrain n'en parle pas, quoique, d'après M. Justin Winsor, « any fresh light thrown upon the battle of Ste-Foye will be of great interest » (*The French War Papers of the Maréchal of Lévis, described by the abbé Casgrain, with comments by Francis Parkman and Justin Winsor;* privately reprinted from the *Proceedings of the Mass. Hist. Soc.*, april 12, 1888, p. 11). L'abbé Casgrain, qui d'ailleurs ne paraît pas distinguer la tactique de la stratégie, veut à toute force que Lévis fût un grand général. Nous croyons qu'il avait simplement l'étoffe d'un excellent divisionnaire, ce que Montcalm appelait justement, en parlant de lui, « une bonne routine militaire » (Dussieux, p. 115).

5. Cette lettre manque à la collection. Nous croyons devoir donner presque en entier le récit de Bourlamaque, puisque les témoignages sont moins nombreux pour cette partie de la campagne et parce que Bourlamaque cause avec Bougainville à cœur ouvert. « Vous permettez que notre commerce soit sans compliment, » lui avait-il écrit le 19 avril; « j'espère que vous voudrez bien

« Le 28 au matin, mon avant-garde fut placée à la maison de M. Dumont et sur les hauteurs qui sont en deçà de la Butte-à-Neveu, la droite occupant une redoute dans le bois. Cette ligne formait un champ de bataille admirable, l'armée allongée jusque près de l'église de Ste-Foye pour se reposer. J'avais demandé qu'elle fût rassemblée à la tête de ces maisons, près de celle de la fontaine. L'on ne crut pas que l'ennemi osât sortir, et elle resta. En effet, il n'y avait pas d'apparence, et tout le monde était las et mouillé. D'ailleurs, on ne comptait se porter en avant que le lendemain, au point du jour, et nous avions déjà derrière la droite de l'avant-garde l'anse au Foulon pour nos bateaux.

« Nous vîmes, à sept heures, la garnison anglaise se former devant nous, en avant de la Butte-à-Neveu : 3,500 ou 4,000 hommes, 20 pièces de canon et quelques obusiers.

« Ordre aux troupes de venir. Je maintins les postes de l'avant-garde pour en imposer et empêcher l'ennemi de s'en saisir. Il avançait lentement. J'eus le temps de mettre trois brigades en ligne; les deux autres arrivèrent lorsque l'ennemi commença à tirer des obus et de la mitraille. M. le Cher de Lévis, revenant de faire hâter les troupes, crut qu'on n'aurait pas le temps de se former et prit son parti d'abandonner redoute, hauteurs et maison de la gauche pour jeter les troupes dans le bois en arrière et garnir seulement la maison de la fontaine. Le bois était impraticable...; je le savais et n'avais pas voulu y mettre les troupes. Il commanda demi-tour à droite à ce que j'avais formé. L'ennemi prit ce mouvement pour involontaire et marcha sur notre gauche, où une poignée de grenadiers occupait la maison en attendant les deux brigades qui arrivaient. J'eus ordre d'abandonner cette maison, et, en repliant les grenadiers malgré moi, je reçus un boulet qui tua votre cheval et m'emporta partie du gras de jambe. Ces grenadiers, repliés de 40 pas, s'arrêtèrent, ne recevant plus d'ordre, sous un feu épouvantable. Les brigades de la gauche, n'en recevant point non plus et ne pouvant tenir le bois dans la neige et dans un marais jusqu'à la ceinture, marchèrent d'elles-mêmes avec un courage qui a peu d'exemple et reprirent cette maison de Dumont. M. le Cher de Lévis, voyant ce mouvement, fit charger la droite fort à propos et détermina l'affaire. L'ennemi fut poussé partout, perdit son terrain et son artillerie. M. le Cher de Lévis occupa la nuit suivante la Butte-à-Neveu, qu'il fit couronner par une parallèle, qui est terminée sur la gauche par une redoute. Nous travaillons à des batteries qui pourront battre en brèche. Nous perdons l'élite des officiers. La Sarre, Berry, Béarn et la Marine, surtout, sont écrasés, ainsi que les grenadiers. Mille hommes, je crois, tués ou blessés; l'ennemi au moins autant et fort consterné.

le continuer. » Il existe, à la bibliothèque de Cheltenham, une dizaine de réponses de Bougainville à Bourlamaque. Mais nous n'avons encore pu, malheureusement, en obtenir la copie que M. FitzRoy Fenwick a bien voulu nous promettre.

« On dit ma blessure peu dangereuse; mais, quand cela serait, je ne puis sortir de mon lit, où je suis peut-être pour trois mois, au désespoir de n'être bon à rien[1]. Le chevalier est bien heureux. On ne peut pas s'exposer davantage. Il fait bon naître parent de la Vierge; cela vaut mieux que de faire ses pâques[2]. Quoique les troupes aient remis l'affaire d'elles-mêmes et par leur courage, il a bien de l'honneur dans son fait. Cependant les troupes en auront encore plus. Notre perte serait bien moindre et celle de l'ennemi bien plus grande si les troupes eussent été à portée d'arriver[3]...

« *P.-S.* — Ne dites de cette lettre que ce que vous croirez convenable; surtout diminuez notre perte. »

Le 23 mai, nouvelle lettre de Bourlamaque pour Bougainville seul :

« ... Je suis bien sensible à l'intérêt que vous voulez bien prendre à ma santé. Ma blessure va bien, et dans quinze jours j'aurais marché avec des béquilles si le tracas du transport n'avait reculé ma guérison, joint au travail que j'ai eu à faire sur mon grabat pendant quelques jours, pour aider tant soit peu M. le Cher de Lévis dans les détails de sa retraite.

« Je ne sais s'il vous a instruit de ce qui s'est passé depuis le 15, l'ayant quitté avant-hier à Jacques-Cartier. A tout hasard, je vais profiter d'un peu de relâche que j'ai aujourd'hui pour vous en faire part. Ne publiez que ce que vous jugerez convenable...

« Nos batteries commencèrent à tirer le 11. On s'aperçut bientôt qu'on ne pourrait faire brèche avec le peu de munitions que nous avions, parce qu'on était un peu loin. D'ailleurs, la plupart des pièces se trouvèrent crevées dans les deux premiers jours, surtout les plus grosses. Je crois que, livrées à l'ardeur des canonniers, elles n'ont pas été assez

1. Le 2 juillet, en effet, Bourlamaque écrit : « Ma blessure ne guérit point, malgré tout le soin que je prends pour la guérir. Cela ne m'empêchera pas de partir avec les autres. Je ferai ce que je pourrai. » « Je garde la chambre depuis quelques jours, mais ma plaie n'en devient pas plus empressée à se fermer. Cela est bien long » (11 juillet).

2. On sait que la maison de Lévis se flatte d'être apparentée à la Ste-Vierge, par la tribu de Lévy. A son tour, Lévis plaisantait Bougainville : « Si vous étiez une bonne âme, je vous prierais de prier Dieu pour le beau temps » (6 octobre 1759). Mais, au fond, les uns et les autres avaient un scepticisme d'apparat qui se dissipait dans les grandes occasions. « L'usage est en Amérique, » dit Bougainville, « que les troupes qui ont eu un avantage en chantent elles-mêmes le *Te Deum*, et j'approuve fort cet usage. Clovis se fit baptiser et remercia Dieu de sa victoire, à la tête de ses troupes, sur le champ de bataille de Tolbiac » (*Journal*, 12 juillet 1758).

3. « Notre armée était si fatiguée que les troupes, en les poursuivant la baïonnette au bout du fusil, les touchaient presque sans pouvoir les en percer » (*Bigot à Bougainville*, 2 mai). Vaudreuil écrivit aussi le 2 mai une longue lettre de récit à Bougainville.

ménagées. L'ennemi en démonta aussi plusieurs, qu'on remplaça par du 12; et, le 13, dans un conseil tenu chez moi, il fut décidé que l'on temporiserait dans la position où l'on se trouvait, pour ne pas se dégarnir tout à fait; que les pièces ne tireraient chacune que vingt coups par jour, et qu'on attendrait les secours d'Europe.

« Le 15, à dix heures du soir, M. de Lévis eut nouvelle que deux vaisseaux de guerre arrivaient dans la rade. Il ne douta pas qu'ils ne fussent anglais et prit le parti de se retirer, sûr que nos frégates seraient attaquées le matin. Il ordonna que les pièces sortiraient des batteries sur-le-champ, pour être embarquées au Foulon. Nos frégates étaient mal armées et dépourvues d'équipages. Elles couvrirent les deux flûtes et nos autres transports qui étaient devant l'anse du Foulon. »

Après avoir raconté l'engagement de Vauquelin contre deux frégates anglaises et un vaisseau de 54, puis ajouté que l'*Atalante* fut prise « tellement délabrée que les Anglais la brûlèrent aussitôt, » Bourlamaque arrive aux détails qui lui sont personnels et dépeint la retraite sous un jour moins ordonné que ne la montre l'abbé Casgrain :

« J'arrivai sur mon brancard au Cap-Rouge à huit heures du matin, fort étonné d'y voir tous nos bâtiments, que je croyais bien loin. Tous les Canadiens fuyaient. Je fis garder le pont par des officiers de bord. Ils s'échappèrent par Lorette et par les ponts du haut de la rivière. Fort peu restèrent avec les troupes. Je trouvai 120 bateaux, pas une garde, pas une rame. Seul, avec quelques blessés, je rassemblai une trentaine de Canadiens et, avec les équipages, je commençai à faire décharger les poudres et les farines. Heureusement le vaisseau de 54, que j'attendais à toute heure, retourna à Québec. Je demandai en vain toute la journée un détachement et les rames qui étaient au Foulon; on ne put m'en envoyer. Je fis faire quelques rames et je partis à l'entrée de la nuit, avec une goélette chargée de farine et cinq bateaux où j'avais fait mettre les poudres pour passer de nuit par le sud, devant les frégates anglaises. Le vent devint si violent, lorsque je fus au delà de ces frégates, que mes bateaux et plusieurs autres partis du Foulon, qui avaient pris la même route, furent dispersés. Trois, chargés de poudre, périrent, ainsi que plusieurs des autres; ce qui se sauva resta dégradé deux jours, ainsi que moi, à Ste-Croix. Et j'arrivai avec bien de la peine à Jacques-Cartier, le 18 au soir.

« Le 16 au matin, M. de Lévis ordonna que les pièces de siège, les vivres, munitions et le bagage des troupes fussent embarqués dans les petits bateaux qui étaient au Foulon. Le vent était fort, le fleuve agité, le vaisseau de 54 canonnait, les Canadiens se sauvaient, le magasin où étaient les boissons fut abandonné. Les soldats furent bientôt ivres. D'ailleurs, peu de chefs, peu de majors, moins de discipline que vous n'en avez jamais vu. Plusieurs bataillons perdirent presque tous leurs bagages. Le canon fut jeté en bas de la côte et il y resta. Quand le départ du vaisseau eut laissé cette partie un peu plus calme, on embarqua quelques munitions, vivres et bagages, dont une partie périt à la Pointe-aux-Trembles; d'autres furent canonnés par les frégates et abandonnèrent leurs bateaux; d'autres sont montés je ne sais où. On les cherche, et un petit nombre s'est rendu à Jacques-Cartier.

« Les bataillons restèrent à la tranchée, comme à l'ordinaire, toute la journée du 16. M. le Cher de Lévis se replia, la nuit suivante, avec son artillerie légère et les troupes, derrière la rivière du Cap-Rouge et y resta tout le 17 à faire décharger les bâtiments échoués. La *Marie,* s'étant trouvée en état, passa la nuit devant les frégates anglaises et se sauva; les autres furent brûlées. »

Le 18, on était à la Pointe-aux-Trembles. Le 19, on apprenait l'arrivée de huit vaisseaux devant Québec. « M. le Cher de Lévis m'envoie ordre de faire jeter un pont à Jacques-Cartier pour faire passer l'armée le soir. La chose était impossible; on passa pendant la nuit dans des bateaux, avec des peines incroyables, et, le 20, toute l'armée était en deçà de la rivière. » Lévis voulait même évacuer le poste avancé de la Pointe-aux-Trembles; mais, Bellecombe et quelques officiers blessés venus de l'hôpital général ayant appris que les Anglais n'avaient reçu aucune troupe et n'avaient pas l'air de vouloir agir, il se désista.

« Bellecombe assure que la garnison anglaise a l'air très consternée de l'affaire du 28 et peu glorieuse de notre retraite. Ce qui restait de Français dans Québec vient d'avoir ordre d'évacuer avec tous ses effets. M. Murray très poli. Il permet aux officiers blessés qui sont à l'hôpital général de nous rejoindre. Il pouvait chicaner là-dessus, M. de Lévis lui ayant refusé les siens pendant le siège. »

Bourlamaque terminait en disant à Bougainville que Bellecombe partait pour l'Angleterre chargé de lettres et que lui-même avait pris soin d'écrire à Chevert pour renseigner le vieux général sur la situation de ses fidèles élèves.

« J'ai malheureusement oublié dans ce moment que nos frères se connaissaient, et je ne parle point de vous au mien. Je n'y ai songé qu'après le départ de M. de Bellecombe. J'en suis très fâché; mais Bellecombe est une lettre vivante[1].

« Vous jugez, mon cher Bougainville, quels sont les embarras de

1. Il est probable que Bellecombe est celui qui devint gouverneur de Pondichéry, et dont il est question notamment dans l'ouvrage de M. Barbé sur Madec, ainsi que dans les *Mémoires* de Barras et de Mautort. On doit nécessairement étudier ensemble l'histoire de nos guerres coloniales si l'on y veut retrouver la trace des mêmes personnages passant d'un hémisphère à l'autre. Malartic devint gouverneur de l'île de France, et Bougainville allait bientôt choisir pour compagnons de voyage des officiers qu'il avait connus au Canada, comme La Giraudais et Thisbé de Belcour.

M. de Lévis. J'ai fait ce que j'ai pu pour l'aider... Si la paix ne se fait pas, voici le dernier moment... Les troupes s'en vont par terre avec du pain pour toute nourriture[1]. Tout le monde est découragé. Personne n'obéit. Si les bataillons eussent resté huit jours de plus, la maraude eût été affreuse. »

C'était le dernier moment, en effet. Et nous n'ajouterons rien sur les opérations générales de l'armée, que la correspondance volumineuse de Bougainville n'éclaire plus d'un jour nouveau. Les lettres qui vont le rejoindre à son poste ne sont que des détails de service, mêlés de plaintes sur le dénûment et la misère constante des milices ou des troupes[2]. Pour ces dernières, on avait eu le grand tort, croyant encourager la colonisation, de pousser vivement au mariage des soldats de France avec les Canadiennes[3]. Beaucoup ne rêvaient plus que de se tirer de l'impasse où se débattaient leurs chefs et de disparaître au bon moment pour défendre leur jeune foyer. Quant aux milices, outre qu'elles ne possédaient point l'héroïsme intense que l'on ne saurait exiger de tout un peuple, elles étaient encore plus généralement anxieuses d'en finir à tout prix. Les bons traitements des Anglais, aussi bien que les menaces et les exécutions, leur étaient un égal prétexte pour mettre bas les armes. La crainte des Français n'agissait plus sur elles[4]. Les historiens canadiens déclarent que la population

1. Elles n'avaient point mangé de viande depuis très longtemps.

2. La détresse matérielle de la colonie éclate encore aujourd'hui dans cette correspondance, qui finit par n'être plus écrite que sur une sorte de papier d'emballage. Parmi les lettres les plus intéressantes, celles où Bigot s'épanche en confidences et en récriminations contre la Cour ne sont pas les moins curieuses. « L'arrivée des secours anglais ne m'a point surpris ; ce sont des gens qui n'aiment pas à céder le pas à leurs rivaux. Je n'en attends pour moi aucun de la part de la France... La Cour en sait plus que nous, sans doute. Elle aurait cependant épargné bien de l'argent si elle nous eût fait savoir de rester tranquilles. Le Canada est peut-être bien près de sa perte. Cela ne sera pas notre faute, quoique le ministère le répande dans Paris, suivant ce qu'on m'a marqué par le V[au] de Gaspé. Je ferai voir le contraire en temps et lieu et d'où proviennent les calamités du pays » (*Bigot à Bougainville*, 22 mai 1760).

3. D'après l'abbé Casgrain, les commandants auraient mis obstacle autant que possible à ces mariages (I, 169). L'instruction du Mis de Montcalm aux lieutenants-colonels d'infanterie en 1756 (*Lettres et pièces militaires*, p. 15), sa lettre au ministre, du 18 avril 1758 (Faucher de St-Maurice, IV, 157), et l'intérêt avec lequel il rend compte à la M[ise] de Montcalm du nombre de mariages effectués (Casgrain, I, 213) témoignent que le reproche est absolument faux à l'égard des soldats. Pour les officiers, on veillait simplement, comme aujourd'hui dans l'armée, et surtout actuellement aux colonies, dans la marine, à les empêcher de faire un coup de tête (Albert Babeau, *la Vie militaire sous l'Ancien Régime*. Paris, Didot, 1890, II, 214-215). Wolfe exerçait la même surveillance dans l'armée anglaise (Bradley, p. 74 ; Kingsford, IV, 16).

4. Dès le 30 septembre précédent, Bourlamaque écrivait : « Les habitants

avait assez fait pour la France qui se détachait de la colonie, et que les chefs de l'armée française ne songeaient qu'à leur égoïsme ambitieux en prolongeant la lutte[1]. A cet audacieux plaidoyer, une seule réponse convient : ce n'est point sur le champ de bataille que de pareils calculs sont admissibles. Et, si l'on peut expliquer la désertion des miliciens par les infirmités de l'humaine nature pliant sous le faix d'une charge écrasante, il ne sied point de lui chercher une justification. A l'égard des officiers français, le reproche tout uniment est monstrueux. Certes, il n'est guère d'officier qui, se battant pour son pays, n'ait le droit de songer à son avancement ou à sa glorification propre. Suivant le mot de Bacon, prétendre supprimer l'ambition chez un militaire, c'est vouloir lui enlever ses éperons. Cela n'empêche que le patriotisme trouve dans l'exercice du métier la part de sacrifice et d'abnégation qui font sa noblesse. L'intérêt personnel et l'intérêt général se lient trop étroitement en chacun de nous pour qu'on les puisse séparer. Mais dire qu'en acceptant, la mort dans l'âme, la reddition du Canada, nos officiers ne songeaient qu'à la perte des récompenses de cour, c'est se placer à un point de vue que pouvaient accepter sans doute les concussionnaires dont la fortune s'élevait sur les ruines de la colonie[2], mais qui ne convenait assurément

[de l'île aux Noix], qui sont tous de Québec, aspirent à retourner joindre leurs familles sous la domination anglaise. Ceux du gouvernement de Montréal qui sont dans les côtes commencent à refuser le service et les blés. M. de Rigaud attend avec impatience M. de Vaudreuil pour y mettre l'ordre » (*A Bougainville*). Mais Vaudreuil était fort embarrassé lui-même et s'en remettait à autrui. « Je vous laisse fort la liberté de vous servir des habitants, lorsque vous en aurez besoin, et de les faire revenir de la fausse prévention où ils sont, qu'ils ne sont plus sous la domination du Roi de France. Cela demande beaucoup de douceur. Il pourrait être dangereux de les trop rebuter » (*A Bougainville*, 10 octobre 1759).

1. « Les Canadiens avaient fait pour la France plus qu'ils ne devaient. Mais cela ne faisait pas l'affaire de Bourlamaque et de ses compagnons d'armes qui auraient voulu terminer la guerre avec plus de distinction, afin de pouvoir demander des grâces à la Cour de Versailles » (Casgrain, I, 331).

2. Et encore, malgré l'intérêt que Bigot pouvait avoir au paiement des lettres de change restées en souffrance, nous admettons une part de sincérité dans ses protestations au nom des Canadiens. « Il peut être de la politique du ministère d'insinuer que, si le Canada est à deux doigts de sa perte, c'est la faute de ceux qui l'ont administré. Mais le refus du paiement des lettres d'échange roulerait sur lui et marquerait une impuissance qui ferait un mauvais effet sur l'étranger... Ils [les colons] sont ruinés et ne s'en relèveront pas de longtemps, en supposant même leurs papiers bons... Ce peuple a d'ailleurs trop bien servi pour essuyer un pareil traitement. Le paiement de ces lettres pourrait être retardé, car celui qui n'a pas d'argent ne peut en donner ; mais, pour être refusé, je n'en crois rien » (*A Bougainville*, 28 mai 1760). — Il est assez piquant de

point à la fierté de sentiment dont les officiers de France avaient donné si souvent l'exemple.

D'ailleurs, les Canadiens aussi, — nous leur devons cette justice, — après avoir mis leur humble fortune et leur famille à l'abri, n'acceptèrent pas tous avec indifférence, quoi qu'en pense Voltaire[1], le régime anglais. Trois ans plus tard, s'ils n'osèrent pas se joindre à la conspiration de Pontiac pour soulever les tribus de l'ouest, ils se renfermèrent dans une expectative hostile et ceux des pays d'En-Haut refusèrent de secourir le fort de Détroit. « Dans ce village, dont une moitié mériterait la corde et dont il faudrait décimer l'autre, » écrit le commandant du fort, « il ne reste que quelques honnêtes gens auxquels j'ai des obligations infinies[2]. » Parmi ces quatre ou cinq honnêtes gens figuraient, au premier chef, deux négociants avisés qui s'étaient chargés de ravitailler la garnison. Grâce à leur opportun appui, les Anglais sortirent sains et saufs d'une terrible aventure. Ces négociants s'appelaient les frères Baby[3].

Lorsque le cercle de fer se rétrécit autour de Montréal, pendant que Bourlamaque battait en retraite et remontait le fleuve[4], Bougainville

voir Bigot, dénoncé par Bougainville, faire celui-ci juge d'une faillite en bonne partie causée par les malversations du plaignant. Mais l'histoire de ce papier décrié, qui fut la ruine des Canadiens, se poursuit au delà du point où les historiens s'arrêtent d'ordinaire, la convention de Londres du 29 mars 1766. Les Anglais en rachetèrent une certaine quantité à bas prix et voulurent se faire rembourser par la France, qui, après avoir déclaré en principe ne le reconnaître que comme dette d'État, consentit à le régler par préférence pour empêcher le ministère anglais d'être renversé par l'opposition (*Le duc d'Aiguillon à l'abbé Terray*, 10 août et 28 novembre 1771; pièces communiquées par M. Charavay). Noter que les Anglais, pour leur part, en prenaient fort à leur aise avec leur papier-finance, surtout dans les choses de la marine, et ne se pressaient jamais de le solder (*Edinburgh Rev.*, janvier 1895, p. 77).

1. *Siècle de Louis XV*, ch. XXXV. Voltaire compare l'attitude passive des Canadiens anglicisés à celle des Louisianais cédés à l'Espagne. Nous trouvons, dans les papiers de Bougainville, un mémoire du Cte d'Estaing sur cette opposition des gens de la Louisiane où l'on réclame pour eux une sorte d'autonomie républicaine, sous la garantie des deux puissances (Versailles, 10 mars 1769).

2. *Gladwyn à Amherst*, 8 juillet 1763 (Parkman, *Conspiracy of Pontiac*, I, 248).

3. Les sieurs Baby étaient les ancêtres de l'abbé Casgrain (Casgrain, I, 162-163, 528).

4. Bourlamaque, obligé de courir après les miliciens qui désertent tous, — ainsi que ses soldats mariés, du reste, — écrit à Lévis, le 19 août 1760 : « Agréable besogne! On mandera sans doute à la Cour que j'avais 2 à 3,000 Canadiens qui ont fait merveille. » Aussitôt, l'abbé Casgrain prend la plume et ajoute à ce passage une note inutile, comme presque toutes les rares notes de sa publication officielle : « Bourlamaque, sous le coup de la défaite et d'une déroute générale, se montrait sévère jusqu'à l'injustice envers les Canadiens...

essaya vainement de retarder l'ennemi qui vint l'assiéger dans l'île aux Noix. Située à huit lieues au sud de Montréal sur la rivière Chambly ou Richelieu, à deux lieues au nord du lac Champlain, longue d'environ 2,000 mètres et large de 3 à 400, l'île, malgré les estacades qui la rattachaient aux berges voisines et les nombreux préparatifs organisés de longue main, ne devait offrir à la troisième armée anglaise qu'un obstacle de courte importance. Le corps du brigadier Haviland avait commencé d'apparaître le 9 août[1], et bientôt Bougainville fut harcelé par cinq batteries de canon, plus une de mortiers, qui rendirent les tranchées intenables. Si la terre sablonneuse n'avait étouffé la chute et l'éclat des projectiles, la défense eût été presque aussitôt paralysée. Seize jours durant, les assiégés soutinrent le bombardement de cette « bicoque, dominée de toutes parts, qui n'avait qu'une chemise, dix ou douze mauvais canons, » et où l'on était « réduit à moins de 3,000 hommes[2] » devant des forces très supérieures. D'ailleurs, on manquait de vivres. La pêche avait cessé d'être la grande ressource de la garnison et les sept ou huit bœufs tenus en réserve avaient été frappés par le feu de l'ennemi. Il ne restait que deux jours de rations, lorsque, le 27 août, à dix heures du matin, un lieutenant de Royal-Roussillon, M. de Noguer ou de Noguères, pénétra dans la place. Il arrivait de Montréal à travers bois, sous la conduite de sauvages auxquels la pluie de fer qui tombait sur les Français causa sur-le-champ une impression de malaise visible : décidément, la guerre à l'européenne n'était point leur fait. Le messager apportait une lettre de Vaudreuil, conseillant à Bougainville d'évacuer l'île sans attendre le dernier moment et le prévenant que le commandant du fort Saint-Jean, M. de Roquemaure, avait ordre de se replier sur la rivière de Montréal, entre Saint-Jean même et la Prairie, pour faciliter la retraite des troupes de l'île aux

Bourlamaque, de retour en France et écrivant de sang-froid, disait des Canadiens : « Les milices du Canada sont très bonnes..., etc. » Personne ne conteste que les Canadiens fussent excellents pour la petite guerre, en leur temps et lieu. Cela prouve-t-il que, le 19 août 1760, ils étaient à leur poste autour de Bourlamaque ?

1. Lévis, *Journal*, p. 295.

2. Bougainville, note. D'après M. Gaffarel (sur Malartic, p. 344), Bougainville n'aurait eu que 420 hommes sous ses ordres. Il n'y avait, en effet, que 420 hommes à la fin de juin, mais on les avait considérablement renforcés ; et, le 20 août encore, Vaudreuil annonçait l'envoi de 1,000 Canadiens et sauvages. L'abbé Casgrain (p. 391) évalue l'effectif à 1,080 hommes ; Parkman le porte à 1,700. Bougainville, qui consacre à peine quelques mots à sa défense du terrain, sans doute résume l'effectif de toute la partie commandée par l'île aux Noix, y compris la garnison du fort St-Jean et quelques détachements accessoires.

Noix dans la direction que leur imposeraient les circonstances. « M. le Ch[er] de Lévis ne vous écrit point, » ajoutait le gouverneur; « il a connaissance de tout ce que je vous marque[1]. » Lévis, en effet, n'écrivait point, fidèle à sa parole. Mais, par l'intermédiaire d'un de ses chefs d'état-major, La Pause[2], il faisait enjoindre à Bougainville de résister quand même jusqu'à l'extrémité dernière et de ne tenir aucun compte des instructions renfermées dans la lettre de Vaudreuil, « laquelle cependant, » observait ingénument le destinataire, « n'était écrite qu'à l'effet de l'évacuation[3]. » Si l'on en croit Johnstone[4], qui ne dédaigne point l'occasion de se donner du lustre, Bougainville, entre ces deux injonctions contradictoires, aurait perdu de sa judiciaire habituelle et, dans sa perplexité d'esprit, aurait demandé conseil à l'officier jacobite. « La famine nous obligera de nous rendre à discrétion d'ici quarante-huit heures, » aurait insisté Johnstone; « après tout, le gouverneur est le véritable commandant en chef, et notre retour à Montréal renforcera le gros de l'armée d'un millier d'hommes qui ne lui seront point inutiles. » Mais Bougainville avait une raison meilleure de décider, à savoir qu'entre une

1. « Je viens d'être informé, Monsieur, que toute votre marine avait été prise; mais je n'en suis pas encore bien certain... Avec toutes les circonstances, je crains bien que ce malheur ne soit vrai. Dans ce cas, il n'est pas douteux que la communication soit interrompue et de toute impossibilité de la rétablir... Si les ennemis sont en situation, avec le secours de la marine qu'ils nous ont prise et le nombre de berges qu'ils pourraient avoir passées, de descendre avec toute leur armée ou que vous vous vissiez forcé de vous rendre ou au moment d'être emporté de vive force, dans ces circonstances, comme il nous est essentiel de conserver le plus de force possible et de nous réunir dans le centre de la colonie, vous prendrez le parti de vous retirer et, pour cet effet, vous aviserez aux moyens de faire votre retraite... J'envoie à M. de Roquemaure la lettre que je vous écris et lui mande en même temps de replier son corps sur la rivière de Montréal entre Saint-Jean et la Prairie et de faire son possible pour vous favoriser dans votre retraite, soit sur lad. rivière, soit sur la Prairie... J'espère que vous aurez des habitants propres à vous guider dans la route que vous devez tenir. Je mande à M. de Roquemaure de faire en sorte de vous en faire passer » (*Vaudreuil à Bougainville*, 26 août 1760).

2. La Pause était alors aide-maréchal général des logis de l'armée.

3. *Conseil de guerre tenu à l'île aux Noix*, 27 août 1760.

4. Nous suivons, pour tout ce récit, le fragment des mémoires du Ch[er] Johnstone, que M. Faucher de St-Maurice reproduit assez singulièrement, en anglais, dans sa *Collection de Mss.*, sans aucune indication de provenance ni de nom d'auteur. Cependant, ils n'ont, ce semble, plus rien d'inédit. Outre les fragments français sur le Canada publiés par la Soc. hist. de Québec, un avocat d'Aberdeen, M. Charles Winchester, a donné en 1870, d'après le *Dictionary of National Biography*, une traduction complète de ces intéressants mémoires, y compris ce qui touche à l'insurrection des Highlands de 1745; mais nous l'avons jusqu'ici fait chercher vainement en Angleterre.

missive écrite et une dépêche verbale, la seule qui tienne est celle qui couvre la responsabilité[1]. Toutefois, comme en définitive son sentiment propre conspirait avec l'opinion de Lévis, il écrivit pour réclamer des instructions plus explicites ou plus uniformes. Mais, dès la soirée de ce même jour, il apparut manifestement qu'un entêtement généreux n'était plus de mise. Aussitôt Bougainville se résolut à l'évacuation avec une décision, une promptitude et une justesse de mesures dont Johnstone multiplie l'éloge. Bateaux, canots ou pirogues, toutes les embarcations furent réunies sous une étroite surveillance pour empêcher quelque déserteur d'aller prévenir l'Anglais, comme à la veille d'Abraham. A dix heures du soir, la garnison était en ligne dans le plus complet silence, avec toutes les précautions pour que le cliquetis des armes ne trahît point la mise en route. Un officier de la colonie, le Cap^e^ Le Borgne[2], sans doute celui-là même que Bougainville avait désigné jadis comme l'un des quatre justes de la Sodome canadienne, dut rester avec une quarantaine d'invalides pour masquer le départ en continuant le feu jusqu'à l'heure dernière de battre la chamade. De dix heures à minuit, le passage du Richelieu se fit avec tant de prudence que l'ennemi n'en soupçonna rien, quoique l'on entendît la voix de ses factionnaires. Puis, à la file indienne, la petite armée se dirigea vers Montréal, sous le couvert des bois, à travers des marécages où l'on enfonçait parfois jusqu'à la poitrine. Mais, après toute une nuit et une matinée de fatigue, désagréable fut la surprise lorsque, à midi, l'on s'aperçut que l'ignorance des guides avait égaré l'armée et que, tournant et retournant en cercle, la troupe n'était encore qu'à une demi-lieue de l'île aux Noix. Si proches même étaient les avant-postes anglais qu'un soldat put leur dérober un cheval pour son commandant incapable de suivre la route à pied. Bougainville prit alors le parti de descendre les bords du Richelieu jusqu'au fort St-Jean, où il arriva vers quatre heures du soir. Le brave Le Borgne, fidèle à sa mission, croyant la troupe déjà près de Montréal, avait hissé le drapeau blanc à une heure de l'après-midi et obtenu de l'assiégeant, qui se flattait de tenir la garnison captive, tous les honneurs d'usage. De St-Jean,

1. Johnstone raconte à tort qu'il y eut deux lettres, une de Vaudreuil, l'autre de Lévis. Le procès-verbal du conseil de guerre ne laisse aucun doute à cet égard.

2. Johnstone, *Ibid.* — Le Borgne ne figure point parmi les membres du conseil de guerre : « MM. de Trivio et de Launay, lieutenants-colonels aux régiments de Berry et de Guyenne; de Manneville et de Cadillac, capitaines de grenadiers auxdits bataillons; de Raymond, commandant quatre piquets de la marine; de Valette, commandant trois piquets de troupes de terre; de Lotbinière, ingénieur; d'Espinassy, commandant à l'artillerie. »

qu'il incendia et dont il rallia la garnison[1], Bougainville se rabattit sur Montréal, terminant sans autre encombre une retraite « qui avait plus de danger que de soutenir un assaut[2]. »

Enfin, le dernier jour se leva. Le 7 septembre, dans la matinée[3], il se rendait, accompagné du Capᵉ de Las, — du régiment de la Reine, — de quatre cavaliers et d'un tambour, aux avant-postes anglais, sous les murs de la ville, porter au général Sir Jeffrey Amherst l'offre de reddition de la colonie. Il dut subir l'amertume des pourparlers cruels qui suivirent, où le général Amherst se montra impitoyable dans les conditions qu'il faisait aux troupes. Le jeune colonel s'associa à la protestation de Lévis (8 septembre) qui préférait un dernier combat, malgré l'inégalité des chances, à la perspective d'une longue inaction pendant toute la durée finale de la guerre. Il fallut céder ; et, les signatures une fois échangées, ce 8 septembre, Bougainville fut envoyé par Lévis à Québec présider à l'embarquement des restes de l'armée. Il partit des derniers pour rentrer en France avec son ami Bourlamaque.

Il descendit à Paris, au faubourg St-Honoré, chez Mme Hérault, qui venait d'abandonner son hôtel de la rue de Varennes, et devint sans doute la grande consolation de cette pauvre mère, à laquelle il devait prodiguer des condoléances dont on retrouve l'écho dans sa lettre de fin d'année à une autre affligée, la M^ise de St-Véran, mère de Montcalm.

« Le seul soulagement à la douleur que m'a causée sa perte, » écrit-il

1. Johnstone, *Ibid.* — En ce cas, Roquemaure n'avait pas eu le temps d'exécuter le mouvement qui lui était prescrit.

2. Bernier (Dussieux, p. 328). — En janvier ou février 1892, un journal canadien, *la Colonisation*, annonçait que l'on venait de retirer du Richelieu, en face de St-Jean, un vieux canon jeté sans doute dans la rivière par Bougainville. « On y voit encore parfaitement dessinées une fleur de lys avec les lettres S. C... Il mesure 7 pieds et 6 pouces et pèse environ 2,760 livres. » On parlait alors d'installer cette épave avec honneur dans l'un des squares de la ville qui remplace l'ancien fort. Ajoutons que, le 24 juin dernier, 1895, fête nationale de la Saint-Jean-Baptiste, on a inauguré à Québec la statue du M^al de Lévis.

3. L'abbé Casgrain écrit, par erreur, le 8 (II, 403). Johnstone, Malartic se trompent également d'un jour, fait d'autant plus bizarre de la part de ce dernier que son journal, suffisamment détaillé, devrait, ce semble, être exact sur un incident de cette importance. Le conseil de guerre, où se décida la reddition, eut lieu le 6, à huit heures du soir. Il était composé de Vaudreuil, Bigot, Lévis, Bourlamaque, Roquemaure, Rigaud, Bougainville, Pontleroy et Montbeillard. Nous avons deux copies du procès-verbal, l'une signée de Vaudreuil et l'autre de Lévis. « M. le Mis de Vaudreuil, » porte le dernier paragraphe, « assuré du consentement unanime de ces messieurs, a dit qu'il députait M. de Bougainville pour porter les premières propositions au général ennemi... » Le laisser-passer annexe est, en effet, daté du lendemain 7 septembre. Mante reproduit assez exactement l'échange de correspondance, p. 310 et suiv.

à la marquise, « est de me voir à portée de rendre à sa mémoire tous les tributs qui lui sont dus... Je vous demande pardon, Madame, de remettre sous vos yeux des images aussi tristes; mais, comme les éloges du public vous retracent sans cesse une douleur qu'il partage, j'ai cru que vous ne trouveriez pas mauvais que je vous exprimasse toute la mienne et les sentiments d'une éternelle reconnaissance[1]. »

Pour le suivre, dans les années qui terminent la guerre[2], nous empruntons encore quelques lignes à la note dont nous avons extrait le souvenir de sa mission de 1759.

« En 1761, il fut question d'un congrès à Augsbourg pour y négocier la paix. Je fus nommé pour y accompagner le duc de Praslin, plénipotentiaire de France; et cette destination m'empêcha d'accompagner à Malte, menacé par les Turcs, Bourlamaque, La Rochebeaucourt, Désandrouins et quelques autres officiers de ceux qui avaient fait la guerre en Canada, que l'ambassadeur de la Religion demanda au nom du grand maître.

« Le congrès d'Augsbourg n'eut pas lieu, et je fis cette année des démarches inutiles pour obtenir ma liberté de la cour d'Angleterre.

« Je fis composer par l'Académie des belles-lettres de Paris une épitaphe pour le Mis de Montcalm[3], et j'écrivis au ministre Pitt pour obtenir la permission de la faire graver sur la tombe de ce général, enterré aux Ursulines de Québec. Telle fut la réponse de ce ministre, qui lui fait autant d'honneur qu'au général et aux troupes françaises[4].

« L'année 1762 s'ouvrit par de grands événements et vit changer notre ministère. La M^ise de Pompadour, ne se réservant que la disposition des grâces dont elle était la souveraine, avait abandonné le timon des affaires. Le M^al de Belle-Isle était mort à la peine. Pierre Berryer,

1. 30 déc. 1760. — Nous devons la communication de cette lettre et de quelques autres à l'obligeance actuelle de M. le Mis de Montcalm.

2. Les états de service de Bougainville portent qu'il aurait fait campagne en Allemagne jusqu'à la fin de la guerre de Sept ans. Mais, comme on va le voir, les clauses de la reddition du Canada et la capitulation des troupes françaises, sous les ordres de Lévis, s'opposaient à leur participation effective aux opérations dernières. Il est probable que le gouvernement français, par une mesure de générosité toute naturelle, aura tenu compte de leur situation aux officiers neutralisés sur parole et les aura portés comme présents à l'armée d'Allemagne, où tous se seraient empressés de figurer s'ils eussent été libres.

3. La lettre que nous venons de citer, à la M^ise de St-Véran, avait précisément pour objet d'obtenir les noms de baptême, titres, armes, date et lieu de naissance de Montcalm.

4. C'est donc par erreur que les éditeurs de la correspondance de Pitt attribuent à Jean-Pierre de Bougainville les lettres échangées avec ce ministre (*Bougainville à Pitt*, 25 mars 1761; *Pitt à Bougainville*, 10 avril; t. II, p. 102-105). Voir, dans Bonnechose, la lettre que Bougainville avait adressée sur ce point à l'Académie des inscriptions.

après avoir vendu une partie de ce qui nous restait de marine, sans doute pour en avoir plus tôt fait, avait été nommé garde des sceaux. Le duc de Choiseul réunit les ministères de la Guerre et de la Marine et fit donner au duc de Praslin, son cousin, celui des Affaires étrangères... Louis XV, touché des pertes réitérées que faisait son royaume, voulait absolument une paix que ses conquêtes dans la guerre précédente ne l'avaient pas empêché de désirer et d'accorder...

« Je passai le printemps et une partie de l'été de cette année à Versailles, très bien traité par le duc de Choiseul et sa famille, que déchiraient des tracasseries intérieures. J'obtins enfin d'Angleterre une demi-liberté, c'est-à-dire la permission de servir en Europe seulement; et, dans le mois de juillet, je fus envoyé avec des instructions particulières aux maréchaux d'Estrées et de Soubise[1]. »

Le 6 juillet, en effet, le ministre adressait en double ses instructions « par un courrier et par un officier intelligent, » qui, à Francfort, devaient se séparer pour assurer par des chemins différents la remise des dépêches. « Vous aurez la bonté de me renvoyer M. de Bougainville avec un courrier, » disait le ministre, en post-scriptum. Le 11 juillet, Bougainville était à destination, non sans s'être blessé à la jambe[2]. « Je ne sais, » écrivait le lendemain de Landwerhagen

1. Déjà, grâce à l'intervention de Ligonier, Lévis avait pris place, au mois de décembre, dans le corps du prince de Condé (Dépôt de la guerre, vol. 3592, fol. 15). Et l'on sait qu'il eut une part superbe à la victoire de Johannisberg (ibid., vol. 3613, fol. 1). Au fond, le gouvernement anglais devait être enchanté de rendre aux officiers français la liberté de servir en Europe, car son unique souci était de trouver l'occasion d'infliger quelque gros revers à son allié le roi de Prusse. Au moment même où Bougainville obtenait l'autorisation de rentrer en campagne, tandis que l'ambassadeur d'Angleterre insistait près du nouveau tsar, Pierre III, pour l'empêcher d'abandonner le parti de l'Autriche, Choiseul écrivait à Soubise l'étonnante dépêche que voici :

« Nous avons reçu une lettre d'Angleterre, où le ministère est aussi fâché que surpris de l'affaire du 24 [juin précédent, la défaite des Français à Wilhelmsthal]. C'est le roi de Prusse, qui ne veut pas la paix, qui a engagé le prince Ferdinand à cette démarche. Milord... n'a pas osé envoyer ordre au général de l'armée anglaise de suspendre les opérations, de peur que le roi de Prusse ne fût instruit; il me paraît furieux dans sa lettre contre S. M. prussienne, qui effectivement est son ennemi particulier, et il nous exhorte à nous opposer vigoureusement au prince Ferdinand pour que lui... ne soit pas écrasé par le parti prussien, qui est celui de Pitt... Si nous gagnons, nous sauvons le ministère anglais, dont nous avons lieu d'être contents, de la clabauderie prussienne » (11 juillet 1762. Dépôt de la guerre, vol. 3611, fol. 95). Telle était évidemment, au fond, la nature des dépêches que l'on confiait à Bougainville pour l'utiliser dans son retour au service.

2. Le futur navigateur avait assidûment cultivé tous les exercices du corps. Dufort de Cheverny nous le montre, avant son départ pour le Canada, se livrant à l'escrime avec passion; et, quelques années plus tard, en 1766, il fera deux

le M[al] de Soubise, « s'il sera en état de repartir. » Quinze jours après, la communication était interrompue. L'armée anglo-allemande, sous les ordres de Luckner, s'emparait de Fulda et pillait la place, à la grande colère des officiers anglais qui distribuaient aux Allemands « de prodigieux coups de bâtons » pour leur faire lâcher prise et respecter les montres des prisonniers[1]. Stainville, à l'état-major de qui Bougainville était entré, se porta sur Hirschfeld avec cinq régiments de dragons, la légion royale et les grenadiers de France, pour faire face à Luckner et rétablir ses communications avec le prince de Condé. Bougainville attendit quelques jours dans l'espoir d'assister à un engagement.

« M. le Cte de Stainville me mande, Monsieur, » écrit Soubise à Choiseul, le 6 août, « que M. de Bougainville va prendre le parti de retourner en France. Il a fait dans ce pays-ci un plus long séjour qu'il ne l'avait imaginé. Il aurait désiré comme nous d'être témoin d'un grand événement. Les ennemis n'ont point voulu s'y commettre. Peut-être changeront-ils de conduite après la décision des grandes nouvelles que nous attendons... Comme j'ignore si M. Bougainville partira sur-le-champ, je compte dépêcher un courrier, ce soir ou dans la matinée demain, pour répondre aux lettres du 29 qui nous sont arrivées avant-hier dans la journée[2]. »

Finalement, trois jours plus tard, Bougainville repartait déçu[3], chargé par mission consolatrice « de rendre compte à la Cour de la situation. » Ce fut toute sa carrière à l'armée d'Allemagne[4].

fois à franc étrier le trajet de Paris à Madrid, pour régler avec le gouvernement espagnol l'affaire des îles Malouines.

1. 26 juillet. Dépôt de la guerre, vol. 3611, fol. 246-247.

2. *Soubise à Choiseul*, Grumbach, 6 août (vol. 3612, fol. 41). Soit dit en passant, il serait fort à souhaiter que l'on utilise bientôt les archives de la guerre de Sept ans pour nous donner la vraie physionomie de l'époque. Nous sommes persuadé que le malheureux prince de Soubise y paraîtra tel que l'ont jugé Voltaire et Guizot, un honnête homme, intelligent, modeste, consciencieux, qui n'a eu d'autre tort que de n'être point à la hauteur d'une situation exceptionnelle.

3. « J'ai fait partir hier M. de Bougainville, et j'ai fait le détail de notre position à mon frère. » *Stainville à Soubise*, Hirschfeld, 10 août (ibid., fol. 92).

4. Bougainville se trompe légèrement quand il dit, dans la note que nous reproduisons : « Je restai à l'armée avec le Cte de Stainville jusqu'à la fin d'août. » Nous ignorons comment et pourquoi il obtint, en récompense et souvenir de ses services, deux pièces de canon, qu'il installa plus tard dans sa terre de la Brosse, au village de Fourches, entre Brie et Melun. Le fait, raconté par Delambre, est confirmé par une double réquisition de la garde nationale en 1789 : « Nous, soussignés, syndics, commandants, officiers municipaux de la ville de Villeneuve-St-Georges, reconnaissons qu'à notre réquisition Monsieur *de Bougainville* nous a remis et confié *un* canons de *régiment*, du calibre de *fonte*,

« On m'avait fait, pendant mon absence, une tracasserie atroce dans l'intérieur du duc de Choiseul. Le prétexte en était une liaison trop intime dont on m'avait accusé avec une personne considérable. La duchesse de G*** [Gramont] me reçut fort mal, et ma disgrâce auprès d'elle a continué depuis. Je pris mon parti de n'aller plus chez le ministre que comme tout le monde, sans liaison particulière. Il voulut bien solliciter auprès du duc de Bedfort, [qui représentait l'Angleterre à Paris pendant les négociations du traité de paix], ma liberté entière, sans restriction. Il l'avait obtenue, et j'avais déjà l'ordre d'aller à Dunkerque prendre le commandement d'un corps de 2,000 hommes, destiné à se joindre à celui qui allait faire voile de Brest, sous le commandement du Cte d'Estaing, lorsque la paix fut signée à Fontainebleau et à Londres.

« On me fit l'honneur de me proposer le gouvernement de Cayenne, dont je remerciai, ayant alors un projet qu'il m'a été permis d'exécuter.

« L'Angleterre, maîtresse du Canada par le traité de paix, de la mer par une marine incomparablement plus forte que celles réunies de toutes les puissances de l'Europe, me parut n'avoir plus à désirer que les établissements de la mer du Sud.

« S'emparant avec eux des sources de l'argent, elle effectuait ce projet de monarchie universelle faussement imputé à Louis XIV. Anson avait conseillé à sa nation de s'établir aux îles Malouines, que leur position rend la clé de la mer du Sud. Qu'avaient à faire autre chose les Anglais, dans l'intervalle d'une paix telle quelle, que de s'emparer d'un entrepôt qui les mît dans le cas, au premier mouvement de guerre, d'être les arbitres de l'Europe? J'ai cru que la France devait les prévenir; et j'ai obtenu la liberté de faire, à mes dépens et à ceux de MM. de Nerville et d'Arboulin[1], l'un mon cousin germain et l'autre

montés sur *son affût*, pour la sûreté de notre ville et des environs et la mettre à l'abri des insultes des partis qui battent la campagne, lesquels canons nous lui remettrons fidèlement.

« Fait à Ville-Neuve-St-Georges, en assemblée du Conseil de sûreté. Ce 29 juillet 1789.

« Signé : Picard, syndic municipal; Mahot, Léger, Lavallée, Thomas de Dancourt, électeur extra-muros, major de la milice bourgeoise, etc. » Les mots que nous avons soulignés sont ajoutés ou corrigés après coup d'une autre écriture. On voit que la réquisition a dû être préparée d'avance pour les deux pièces; mais l'autre fut le même jour confiée, sur réquisition pareille dans les termes, au sieur Brécourt, avocat au Parlement et procureur du roi dans la capitainerie royale de Sénart : « Fait à Fourche, le 29 juillet. » Du reste, les deux canons donnés à Bougainville n'étaient pas une exception. La B^onne^ d'Oberkirch dit que Louis XV avait fait à son oncle, le Cte de Waldner, cadeau de quatre canons, que celui-ci avait pris sur les Prussiens et qu'il plaça dans sa terre d'Alsace (*Mémoires*, I, 49, éd. de 1883; cfr. A. Babeau, *Vie militaire*, II, 154-155).

1. Jean-Pierre de Bougainville venait de mourir à Loches, chez sa sœur, Mme de Baraudin, le 22 juin précédent, 1763. Il avait constitué, sur sa mince légitime, une rente viagère de 1,500 livres à sa vieille tante, Mlle de Bougainville, qui s'était chargée d'élever les enfants de Pierre-Yves après la mort de

mon oncle, la reconnaissance de ces îles et un établissement qui en assurât à la France la possession. Ainsi donnait-on autrefois aux zélés la permission de vendre leur bien pour le voyage de la Terre-Sainte. »

Le 22 septembre 1763, Bougainville partait de St-Malo avec les frégates *l'Aigle* et *le Sphynx* pour sa première expédition, d'où devait sortir plus tard l'idée de son tour du monde. Nous l'abandonnerons à l'entrée de sa nouvelle carrière. Les années d'apprentissage sont closes; les années de voyage vont commencer. Peut-être essaierons-nous d'étudier un jour leurs aventures maritimes et diplomatiques.

En relisant les pages qui précèdent, et qui sont, plus que nous ne l'aurions souhaité, un travail de critique et de polémique, nous ne pouvons nous garder d'une impression de tristesse. L'histoire est une œuvre de science, de conscience et d'intelligence. Elle s'édifie lentement, à grand'peine, et il suffit d'un esprit brouillon pour détruire en quelques pages légères un échafaudage d'érudition, dressé scrupuleusement à force de patience. Assurément, l'auteur canadien dont l'ouvrage nous a forcé de prendre la plume ne méritait guère l'attention que nous avons dû lui prêter. Il ne lit point les textes qu'il a sous les yeux; quand il les lit, il ne les comprend point; quand il les comprend, il les fausse aussitôt qu'il y voit la moindre utilité. « On sent bien, » disait Voltaire en pareille rencontre, « que des impostures si extravagantes ne méritent point d'être réfutées. Mais, puisqu'il s'est trouvé un homme assez dépourvu de connaissance et de bon sens pour écrire de si singulières absurdités, dont son histoire est toute remplie, il peut se trouver un jour des lecteurs capables de les croire. Il est juste qu'on prévienne leur crédulité. »

Si, pourtant, les textes dont il se sert avaient tous été mis par l'impression à la portée du public, nous aurions laissé probablement à la sagacité des historiens futurs le soin de faire justice de sa mau-

leur mère, en 1734. « Je suis persuadé que mon frère et ma sœur me sauront gré de cette disposition. Ils sentent comme moi les obligations que nous avons à ma tante, que je prie d'agréer cette marque de ma reconnaissance et de mon attachement. » Puis il avait partagé le reste de sa fortune entre son frère et sa sœur. Mais dans cette fortune rentraient des biens encore indivis avec la famille d'Arboulin, du chef de leur aïeule maternelle.

Il est probable que Mme Hérault mourut aussi vers cette époque; car, en 1765, Bougainville, qui, jusque-là, descendait toujours chez elle, donne son adresse « chez M. d'Arboulin, rue Poissonnière, » à propos de lettres de change payables chez son notaire, Me Dupré (*A MM. Tourton et Baur, banquiers*, 18 août 1765; communiqué par M. Charavay).

vaise foi. Mais le silence n'était point possible[1]. Montcalm et Bougainville avaient protesté d'avance contre les interprétations perfides dont ils sentaient que leur mémoire, avec la fausseté de certains Canadiens, finirait par être l'objet. N'en croyez pas les Canadiens, écrivait Bougainville à son frère, comme s'il prévoyait son contradicteur : « Croyez toujours de préférence nos journaux. Les Canadiens se vantent et mentent. Nous autres ne savons dire que la vérité[2]. » Le malheur est que, pour établir cette vérité, il a fallu réunir autour de la déposition de Bougainville les dires concordants de plusieurs témoins dont l'entente fortuite présente les habitants du Canada sous un jour plus défavorable qu'il ne convient. Nous n'avions pas à récrire l'histoire de la guerre en pesant toutes les responsabilités, mais à montrer comment un officier venu de France, l'esprit sain, le cœur généreux, devait naturellement envisager le monde étrange où le jetaient les hasards de sa fortune militaire. C'est là ce que nous avons essayé; car, pour rendre justice aux personnages d'autrefois, il est indispensable de se replacer dans les conditions où ils ont vécu, de réveiller les mobiles qui les animaient. L'historien ne saurait être un juge s'il n'est d'abord un évocateur. Cependant, l'impression qui se dégageait alors de ce milieu bizarre et qui se justifiait aux yeux de nos ancêtres par tant de faits répréhensibles perdrait maintenant quelque peu de sa justesse si nous prétendions nous y tenir. Aussi, pour en prévenir le retour, devons-nous ajouter ici quelques mots de réflexion générale.

La réalité, que nous pouvons aujourd'hui mieux comprendre, après tant d'expériences coloniales essuyées par la France et les autres puis-

1. Nous ignorons, d'ailleurs, si les papiers de Bougainville pourront être bientôt imprimés. Malgré l'obligeance du gouvernement canadien, nous n'avons pu savoir si ces papiers devaient être compris, en tout ou en partie, soit dans l'édition complète des documents tirés de nos archives, que publie officiellement l'abbé Casgrain, puisque le *Journal* de Bougainville existe ou doit exister aux archives de notre ministère des Colonies, soit dans sa collection Lévis, qui renferme déjà la correspondance de Bourlamaque, provenant d'une source étrangère. Comme il nous est impossible de rien publier nous-même sans être fixé sur ce point, nous devons attendre sans doute que l'éditeur canadien ait terminé son travail pour apprendre ses intentions. Le lecteur aura pu constater que, durant les deux mois d'août et septembre 1759, la correspondance de Montcalm et Vaudreuil avec Bougainville offre des renseignements d'un intérêt exceptionnel si l'on veut connaître l'état d'esprit des chefs de l'armée française à la veille de la prise de Québec.

2. 3 juillet 1757. « La fausseté canadienne n'est pas encore prête à me séduire » (*Montcalm à Bourlamaque*, 29 juin 1757). — « Le Canadien est indépendant, méchant, menteur, glorieux... » (*Montreuil au ministre*, 12 juin 1756. Dussieux, p. 210).

sances de l'Europe à l'envi, — jusqu'aux moins capables de se risquer en de si coûteuses entreprises, — la réalité est qu'Anglo-Américains et Canadiens ne différaient guère, par leurs qualités et leurs défauts, des colons placés dans des conditions analogues [1]. Sans doute, la race jouait son rôle dans leur tempérament, donnant plus de légèreté captivante aux Français du Canada, plus d'égoïsme robuste à l'habitant de la N^{lle}-Angleterre. Mais, obligés de défendre chèrement leur vie contre des obstacles de tout genre et noyés dans un flot de populations inférieures dont le laisser-aller faisait appel aux pires instincts de notre nature, ils devaient acquérir fatalement une rudesse de mœurs qui ne pouvait qu'effaroucher les nouveaux venus des centres plus éclairés de l'Europe [2]. On sait le charme de la vie sauvage, et les exemples abondent de civilisés qui, après y être revenus de gré ou de force, n'ont plus eu le courage d'y renoncer [3]. Le mélange facile des Canadiens blancs et des sauvages devait amener un certain abaissement moral. Comme Plutarque le raconte des Grecs et des Romains,

1. La corruption financière régnait aussi chez les Anglais. Shirley, comme Vaudreuil, était entouré de fripons (Kingsford, IV, 25); et Wolfe pestait contre les munitionnaires avec autant de virulence que Montcalm ou Bougainville.

2. Bigot se plaignait notamment d'un grand fond de paresse chez les Canadiens. La bourgeoisie refusait d'étudier; et, dans le peuple, le mal n'était pas moins sensible. « Quelque encouragement qu'on pût donner aux habitants du Canada, pour les encourager à élever des bœufs illinois, ils ne l'entreprendraient pas d'abord qu'il s'agirait de quelque soin; ils laissent agir la nature sur tout, et ce qui vient est bien venu. Ils ne cerclent même pas leur blé, quoiqu'ils voient tous les ans en le coupant qu'il y a plus d'herbe que de paille, ce qui ne peut que leur avoir fait beaucoup de tort pour la quantité et pour la grosseur » (*Bigot au ministre*, 30 sept. 1749; arch. des Colonies, fol. 252). On ne savait pas non plus préparer le chanvre ni le faire rouir : il fallait envoyer deux ou trois cultivateurs de France pour montrer comment s'y prendre (*id.*, ibid., 25 sept. 1749, fol. 234 et suiv.). Puis, l'administration demandait un âne et deux ou trois ânesses, parce que, disait Bigot : « Nous voyons tous les jours les habitants employer un cheval avec leur charrette pour y [à la ville] porter douze œufs » (*id.*, ibid., 21 oct. 1749, fol. 206). On faisait venir de France jusqu'aux ramoneurs (*id.*, ibid., 30 juin 1753, fol. 49); et le gouvernement devait importer et entretenir dans les grands centres, comme Louisbourg ou Québec, une sage-femme qui, du reste, y vivait misérablement avec son traitement de 400 livres (*id.*, ibid., 28 sept. 1749, fol. 245). — Même aujourd'hui, la Canadienne « est rarement bonne ménagère, » quoique pouvant, grâce à des facilités de vie exceptionnelles, se consacrer toute à son intérieur; et la grande mortalité parmi les enfants qu'elle met au monde sans compter, avec une virginale et candide insouciance, finit par réduire sa famille « à des proportions presque ordinaires » (Jean Keller, « l'Ouvrier canadien. » *Réforme sociale*, 16 août 1894, p. 366, 369).

3. Lesage a indiqué ce sentiment dans son roman de *Beauchêne*, qui s'ouvre précisément au Canada, sous le Cte de Frontenac.

les peuples échangent plus facilement leurs vices que leurs vertus[1]. Assurément, les Canadiens étaient d'excellentes gens à leur manière, qui ressemblaient assez bien à nos populations bretonnes, également croyantes et prolifiques, mais qui, malgré tout, gardent un arrière-fond de brutalité naïve et de goût ingénu, sinon pour le vol, du moins pour le maraudage et la pillerie. Le contact des sauvages ne pouvait qu'accentuer ces dispositions qui remontaient par contagion dans les sphères supérieures, d'où elles réagissaient par le mauvais exemple pour augmenter encore le mal dans l'esprit de la population. C'est là, malheureusement, un fait de tous les jours; et le phénomène s'observe encore dans toutes nos colonies, dont l'histoire officielle, ou autre, n'est qu'une longue série de cruautés outrageantes et de friponneries grandioses, de scandales administratifs et domestiques[2]. « Quand on lâche, avec des armes perfectionnées, au milieu de peuplades sauvages, des gens qui n'ont pas grand'chose dans la cervelle, » dit en substance la *Revue d'Édimbourg*, « il en résulte une civilisation telle que mieux vaudrait laisser les natifs s'entre-dévorer à leur guise[3]. » Le pillage, le gaspillage, l'incohérence, les rivalités sottes, les emportements de l'arbitraire jusqu'à l'odieux semblent autant de vices inhérents à la constitution coloniale[4]. Au Canada, vers cette époque, l'habitude de la guerre devait d'autant bronzer l'épiderme, enfiévrer les passions et faire considérer la destruction de l'ennemi, par tous les moyens, comme une œuvre légitime à laquelle les chefs, eux-mêmes endurcis, prêtaient une certaine complaisance. C'est ainsi

1. Cf. Dr Corre, *l'Ethnographie criminelle.* Paris, Reinwald, 1894 (*Bibl. des sciences contemporaines*), p. 11-17.

2. Nous avons encore des travaux publics qui absorbent de 70 à 90 °/o en faux-frais, comme nos routes d'Algérie (Ch. Benoist, *l'Enquête algérienne.* Paris, Lecène et Oudin, 1891, p. 169). Nous avons des gaspillages dont on finit par se désintéresser, en les passant à profits et pertes sous le titre de « coulages classiques, » comme nos chemins de fer du Sénégal et du Tonkin (*Débats roses,* 8 mars 1894; Chambre des députés, 1er mars 1895).

3. Avril 1894, p. 279, 291, 295.

4. Les rivalités de la guerre et de la marine sont de l'histoire incessante. Quant aux populations, il n'y a qu'une voix parmi les voyageurs et les marins français pour constater les haines de classes ou de races qui divisent et ruinent nos colonies : par exemple, nos Antilles. Cependant, on a pu lire récemment, dans la *Revue des Deux-Mondes,* que « le mieux est de n'y point penser, de n'en point parler surtout » (Monchoisy, « les Antilles françaises en 1893, » 15 sept. 1893, p. 437). C'est le régime du silence à tout prix, dont a si merveilleusement bénéficié le Canada. Mieux vaut la franchise éclairée du président Burdeau annonçant que, « le jour où l'Algérie pourra se passer de la France et réclamer son autonomie, nous aurons dans la Méditerranée une ennemie de plus. »

que, maintenant encore, bon nombre d'officiers dans nos colonies ferment les yeux quand les auxiliaires indigènes s'amusent à scier les membres des blessés sur le champ de bataille et se partagent les femmes des villages dont on vient de supprimer la population mâle[1]. C'est là précisément cette accoutumance désastreuse que Bougainville redoutait quand il demandait à sortir en toute hâte du Canada pour n'y point succomber.

L'abbé Casgrain a donc fort mal compris sa tâche et rendu un médiocre service à son pays par sa défense prétentieuse et maladroite. Nous sommes persuadé qu'il ne peut y avoir, sous le rapport de ces mœurs primitives, de comparaison entre le Canadien d'aujourd'hui et son aïeul du temps de la grande guerre[2], non plus qu'entre l'habitant actuel de la cinquième avenue de New-York et le premier trappeur qui rencontra les sauvages dans l'île de Manhattan. Mais, s'il nous fallait justifier par un exemple les boutades de Montcalm, les critiques de Bougainville, les railleries de la plupart des officiers dans leur humeur contre le caractère double, glorieux et vantard du Canadien d'alors[3], nous ne chercherions pas d'autre type que la personne de notre historien, auquel on peut reprocher sans crainte d'avoir négligé le précepte de Socrate et de ne se point connaître même dans l'humble mesure exigée du chrétien.

1. Cf., entre autres, Descottes, *Lettres d'un tirailleur au Soudan*. Paris, Picard, 1894. Lorsqu'on reproduit ces détails connus de tous à la tribune du Parlement, il se trouve aussitôt des interrupteurs, jusque sur le banc des ministres, pour s'écrier que l'orateur manque de patriotisme et fait le jeu de l'Angleterre (Chambre des députés, 29 nov. 1894; Sénat, 17 juin 1895). Comme si tous les peuples n'avaient pas à reprendre également ici leur examen de conscience! Nous savons comment l'Angleterre a commis dans l'Inde ce que Lord Canning appelait des « assassinats judiciaires; » comment Skobeleff passait au fil de l'épée des tribus entières de Turcomans coupables de vouloir échapper à l'aigle russe; comment les États-Unis ont distribué la petite vérole aux Peaux-Rouges sous forme de vêtements contaminés; comment se sont conduits les Italiens dans l'Érythrée (affaire Liveraghi, 1891) et les Allemands à Cameroun (aff. Leist, 1894); comment les Boers du Transvaal se débarrassaient des petits Cafres, après une razzia, en les brûlant en tas avec de la paille, etc. Un peu de savoir professionnel débarrasserait nos gouvernants de leur crainte puérile et permettrait à la discussion de garder toute son ampleur.

2. On nous affirme seulement qu'entre le Français de France et le Canadien français il reste une antipathie sourde qui sépare encore de l'habitant les meilleurs de nos émigrés.

3. L'abbé Casgrain reconnaît que presque tous les coureurs des bois étaient des vantards (I, 154). Aussi le Ch^{er} de Lévis, rendant compte de leurs découvertes, se bornait-il à enregistrer leurs exploits, avec une légère dose de scepticisme. « Ils disent avoir tiré grande quantité de coups de fusil... » (*A Vaudreuil*, 18 juillet 1756). « Ils disent en avoir tué plusieurs... » (*Ibid.*, 2 août).

Toutefois, pour ne point terminer par ce compliment désobligeant, encore que nécessaire, nous dirons que la leçon doit nous servir à tous et que, tous, étudiants ou écrivains, nous ne saurions trop appliquer le conseil où résumait son expérience un vieux théologien, après une vie quasi centenaire d'érudition polémique : « Vérifiez toujours vos citations. »

ADDITIONS ET CORRECTIONS.

P. 3, note 2. — Au lieu de « *Oregon Trail,* » lire « *The Californian and Oregon Trail.* New-York, Putnam, 1849. »

P. 4, note 1. — Nous regrettons que ces lignes, publiées dans la *Revue historique,* aient donné lieu de croire à quelques lecteurs que Parkman était atteint de cécité complète (*Débats* blancs, 15 septembre 1895). Nous avons dit et voulu dire seulement que, par suite de sa névrose étrange, ses yeux lui avaient souvent refusé de le servir.

P. 5, note 1. — Voir aussi la critique du livre de M. Ruidiaz dans la *Revue historique,* septembre 1895, p. 165-168. D'autres ouvrages viennent précisément de reprendre à nouveau, et presque sous le même titre, certaines époques ou certains épisodes déjà compris dans l'œuvre de Parkman : Ernest Myrand, *Sir William Phips devant Québec, 1690,* Québec, Domors, 1895, 1 vol.; H. Lorin, *le Comte de Frontenac,* Paris, Colin, 1895, 1 vol.; le P. Camille de Rochemonteix, *les Jésuites et la Nouvelle France au XVIIe siècle,* Paris, Letouzey et Ané, 1895-6, 3 vol. Il existe en outre une *Bibliographie canadienne* de M. P. Gagnon (Québec, Demers, 1895), que nous ne connaissons pas encore directement.

P. 6, l. 9. — Au lieu de *Alleganies,* lire *Alleghanies.*

P. 28, l. 1re et 5e. — Nous avons donné, dans ce travail, aux membres de la famille Bougainville leur double prénom, parce que nous ignorions celui qui servait dans l'intimité journalière. Mais, pour le navigateur, une note de sa femme nous apprend qu'il adoptait ordinairement le nom de Louis. La commission des inscriptions parisiennes a donc commis une erreur en lui donnant de préférence le nom d'Antoine sur la plaque commémorative de la maison qu'elle lui attribue pour demeure mortuaire, 5, rue de la Banque. Il est mort, 5, passage des Petits-Pères.

P. 29, note 2, l. 1. — Au lieu de *refusa,* lire *refuse.* — M. de Franqueville, dans son livre sur le Centenaire de l'Institut (Paris, Rothschild, 1895), adopte la date de 1750 pour la réception de Bougainville comme avocat.

P. 31, l. 22. — Au lieu d'*exercices,* lire *exercice.*

P. 35, note, l. 2. — Au lieu de *1656,* lire *1655.*

Ibid., l. 16. — Depuis l'impression de cette page, M. Gaston Pierre, de

Pondichéry, a bien voulu nous envoyer de nouveaux documents recueillis à Chandernagor, entre autres la copie authentique du contrat de mariage de Carloman d'Arboulin. Ce dernier, fils de Louis d'Arboulin, secrétaire du Roi, et d'Élisabeth Bouillerot, est bien, comme nous le pensions, le cousin germain de Françoise de Bougainville.

P. 48, l. 23. — Au lieu de *oblige à,* lire *oblige de.*

P. 92, l. 29. — Au lieu d'*aide-major général des logis,* lire *aide maréchal général des logis.*

P. 102, l. 11. — Au lieu de *pendant son séjour à la légation de France aux États-Unis,* lire *pendant son exil d'émigré dans les bois d'Amérique.* M. de Mun ne fut attaché à la légation de France que sous la Restauration. Notre ministre était alors, à Washington, le Bon Hyde de Neuville, très lié avec le Bon de Bougainville, qui fut même chargé de le ramener en France (Hyde de Neuville, *Mém. et Souvenirs,* Paris, Plon, t. II, 1890, p. 446-7).

P. 121, l. 6. — Au lieu de *comme actuellement se demande,* lire *comme actuellement on se demande.*

P. 128, l. 32. — Au lieu de *Régiment du Rouergue,* lire *Régiment de Rouergue.*

Ibid., notes, l. 2. — Au lieu de *devait être,* lire *était.*

P. 146, notes, l. 5. — Au lieu de *Montluc,* lire *Monluc.*

P. 155, note 1, l. 13. — Ajouter : *D'ailleurs, Montcalm subit un échec pareil sur les hauteurs d'Abraham, en voulant tout d'abord aussi débusquer les Anglais d'une maison crénelée* (Knox, *Historical Journal,* Londres, Johnston, 1769, II, p. 91-8).

P. 162, note 3, l. 5. — Dumas n'était pas major général, comme le prétend l'abbé Casgrain, mais simplement major des troupes de la colonie (Lévis, *Lettres,* p. 456).

P. 164, note 2, lignes 10 à 12. — Le travail du Lt-Colonel Beatson (*Notes on the Plains of Abraham,* Gibraltar, 1858), également cité par Le Moine (*Album du Touriste,* p. 53) ne figure pas dans le répertoire d'Allibone, et ne se rencontre ni à la Bibliothèque nationale, ni, d'après les recherches que l'on a bien voulu faire pour nous, au British Museum.

P. 176, l. 14. — Au lieu de *Un officier de la colonie,* lire *Suivant le conseil de Vaudreuil, un officier de la colonie...* Le stratagème, naturellement, était renouvelé de celui de Belle-Isle et de Chevert lors de l'évacuation de Prague.

Nogent-le-Rotrou, imprimerie DAUPELEY-GOUVERNEUR.

www.ingramcontent.com/pod-product-compliance
Ingram Content Group UK Ltd.
Pitfield, Milton Keynes, MK11 3LW, UK
UKHW021058270726
13994UKWH00009B/241